全駅紹介

東急田園都市線

ぶらり歴史散歩

～田園都市線の魅力再発見の日帰り旅～

坂上正一 著

現在の二子玉川駅に停車する玉川電車。撮影：荻原二郎

昭和14年
(1939年)

Contents

京王線
小田原急行線
六所神社
井伊家ノ墓
春秋園
豪徳寺
上町
世田谷
国士館
桂公墓
松陰神社
松陰神社前
若林
西山
中里
三軒茶屋
明大グラウンド
太子堂
三宿
池尻
大橋
大阪上
道玄坂上
澁谷
明治神宮
代々木練兵場
農科大學
世田谷中學
駒澤
弦巻
上馬
駒沢大學
九品仏
祐天寺
鬼子母神
長谷戸
恵比須駅前
澁谷橋
並木橋
稲荷橋
町役場前
氷川神社
恵比須橋
新橋

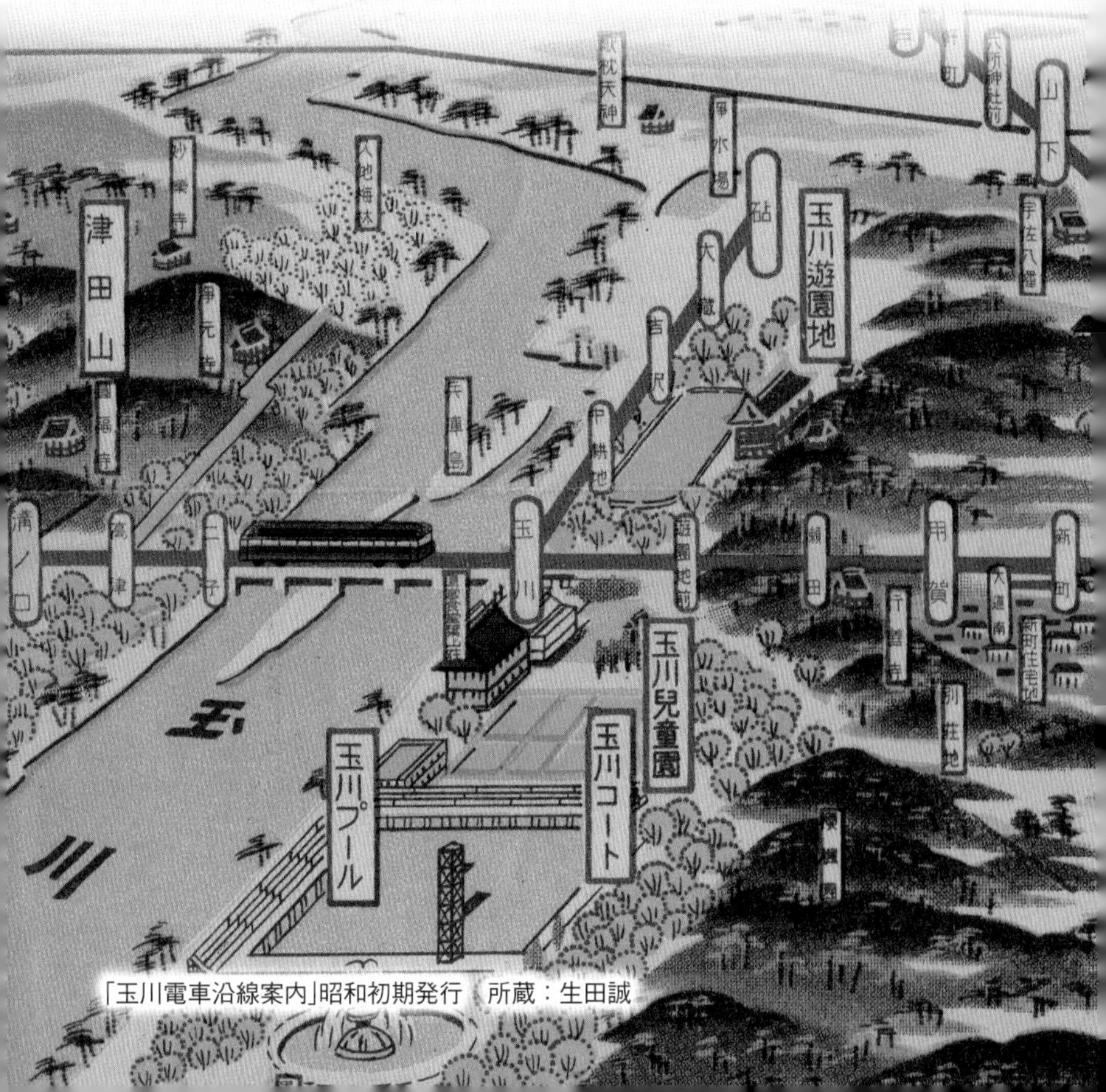

「玉川電車沿線案内」昭和初期発行　所蔵：生田誠

── ニュータウンのブランドとなった田園都市線沿線 ──

神奈川県大和市の最北部に田園都市線中央林間駅が開業したのは昭和59（1984）年のことです。その頃、沿線に大きな影響を与えることになったテレビドラマの放映が始まっていました。昭和58（1983）年から60年にかけてシリーズ３作が放映されたTBS系列の『金曜日の妻たちへ』です。ヒットメーカーと呼ばれた鎌田敏夫脚本によるドラマは、たまプラーザ、つくし野、中央林間など田園都市線沿線を物語の舞台として、そのころニューファミリーともてはやされた世代の３組の男女が繰り広げる人間模様を描いたものです。主題歌の一つである小林明子の「恋におちて」が大ヒットしたといえば、そのストリーは察せられるでしょう。

『金曜日の妻たちへ』はメディアがこぞって取り上げたこともあり、タイトルを縮めて「金妻」は流行語となり、「金妻シンドローム」という一種の社会現象まで起こしたヒットドラマの舞台となったことから、世間から見れば新興住宅地でしかなかった田園都市線沿線はお洒落でハイソな街とのイメージが定着。数多く生まれたニュータウンのブランドとなったものです。

「都内でも中央林間でわかる」「中央林間の地名によって資産価値が維持できる」──中央林間駅開業から30年ほど経った平成27（2015）年、大和市は下鶴間内山地区の住居表示実施に伴う新町名に関するアンケート調査を行いましたが、そのうちの一部意見です。新町名は「中央林間」を希望する声は６割近くに達したことから、下鶴間内山地区は中央林間６丁目から９丁目に生まれ変わっています。大和市のアンケート調査を見る限り、40年前のブランドイメージは今も色褪せていないようです。

戦後まもない昭和28（1953）年、東急電鉄会長五島慶太が開発対象地域の地主を本社に招いて提示した「城西南地区開発趣意書」に端を発してから70年。一代の傑物五島慶太が描いた壮大なる多摩田園都市構想は、開拓者冥利に尽きる成功を収めたと言えます。しかし、その陰には五島慶太に買収された玉川電気鉄道の無念もあります。そうしたドラマも秘められているのが、田園都市線物語です。

令和３（2021）年初夏　著者記

【主な参考資料】

新修渋谷区史（渋谷区）
新修世田谷区史（世田谷区）
せたがや百景（世田谷区）
川崎市史（川崎市）
東京横浜電鉄沿革史　東京急行電鉄株式会社編（東京急行電鉄）
東京急行電鉄50年史　東京急行電鉄社史編纂事務局編（東京急行電鉄）
東横百貨店（百貨店日日新聞社）
大分県人士録（大分県人士録発行所）
工事年鑑（清水組）
東京市郊外に於ける交通機関の発達と人口の増加（東京市）
東京市内商店街ニ関スル調査（東京商工会議所）
新多摩川誌　新多摩川誌編集委員会編（河川環境管理財団）
玉川沿革誌　田中博編（田中博）
旅の小遣帳　時事新報家庭部編（正和堂書房）
三府及近郊名所名物案内（日本名所案内社）
日がへりの旅／郊外探勝　松川二郎著（東文堂）
東京近郊一日の行楽　田山花袋著（博文館）
放浪記　林芙美子（新潮文庫）
田園の憂鬱　佐藤春夫（新潮文庫）
江戸物価事典　小野武夫編著（展望社）
游相日記　渡辺崋山
鎌倉江ノ嶋大山新板往來雙六　葛飾北斎
昭和の郊外／東京戦前編　三浦展編著（柏書房）

Webサイトは以下のホームページを参考にした。
国土交通省関東地方整備局川崎国道事務所
渋谷区
世田谷区
川崎市高津区
川崎市宮前区
横浜市青葉区
横浜市緑区
町田市
大和市

01 渋谷 五島慶太の夢を結実させた田園都市線

◆田園都市線と玉川電気鉄道

田園都市線は東京副都心の一大繁華街のターミナル駅である渋谷駅から神奈川県大和市の中央林間駅を結ぶ。起点である渋谷駅からは東京メトロ半蔵門線を介して東武伊勢崎線（東武スカイツリーライン）・日光線と相互直通運転を行っている。多摩田園都市地域の郊外のニュータウンとしての発展とともに、同地域の最も主要な交通機関として機能しているばかりでなく、神奈川〜東京〜埼玉を縦断する首都圏の大動脈を形成している。

路線の名称は改めて言うまでもなく「多摩田園都市」に由来する。東急を興した一代の傑物、五島慶太が戦後間もない昭和28年（1953）将来の東京における人口の過密を予測して発表した「城西南地区開発趣意書」が、後に「多摩田園都市」と呼ばれることになる壮大なニュータウン開発計画の第一ページとなった。

五島慶太は心残りなことに多摩田園都市を実現させる前の昭和34年に77歳で没したが、溝の口駅以西はこの「多摩田園都市」の中核をなす交通機関として建設された。

田園都市線のルーツを遡れば、東京横浜電鉄を率いる五島慶太が昭和初期に渋谷で覇を競った玉川電気鉄道に行き着く。

日清戦争後、帝都東京の街は近代化が加速。建築資材に欠かせない砂利の供給に乏しかったことに着目した一人が、麹町区内幸町居住の渡辺熊之進なる人物だった。渡辺は三宿に居住していた現役将校坊城俊章伯爵を説得。坊城は電気鉄道に多大な関心と興味を持ち、渡辺熊之進は発起人14名を以て明治29年（1896）「玉川砂利電気鉄道」として玉川～三宅坂間の電気鉄道敷設認可を申請した。発起人14名のうち世田谷村在住者は半数以上の8名を数えている。

明治35年（1902）渋谷～玉川間で認可が下りて、社名を玉川電気鉄道に改称。多摩川の砂利輸送を主目的とした電鉄事業は端緒に付いた。しかし、鉄道事業には素人集団だったこともあって当初から資金不足と工事の延期が重なった。明治38年には開業前から経費削減の局面に立ち至り、従業員の3分の2にあたる17名を解雇せざるを得なかった。この惨状に渡辺熊之進は翌39年に退き、東京信託株式会社が優先株発行を条件に玉川電気鉄道への融資を決定。東京信託人脈で電鉄事業を進めることになった。

東京信託株式会社は、三井銀行岩崎一が設立した東京信託社が日露戦争後の明治39年に改称したもので、現在の日本不動産株式会社のルーツとなる。

東京信託は慶應義塾人脈の信託会社で、そのころ桜新町で宅地開発を計画していたことが玉川電気鉄道に融資した要因だった。

玉川電鉄は岩崎一が役員に就いて明治40年3月6日、ようやく道玄坂上～三軒茶屋間が開業。後に「玉電」と愛称される路面電車が玉川通りを走り始めた。その年の4月1日には三軒茶屋～玉川（後に二子玉川）間が開業。暑い盛りの8月11日に道玄坂上～渋谷間が開業して、渋谷～玉川間の全通を見たのだった。

大正5年当時の渋谷駅周辺

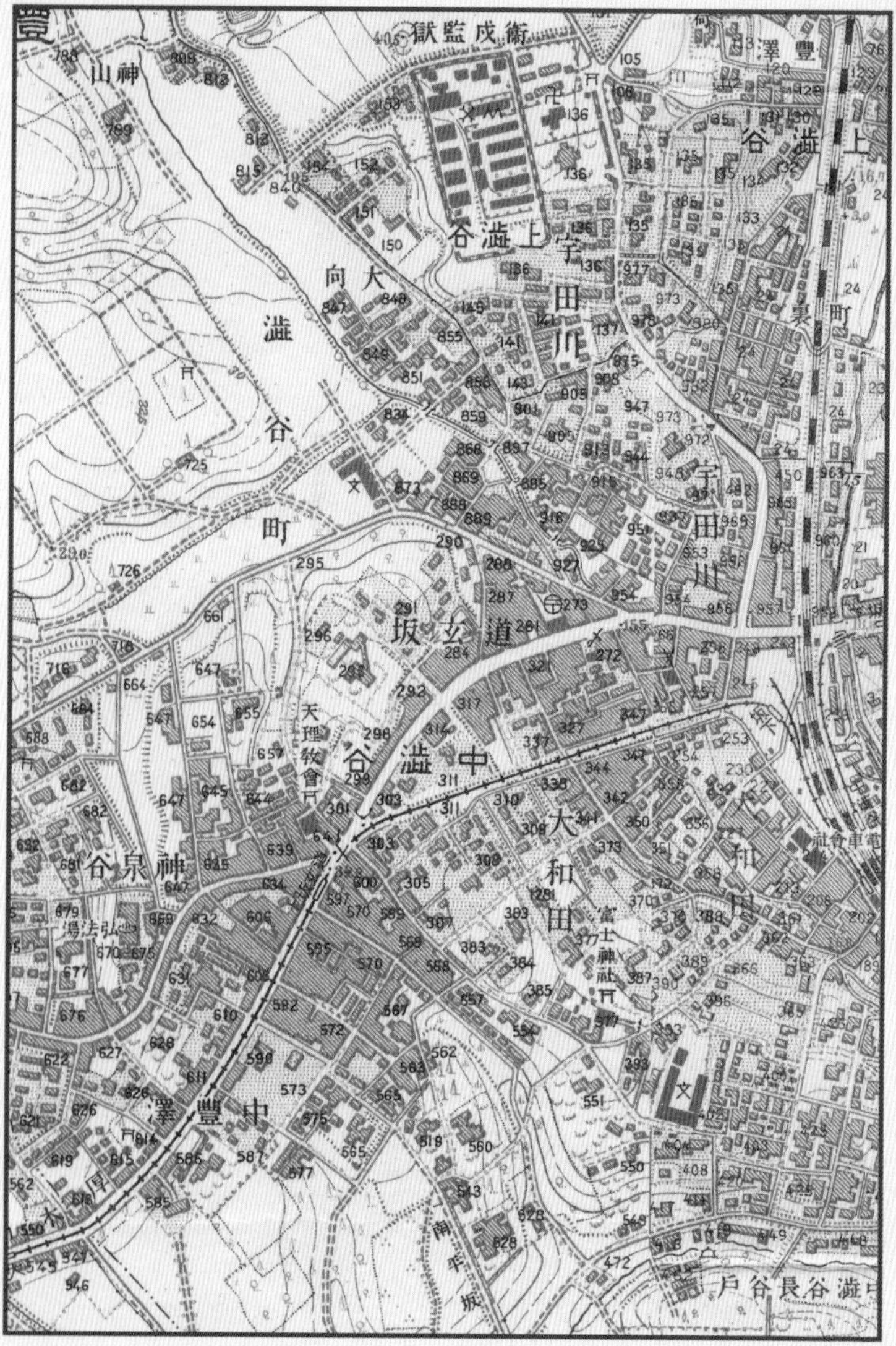

陸軍参謀本部陸地測量部発行1/10000地形図

昭和30年当時の渋谷駅周辺

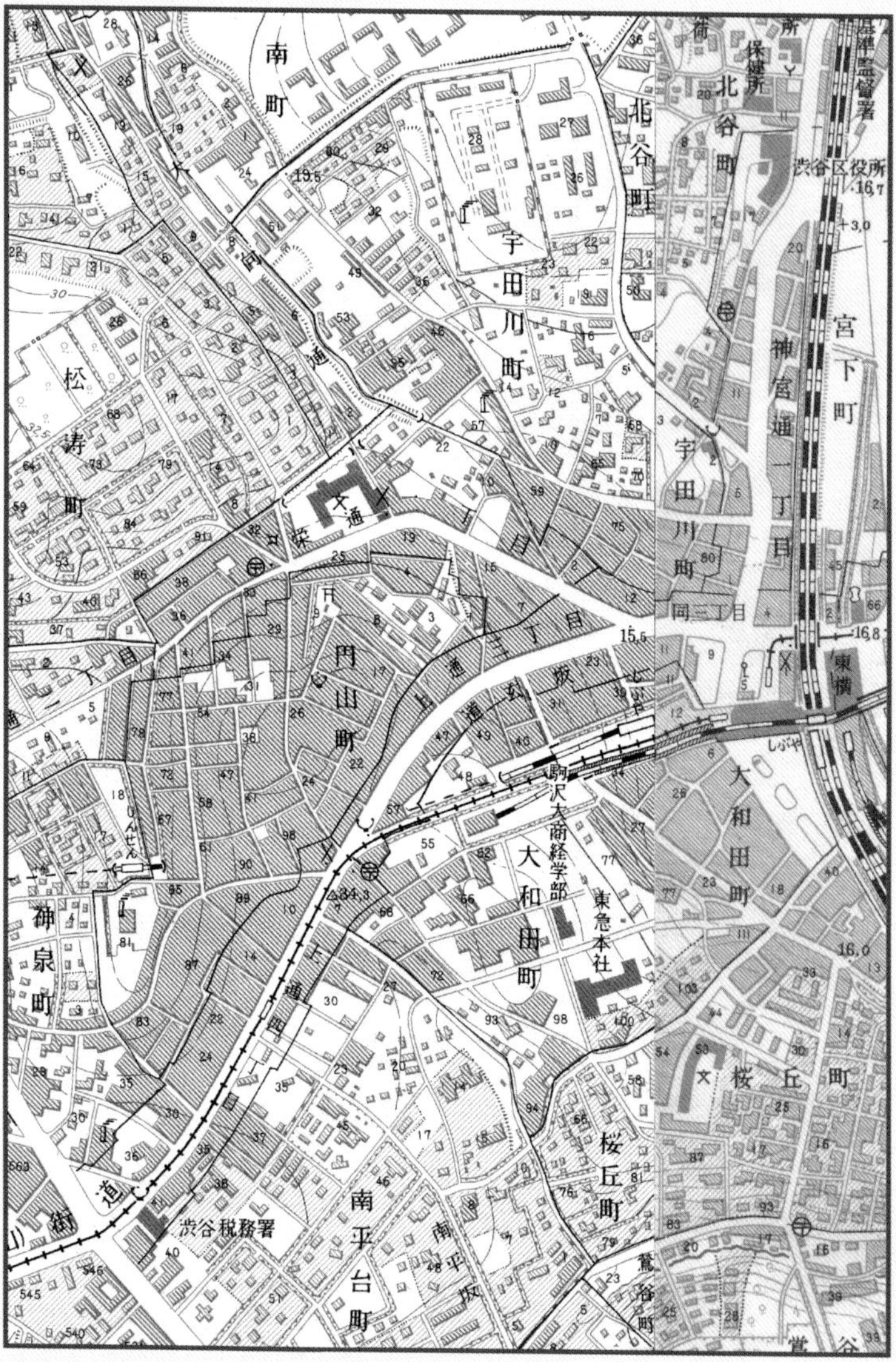

建設省地理調査所発行1/10000地形図

◆玉川電気鉄道の発展と津田興二

玉川電気鉄道は明治42年（1909）3月、臨時株主総会で慶応義塾～三井出身の津田興二を専務取締役に起用してから発展期に入る。

津田興二はペリーの黒船が来航した嘉永6年（1853）、大分県中津藩の剣術指南役の家に生まれた。大正3年発行の「大分県人士録」などによると、上京して開成学校を卒業すると、故郷で県立中学の校長職を務めるなどした後、再び上京。同郷の先達となる中津藩士族福沢諭吉が興した慶応義塾に学び、学業を終えると福沢諭吉が興した時事新報社に入社。政治経済記者として活躍した後、明治25年（1902）三井に入社した。三井入社後は富岡製糸工場の第6代、10代、11代所長を歴任する。明治30年に三井物産横浜支店長を務めたあと明治39年（1906）退社するが、津田は三井物産時代の明治34年、富岡製糸工場時代の知見を活かした『繭乾燥叢話』を丸善から出している。繭仕入法を付録とした実用的な専門書だった。

津田は三井物産退社後、実業家に転身。慶応人脈の東京信託、東京リボン、内国貯蓄銀行などに関わっていく中で明治42年、56歳の時に岩崎一に求められて玉川電気鉄道専務取締役に起用されることになった。

玉川電気鉄道の路面電車――砂利を運ぶ貨車を連結して走ったことから、ジャリ電とも呼ばれた玉電による砂利輸送は昭和10年（1935）前後まで行われているが、玉電開業後の経営に大きな力となったのは電灯電力事業だった。

玉川電気鉄道は玉川通り沿いに当たる荏原郡上目黒村柳町――現在の大橋1丁目に車庫と隣接して

自前の柳町火力発電所を建設。電車開通の翌年、明治41年（1908）5月から世田谷村、駒沢村へ電燈電力供給を開始し、経営の二本柱とした。

津田は電灯電力業の有望性に着目すると、専務就任の翌年にあたる明治43年、駒沢に発電所を持っていた富士瓦斯紡績と受電契約を結んで電灯電力事業の拡張を図った。ちなみに富士瓦斯紡績は現在の富士紡ホールディングス株式会社（東京都中央区）の前身である。

「文明の光」電灯はランプより高くついたことから贅沢視されていたが、明治末期にタングステン電球が開発されて電球の寿命が延びると電灯料金も相対的に低下。ランプより優位に立ったことで電灯導入家庭は急増。玉川電鉄の電灯供給エリアも渋谷町、目黒村、高津村、向ヶ丘村と拡大していっている。区史によれば明治が終わるころには渋谷町各戸に電灯がついたという。

大正7年（1918）11月の欧州大戦終了後、工業用動力の電力転換とともに、電気の普及めざましく、玉川電鉄の電灯電力事業も本業の鉄道事業を凌ぐほどに成長している。玉川電鉄の電灯電力事業はその後、昭和13年に玉川電鉄を買収した東京横浜電鉄（現在の東急）が引き継いでいる。ちなみに現在の東急は新電力事業「東急パワーサプライ」を展開しているが、東急の電力供給の歴史は戦前に遡ることになる。

津田興二が明治42年3月の専務就任から昭和3年（1928）11月、75歳で退任するまでの20年の間に、玉川電気鉄道は飛躍的に成長し発展している。大正13年（1924）には砧支線と天現寺支線を、翌年には下高井戸線（現在の世田谷線）を開業。時代が昭和に入ると中目黒支線および本線を溝ノ口まで延長すると、乗合自動車事業もスタートさせている。

◆渋谷駅開設地と金王八幡宮

玉電渋谷停留場前を砂利置き場にしていた玉川電鉄が旅客輸送中心に舵を切ったのは明治44年（1911）。渋谷駅の利用客が増え始めたからだった。

品川〜赤羽間を結ぶ日本鉄道品川線が明治18年（1885）3月1日に開通。渋谷駅はその途中駅として新宿駅、板橋駅と同時に開業している。なお、明治39年の鉄道国有法で、日本鉄道は国有鉄道になっている。

渋谷駅開設当時は、現在地より300メートルほど南寄りにあった。往時の表記でいえば「中渋谷村字並木前」。現在の渋谷駅埼京線ホームは駅改良工事の一環で山手線ホームと並んでいるが、往時の渋谷駅は以前の埼京線ホームがあったあたりとなる。

鉄道駅といっても周辺は田んぼや茶畑が広がり、駅の北と南には宮益と並木の水車が回り、東に目をやれば渋谷川の向こうに金王八幡宮が見えるという風情であった。新修渋谷区史によれば、そのころ渋谷区地域の水車数は32ヵ所を数えている。

中渋谷村字並木前が駅開設地となったのは、駅東側に「渋谷」の地名の起こりとなったとも伝わる渋谷氏の金王（こんのう）八幡宮（渋谷3丁目）があったからと思われる。

平安時代末期に渋谷氏は金王八幡宮の地に居館を設ける渋谷城（天守閣などはない平山城）を築い

金王八幡宮の社殿

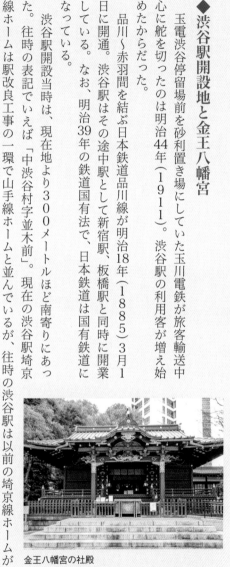

たとされ、社殿の前には城の石垣の一部と称するものが残されている。もっとも、見た目はなんの変哲もない石塊であるが。

社伝によると、金王八幡宮は渋谷氏が従った源義家が後三年の役（1083～87）の凱旋のとき、戦勝記念として八幡社を勧請したのが起こりとされ、以降渋谷氏は八幡社を氏族の鎮守と崇め、当初は渋谷八幡宮と称された。室町時代末期の大永4年（1524）小田原北条の関東攻略で、渋谷城落城とともに渋谷氏も滅亡。金王八幡宮も衰微の危機を迎えたが、江戸時代に入って徳川家光の三代将軍承継決定御礼として、乳母の春日局と守役の青山忠俊（青山の地名由来となっている譜代大名）が金王八幡宮に金百両及び材木多数を奉納、神門及び社殿も造営している。

家光の三代将軍承継には、実弟忠長と激しい抗争があった。大勢が忠長に傾くと、春日局と青山忠俊はこの金王八幡宮に祈願を重ねるとともに駿府の大御所家康にも直訴。結果として三代将軍は家光に決定した経緯がある。社殿及び神門は幾度かの修復を重ねているが、江戸時代初期の建築様式をそのまま伝えており、渋谷区の指定文化財ともなっている。

社殿右手に金王桜がある。一枝に一重と八重が混ざって咲く珍しい桜だ。「金王」の名は、渋谷氏初代家重の子、金王丸に由来するともいう。

◆20年近く利用客が増えなかった渋谷駅

水車が回る田園地帯にぽつんと佇む金王八幡宮を遠くに眺めながら蒸気鉄道が走り出した渋谷村だが、鉄道開通が村の発展にはつながらなかった。駅開業後数年間は1日の乗降客はわずか十数人で、100人単位となるのも明治30年代に入ってからだ。

駅が設けられた中渋谷村は明治22年の町村制施行で上渋谷村・下渋谷村と合併して渋谷村となったが、往時の渋谷村は住む人少なかった。新修渋谷区史によれば、現在の渋谷区地域の人口は、明治5年7500人。蒸気鉄道が走り出してから10年以上経った明治34年でようやく2万人に達し、明治40年代に入って5万人を数えて、渋谷村は町制に移行している。

明治30年代に入って利用客が増え始めた渋谷だが、時代が20世紀に入った明治37年に甲武鉄道（現在の中央線）千駄ヶ谷駅ができると、利用客は半減する。東京市の外縁部を走る品川線より、都心部とストレートに連絡する甲武鉄道に鉄道利用客は集中したのだ。

渋谷駅の利用客はなかなか増えなかったが、明治30年代に入ると千駄ヶ谷地域から農地の宅地化が始まり、渋谷村の人口も増えて明治42年（1909）1月には町制を施行。江戸以来の農村だった渋谷が鉄道駅を核にして急速に拓けていくのは、市電と玉電が走り出して渋谷駅がターミナル化した明治末期から大正年間にかけてだった。

◆忠犬ハチ公物語の裏表

玉川電鉄が旅客輸送中心に舵を切った明治44年（1911）の8月、帝都東京の有数の繁華街だった須田町から伸びてくる東京市電青山線が宮益坂下に停留場を設けて渋谷まで延伸した。

国電渋谷駅は大正9年、日本鉄道を前身とする山手線が高架化されると開設地の並木から現在地に移っているが、市電青山線は大正

渋谷駅前のハチ公

12年には山手線の高架をくぐり、現在の西口のハチ公前広場にあたる渋谷駅前まで延伸した。

渋谷のシンボルであるハチ公はこの年に秋田県大館市で生まれ、人手を介して東京帝国大学教授・上野英三郎博士の飼い犬となった。上野博士は渋谷町大向(現・渋谷区松濤一丁目)に住まいを構えており、愛犬家の上野は、出かける時には渋谷駅までハチを伴うことも少なくなかった。しかし、ハチを飼い始めた翌年にあたる大正14年(1925)に上野博士が脳溢血で急死したことが、忠犬ハチ公物語のプロローグとなった。

秋田犬「ハチ」の哀切物語が世上よく知られるようになったのは、人の心の卑しさ醜さを覆い隠そうとしたことの裏返しともなっている。

上野博士亡き後も7年間、渋谷駅改札口に姿を見せて上野の帰りを待つハチ公が物語の主人公になるのは新聞記事からだ。昭和7年(1932)10月4日付東京朝日新聞に一通の投書が寄せられ、同紙が〈いとしや老犬物語、今は世に亡き主人の帰りを待ちかねる七年間〉と写真入りで報じたのだ。

投書主で愛犬家でもあった斎藤弘吉は後に、それまでのハチが受けた仕打ちを明かしている。曰く「ハチはおとなしいものだから、駅員にひっぱたかれたり、顔に墨くろぐろといたずら書きされたり、夜になると露店の親父に客の邪魔と追い払われ、まるで喪家の犬の哀れな感じであった。なんとかハチの悲しい事情を人々に知らせてもっといたわって貰いたいものと考え、朝日新聞に寄稿したところ、その記事が大きく取り扱われ、一躍有名になると駅員や売店の人々まで急にみな可愛がるようになってしまった」云々。

その2年後の寒い冬の夜の明け方、ハチは渋谷川稲荷橋の路上で骸となっている姿を発見された。重度の悪性腫瘍とフィラリア症が死因とされている。ハチの遺骸は剥製にされ、上野の国立科学博物館に展示されている。

殴られ、蹴られの邪魔者扱いから一転「忠犬ハチ公」と呼ばれるようになった昭和9年、渋谷駅の改札口近くにハチの銅像が建てられた。初代の銅像は戦時中の金属類回収令により供出され、現在のものは昭和23年（1948）に造られた二代目となる。ハチ公像は広場の中で移動をくりかえし、平成元年に現在の場所と向きに移設された。

♪世間の情けや冷たさの夕べに朝に渋谷駅♪──10年ほど前か、忠犬ハチ公の歌が生まれたが、今はもう、すっかり忘れられているのだろうか。

◆宮益町の氏神は御嶽神社

中央線万世橋駅のあった須田町を起点とする市電青山線が青山7丁目停留場から渋谷まで延伸すると、青山通り沿いの宮益坂方面が賑わうようになった。

国道246号と無愛想な名称がつけられたものの渋谷駅以西を玉川通り、以東を青山通りと通称する大山街道の起点は江戸城赤坂御門とする説が有力とされている。赤坂御門も現在はその石垣を残すのみとなったが、その頃は矢倉沢往還と称された大山街道は徳川家康が江戸入府に使った道だ。秀吉に移封された家康は駿河国沼津で東海道と分離する相模道から多摩川に向かい、そこから大山街道に入って江戸の地に足を踏み入れた。

宮益御嶽神社

家康の天下統一成り、時代が落ち着いて町人経済が活況を呈する元禄以降になると、矢倉沢往還は庶民のレジャーを兼ねた大山詣には欠かせないルートとなり、名称もいつしか大山道、大山街道が通称となった。

往時の宮益坂は富士見坂と呼ばれ、その名のとおり坂上では富士山を眺めることができた。江戸時代には大山街道の道中最初の茶屋として、牛や馬をつないで一休みできる立場茶屋があったといわれる。坂の途中に参道入り口のある御嶽神社（渋谷1丁目）は宮益地域の氏神で、毎年の酉の市には熊手市が立つ。狛犬がニホンオオカミであることでも知られている神社でもある。元亀元年（1570）奈良・大和の金峯神社を分祭して創建された。「宮益坂」の名前は、御嶽神社にあやかって周辺の町名を渋谷宮益町に変えたことからついたといわれている。

御嶽神社の北側は古くは美竹町とも呼ばれ、明治から昭和戦前まで梨本宮邸があったところだ。現在の美竹公園周辺に2万坪の敷地を誇り、青山通りに表門を持ち、東京市電の青山車庫と隣接していた。梨本宮家は明治3年（1870）に創設された新設宮家の一つ。渋谷川に架かる宮下橋や宮下公園は、「宮家の下」を意味しており、梨本宮邸が渋谷にあったことに由来している。

新設宮家は昭和21年に廃止されたことから、邸も売却されている。梨本宮邸跡地には東京都児童会館が平成24年まであったが、現在は渋谷区役所分庁舎などになっている。

◆「文教都市渋谷」の先鞭をつけた青山学院

江戸時代の渋谷は、渋谷川までが江戸の郊外であり、江戸っ子の目からは渋谷川の川向こうは田舎だった。

ペリーの黒船艦隊が浦賀に姿を見せた嘉永6年（1853）の切絵図「東都青山絵図」を見ると、渋谷川以西は「百姓地」が広がっていたのに対して以東は大名屋敷と武家地で、宮益坂は青山通り沿いに町人の集積地が形成されていて、武家の消費需要で賑わっていたことを教えている。

農地が広がっていた道玄坂方面と違い、宮益坂方面は広大な屋敷地を持つ大名や旗本、御家人さらには幕府の御用地であったことが、明治に入るとその広い敷地を求めて多くの教育機関が集まる要因になった。

青山通りの東側が文教の街として形成されていく歴史は明治16年（1883）9月、青山学院の前身である東京英和学校が築地から青山南町（旧緑岡町）に移転して開校したことに始まる。明治21年10月には、東京英和学校構内に東京英和女学校（青山女学院の前身）ができた。

明治36年（1903）5月には現在の実践女子学園の前身となる実践女学校と女子工芸学校が麹町から渋谷村常盤松（現・渋谷区東）に移転してきている。実践女学校及び女子工芸学校は日本における女子教育の先駆者、下田歌子によって女性の啓蒙と地位向上を目的として設立された帝国婦人協会が母体となっている。

国学院大学渋谷キャンパスのある渋谷区東の一画は、大正12年（1923）に飯田橋から移転してきた当時は常盤松御料地内であったことから「氷川裏御料地」と呼ばれていた。国学院は古典研究と神官を養成する「皇典講究所」から始まった大学のため、現在でも全国の神社の神職には国学院大学の卒業生が多い。

現在の渋谷区東周辺はかつて常盤松町と呼ばれ、江戸時代は薩摩藩島津家の所有地で、明治維新後は皇室の御料乳牛場が置かれていた。東京農業大学（当時は東京農学校）も明治31年（1898）に小石川から常盤松御料地の一角に移転してきている。太平洋戦争の戦災で常磐松校舎が焼失し、昭和21年に現在の世田谷キャンパスに移ったが、東京農業大学名物の「大根踊り」で使われる応援歌「青山ほとり」は青山に学舎があった往時の東農大の名残だ。戦後、常磐松校舎の跡地は青山学院に売却され、現在は青山学院中等部の校舎などが建っている。

青山通りを挟んで青山学院の対面には現在、国連大学本部や青山通郵便局があるが、一帯はかつて都電の青山車庫があったところである。

◆道玄坂が場末だった頃

東京市が昭和3年（1928）にまとめた『東京市郊外に於ける交通機関の発達と人口の増加』には、玉川電気鉄道を取り上げた一節がある。

曰く〈郊外電車としては京浜電車（注・現在の京浜急行）に次ぎ古い歴史を持って居る。明治40年、渋谷～玉川間を開業したが、当時は沿線に未開地多く、したがって乗客少なく営業振るわずして一時経営難に陥り（中略）然るに欧州大戦後における郊外の発展に伴い漸く乗客を増加すると共に社運挽回し、その後数次の増資を重ね次第に盛大になるに至った〉云々。

道玄坂上の玉川通り沿いに駒沢練兵場など陸軍施設が集まり始めたのは明治30年代で、陸軍の各部隊についていた出入りの御用商人も道玄坂を中心とする地区に移ってきていた。しかし、その頃の道玄坂は「とてもまともに商売は出来ないような、場末風の汚い街で、夜明け前の渋谷という状態」（渋谷区史）だった。

「道玄坂」の地名由来には諸説あるが、渋谷氏滅亡後この地に出没した山賊の大和田太郎道玄説もある。明治後期の道玄坂はその説を彷彿とさせ、山賊でも出そうな雰囲気だったようである。荷車や馬車、牛車、人力車が往来していた大山街道に玉電が走り出しても、宮益坂方面とは違って道玄坂方面はなかなか拓けなかったことを東京市の報告書や区史が語っている。

渋谷の夜明けの契機になった一つが明治42年、青山練兵場が代々木に移ってきて代々木練兵場が設置されたことだった。兵隊さんが渋谷の消費経済に活を入れた形になり、明治末から大正年間にかけて道玄坂に店が増え始めて賑わいが増していったのである。

玉電効果で大山街道沿いにも住宅が建ち始め、道玄坂の繁華街が形成されていく中で起きたのが欧州大戦（第一次世界大戦）だった。

大正3年（1914）から始まった4年余にわたる欧州大戦は、日露戦争後に深刻な債務国に陥っていた日本を一転、債権国にするほどの特需景気をもたらし、世間は好景気に沸いた。道玄坂一帯も飲食店が発達し、警察署、郵便局あるいは銀行が東京市内から進出してくるなど、市街地としての体裁が整っていった。

昭和10年（1935）の『東京市内商店街に関する調査』によると、道玄坂下から坂上まで、道路の両側には189店が密集。その大部分が10坪足らずの小規模店だった。そのうち4分の1が明治年間に開業、大正年間は2割と、道玄坂生え抜きの店が半数近くを占めている。

明治末期から大正にかけて道玄坂が急速に賑わいを増していったことが、この調査からうかがえる。

◆百軒店と林芙美子

時代が大正から昭和に変わる頃、貧苦に喘いでいた林芙美子は道玄坂で露店売りをしていたことを

『放浪記』に記している。同棲相手の自称アナーキスト野村吉哉と多摩川べりの小さな借家から道玄坂に移ったころと思われる。

〈裸になって〉の一節に露店売りのくだりが書かれている。

――今日はメリヤス屋の安さんの案内で、親分のところへ酒を入れる。道玄坂の漬物屋の露路口に、土木請負の看板をくゞって、奇麗ではないが、ふきこんだ格子を開けると、いつも昼間場所割りをしてくれるお爺さんが、火鉢のそばで茶をすゝっていた。

(中略)

私は女の万年筆屋さんと、当のない門札を書いているお爺さんの間に、店を出した。蕎麦屋で借りた雨戸に私はメリヤスの猿股を並べて「弐拾銭均一」の札をさげると万年筆屋さんの電気に透して、ランデの詩を読む。

大きく息を吸うともう春だ。この風には、遠い遠い思い出がある。舗道は灯だ。人の洪水だ。

(中略)

お上品な奥様が、猿股を弐拾分も捻って、たった一ツ買って行く。――

林芙美子が「雨が降るとアンコを流したような泥濘道」と表現した道玄坂に百軒店がつくられるのは関東大震災後だ。

震災後の復興にともなう渋谷開発計画によって大正13年(1924)、東急五島慶太の好敵手と目され、後に西武グループを興す堤康次郎が率いていた「箱根土地株式会社」が中川伯爵邸の土地を購入して、百軒店はつくられた。

堤康次郎は被災した資生堂や天賞堂、精養軒を始めに有名店や老舗を誘致して117店の名店街をつくった。堤康次郎は百軒店オープンに先立っては入場料無料の「全国物産共進会」を2ヶ月間開催。全国の特産品を生産者から直接買えるようにしたことから、宣伝効果は抜群だった。

震災の傷跡は残ったものの復興後には多くの有名店や老舗は元の場所に戻っていったが、その跡地に映画館や劇場、カフェーなど遊興施設が相次いでオープン。名店街は一転、大人の繁華街となった。

商店街の一角には、商売繁盛の神様として宮益の地から遷座された千代田稲荷神社が建っている。その御利益か、百軒店は令和の今も道玄坂名物として賑わっている。

百軒店にある「名曲喫茶ライオン」は戦前からの老舗だ。店内はノスタルジッ

千代田稲荷神社

戦前の道玄坂

クな雰囲気があり、レコードでクラッシック音楽を聴きながら一人の時間を過ごすお客が少なくない。戦災で一度焼けたが戦後直ぐに同じ形に再築され、80年前の姿のまま今も営業している。

◆与謝野晶子と道玄坂

道玄坂上の左側には与謝野晶子の歌碑が建てられている（道玄坂2丁目）。

明治、大正、昭和にかけて活躍した女流歌人与謝野（旧姓・鳳）晶子は、東京新詩社を興した与謝野鉄幹主宰の雑誌『明星』などに投稿し、新進の歌人として頭角を現す。明治34年（1901）春、晶子は家を出て与謝野鉄幹を頼って上京。2人で最初に住んだ家は中渋谷272（現在の道玄坂2-6付近）にあった。

当時、与謝野鉄幹は結婚しており、今風に言えば与謝野晶子の押しかけ不倫。与謝野晶子は鉄幹と暮らし始めてまもなく処女歌集『みだれ髪』を発表している。その一首「柔肌の熱き血潮に触れもみで　寂しからずや道を説く君」は晶子が鉄幹に迫った歌である。鉄幹は武家顔の風貌の男だったが、当時23歳だった若き晶子の情熱に押し倒されたのだろう。

渋谷駅西口の渋谷マークシティに近い繁華街となっているその場所には「東京新詩社跡」の木柱が建っている。道玄坂上の歌碑は二人の住まいともなった新詩社と近かったことから建てられた。

歌碑には、晶子の筆跡をもとにした「母遠うてひとみ親しき西の山　さがみか知らず雨雲かかる」

渋谷与謝野晶子歌碑

渋谷神泉湯道標

と刻まれている。与謝野晶子は明治11年(1878)に大阪・堺の老舗菓子舗に生まれている。鉄幹恋しさに家を飛び出してきた心情を歌ったものだろう。

与謝野晶子と鉄幹はともに暮らし始めた年の秋にはすぐ近くの中渋谷382(道玄坂1-10付近)の借家に移転。この時期に鉄幹の離婚が成立して晶子は晴れて鉄幹の妻となった。この地で新婚生活を送った後、日露戦争が勃発した明治37年に中渋谷341(道玄坂1-6付近)に転居した。与謝野晶子はここでは、日露戦争に従軍した弟を思う『君死にたまふこと勿れ』が発表している。この年の秋には千駄ヶ谷に引っ越したことで、鉄幹と晶子が渋谷に住んだ期間は3年余りと短かったものの、道玄坂は与謝野晶子の東京生活の始まりであり、代表作の数々がこの地で発表されたことになる。

◆円山町花街の起こり

百軒店が誕生した大正年間には、渋谷を物語るときに欠かせない円山町の花街が当局から三業地として認可されている。大正2年(1913)1月のことだ。

円山町の花街の起こりは、江戸時代以来の共同浴場だ。

渋谷区神泉町付近は、その昔は霊泉が湧く場所として知られていた。姫ヶ井と呼ばれる井戸があり、江戸時代の名所旧跡・寺院の来歴を記した『江戸砂子』には〈此処に湧泉あり。昔、空鉢仙人此谷にて不老不死の薬を練りたる霊水なる故「神泉」と斯く名付けし〉とあり、姫ヶ井~神泉湯の由来を記述している。

村人は江戸時代からこの霊水を沸かして、村の共同浴場として運営していた。明治時代には「今弘法」を自称する僧が共同浴場を「弘法湯」と名付け、森厳寺で灸を据えた帰りに浸かると御利益があると説法して有名になった。

森厳寺は下北沢にある徳川家ゆかりの寺院。慶長13年（1608）徳川家康の次男、結城中納言秀康の位牌所として創建された浄土宗寺院で、本堂の門扉には三つ葉葵の紋所があしらわれている。

森厳寺がお灸で名を馳せるのは、伝によれば腰痛持ちだった初代住職清譽上人の夢枕に故郷紀州の淡島明神が夢枕に立った。お告げのままに灸をすえたら腰痛はたちまち消え去ったことから、江戸市中はもとより関東一円に名を馳せる森厳寺の「淡島の灸」の来由となっている。

明治30年代、弘法湯の隣に併設された料亭「神泉館」が大いに繁盛すると、近辺に料飲店や料亭旅館が建ち始め、芸妓置屋も誕生。これが円山町花街の起こりとなった。

代々木練兵場の将校たちも上客となって、円山町花街最盛期の大正10年（1921）頃には芸者衆は400人を数えた。界隈は昼間でもどこからともなく三味線の音が聞こえてきて、いかにも花街らしい風情を漂わせていたのが、大正～昭和の戦前から戦後にかけての円山町だった。

円山町花街も昭和40年代に入ると三味の音もかぼそくなった。円山町花街を興すことになった弘法湯は戦後、銭湯となったが昭和50年代半ばに廃業。円山町には待合の代わりにラブホテルができはじめて街は様変わりし、芸者も激減していったというのが、円山町花街のあらましとなっている。

円山町の最寄り駅となる京王井の頭線神泉駅前にコンビニがあるが、その前に「右　神泉湯道」と刻まれた道標が立っている。道標の側面には明治19年（1886）青山北町の石屋勝五郎が施主となって建てたと刻まれている。

五島慶太

◆玉川電鉄対東京横浜電鉄

玉電が走り出してから、渋谷の主役は玉川電鉄だった。しかし、時代が昭和に入ると、様相は波乱含みとなる。昭和2年（1927）東急東横線の前身となる東京横浜電鉄渋谷線（以降は東横線と表記）渋谷〜丸子玉川間が開通。五島慶太が渋谷に乗り込んできたのである。

大正12年（1923）の関東大震災から昭和の初めにかけて、東京郊外の人口は急激に膨れ上がった。その頃は江戸市中を基準にした15区制であり、15区の外側は「郊外」というのが当時の認識だ。帝都東京の内陸部を貫いて渋谷と横浜を結ぶ東横線の開通は道玄坂を中心に繁華街を形成しつつあった都心渋谷と郊外を結ぶ大動脈となり、編成車両が増やせる鉄道電車東横線の利用客は路面電車の玉電を圧倒。東京横浜電鉄を率いる五島慶太は、昭和9年（1934）には渋谷駅のターミナルデパートとなる東横百貨店をオープンするに至った。

関東初の私鉄直営ターミナルデパートとなった東横百貨店は、戦後は「東急百貨店　東横店東館」となるが、地上7階、地下1階で渋谷川をまたぐ格好で建設され、狭小用地ならではの工夫が凝らされた。東横線の駅舎は百貨店の2階に含まれ、ホームは頭端式となった。

そのころ、新宿ではすでに伊勢丹、三越、ほてい屋（後に伊勢丹が買収）の百貨店が盛業中だった。大規模な小売店がなかった渋谷で

玉電の渋谷駅ホーム（昭和43年）　撮影：柳川知章

の百貨店オープンは大当たりとなった。東横百貨店開業前年には帝都線（井の頭線）も開業していたから、東横百貨店は東横線ばかりでなく玉電、井の頭線、国電の客も独り占めしたようなものだった。

玉川電鉄は昭和7年に玉電渋谷駅の木造2階建駅舎を改築。1階に二幸、2階に玉電食堂が開業していたが、東横百貨店の盛業を見て、玉川電鉄もターミナルデパート「玉電ビルディング」を計画。昭和12年（1937）に5階建て玉電ビルを建設した。この玉電ビル建設が、五島慶太に玉川電鉄買収を決断させる決定打ともなった。

◆東京横浜電鉄、渋谷を制覇

『東京横浜電鉄沿革史』によると、東急側は百貨店出店に当たって渋谷では先輩にあたる玉川電鉄に合併を打診したようだ。あくまでも共同経営を主張する玉川電鉄を、東急は2年近く説得する。玉電の重役を何人でも入れる、専務取締役は終生、専務として待遇する等々の好条件を提示したが、返事は来ないままであったという。

玉電ビルオープンを見て、渋谷で競合するのは利にあらずと、五島慶太は玉川電鉄の大株主を口説き、株式による玉川電鉄買収を決断する。

「あたかも札束を以て昼強盗を働くような仕事ではあったが、渋谷を共通の起点とし、活動の本源地としている点から見れば、やがては一心同体となるべき運命にあった」云々と、同沿革史で五島慶太は述懐している。

東急本社の所在地は渋谷区の南平台だが、かつては玉川電鉄本社があったところだ。買収後、東急本社として使って今に至っている。

玉電ビルは戦後になると、増改築で東急会館となって装いを一新する。東急会館には東横百貨店西館や東横ホールなどが入っていたこと、団塊の世代には懐かしい。

五島慶太は昭和13年（1938）に玉川電鉄を買収。その翌年には自身が率いる東京高速鉄道で新橋〜渋谷間を開業。後に東京メトロ銀座線を形成する東京高速鉄道渋谷駅は、買収したばかりの玉電ビル3階に設けた。玉電の電車も玉電ビル2階に乗り入れることになり、玉電ビルは2本の鉄道の入る駅ビルとなった。

東京メトロ銀座線の戦前は、先行開業した浅草〜新橋間を東京地下鉄道が、新橋〜渋谷間は東京高速鉄道が手掛けて上野〜渋谷間を全通させている。

東京地下鉄道はもともと浅草〜新橋間の開業が目的の地下鉄だった。日本初の地下鉄事業は好成績を収めたことから、渋谷までに延伸する目的で東京高速鉄道が設立されている。しかし、資金難から開業までに紆余曲折があり、五島慶太が経営の主導権を握ることになったものだ。

東京横浜電鉄は、玉電と地下鉄も傘下に収めて渋谷を制覇。そして戦後を迎える。

◆恋文横丁が観光名所となった渋谷の戦後

東急文化会館が高さ180メートルを超える渋谷ヒカリエに生まれ変わったのを第一弾にしてダイナミックに変貌中の渋谷の戦後は、他所の例にもれず闇市から始まった。

「SHIBUYA109」通称マルキューの裏手には、終戦後から狭い路地にバラック建ての古物屋、古着屋、飲食店など数十軒がひしめくマーケットがあった。そのうちの1軒に進駐軍相手のホステスのラブレター翻訳&代筆を生業にしていた英語の達者な復員軍人をモデルに、丹羽文雄が新聞小説『恋文』を連載。人気を呼んだことからその路地は恋文横丁と呼ばれるようになった。一時は観光名所になるほどだった恋文横丁は昭和40年（1965）3月、道玄坂で起きた火事をきっかけに再開発されて消滅してしまったが、渋谷の戦後史の1ページとなっている。

ＪＲ線のガード沿いに40店舗ほどの小さな飲食店が集まる「のんべい横丁」もまた、恋文横丁と同様に道玄坂など渋谷駅周辺の闇市の一部が、集団移転して出来たものだ。

焼け跡闇市から再出発することになった渋谷だが、戦前から鉄道交通の要衝となっていたことから復興は早かった。昭和27年（1952）には玉電ビルが11階建てに増改築されて東急会館となった。昭和31年にはプラネタリウムで東口の人気スポットとなった東急文化会館が誕生している。

東京横浜電鉄を改称した東急電鉄が、路面電車の玉川線こと玉電に変わる新玉川線構想で、渋谷〜二子玉川園間の新線の免許を出願したのは、東急文化会館をオープンした年の昭和31年だ。

当初は地下鉄銀座線に乗り入れる構想で、三軒茶屋以西は高架が中心だった。ルートも現在とは異なるものだった。その後、国の鉄道行政で銀座線乗り入れ構想は却下され、二子玉川園（現在の二子玉川）〜渋谷間は東急が、渋谷から先は東京メトロ（当時は営団）の建設・運営が決まった。五島慶太が描いた東急の地下鉄直通構想はならなかったが、後に銀座線の代わりに半蔵門線になって地下鉄との直通運行は実現することになった。

東急の区間も全線地下ルートとなって、昭和44年に玉川線は廃止され、新玉川線の工事が本格化していった。

昭和52年（1977）かつての玉川線とほぼ同じルートの地下に、後に田園都市線に発展する東急新玉川線が開通。最初の停車駅は池尻大橋となった。

02 池尻大橋 玉川電鉄の柳町発電所があった

◆玉電柳町発電所と大橋ジャンクション

道玄坂上のポケットスペースに設けられた与謝野晶子の歌碑の傍らに道供養碑がある。

道祖神や地蔵尊が悪霊退散の呪術的信仰に対し、街道筋に立てられた道供養碑は道中の無事と行路病者、簡単に言えば行き倒れの出ないように道路そのものを供養して行旅の安全を祈念するという、民俗信仰に由来する供養塔だ。

玉川通りは江戸中期以降、庶民の間で流行した大山詣で賑わった。相模大山は別名雨降山と呼ばれ、五穀豊穣、商売繁盛など現世利益を求める人々の信仰対象となり、相模大山への参詣道として盛んに利用されるようになる。道供養碑はその頃の名残だろう。

玉電が走っていた時代、道玄坂上停留場の次に大坂上停留場があった。ここは大山街道の中で一番の急坂

玉電の大橋車庫(昭和43年)　撮影：柳川知章

であったところで、坂上に設けられた立場（たてば）からは西に大山をはじめ丹沢連山が良く見えたこと、明治中期の東京名所図会にその様子が描かれている。

大坂上から大橋方面へ進むと、一帯は江戸以来の農村地帯で、明治に入っても水田や牧場が広がっていた。明治30年代に神泉町から三軒茶屋にかけて蛇行していた大山通りが直線化され、まもなく玉電が走り出す。玉川電鉄が電車を走らせるために車庫に隣接して設置したのが柳町火力発電所だ。

当時の行政地名は東京府荏原郡目黒村大字上目黒柳町だったことから、その名称がつけられた。現在の大橋ジャンクション（目黒区大橋1丁目）あたりだ。

昭和30年代の地図には玉電大橋停留場手前から車庫への引き込み線と発電所の記号が描かれているが、大字上目黒村柳町は大正年間には大字上目黒字宮下となり、大正末期から昭和初期にかけて大規模な耕地整理が行われている。区画整理されるとともに蛇行していた目黒川も直線化に改修。中目黒に向かう山手通りも開通した。しかしエリアの一部は区画整理の対象に含まれず、明治初期のまま狭い道路が残されることになった。

大正12年（1923）の関東大震災後、壊滅した都心部から多くの人

天空庭園

首都高の大橋ジャンクション

大正5年当時の池尻大橋駅周辺

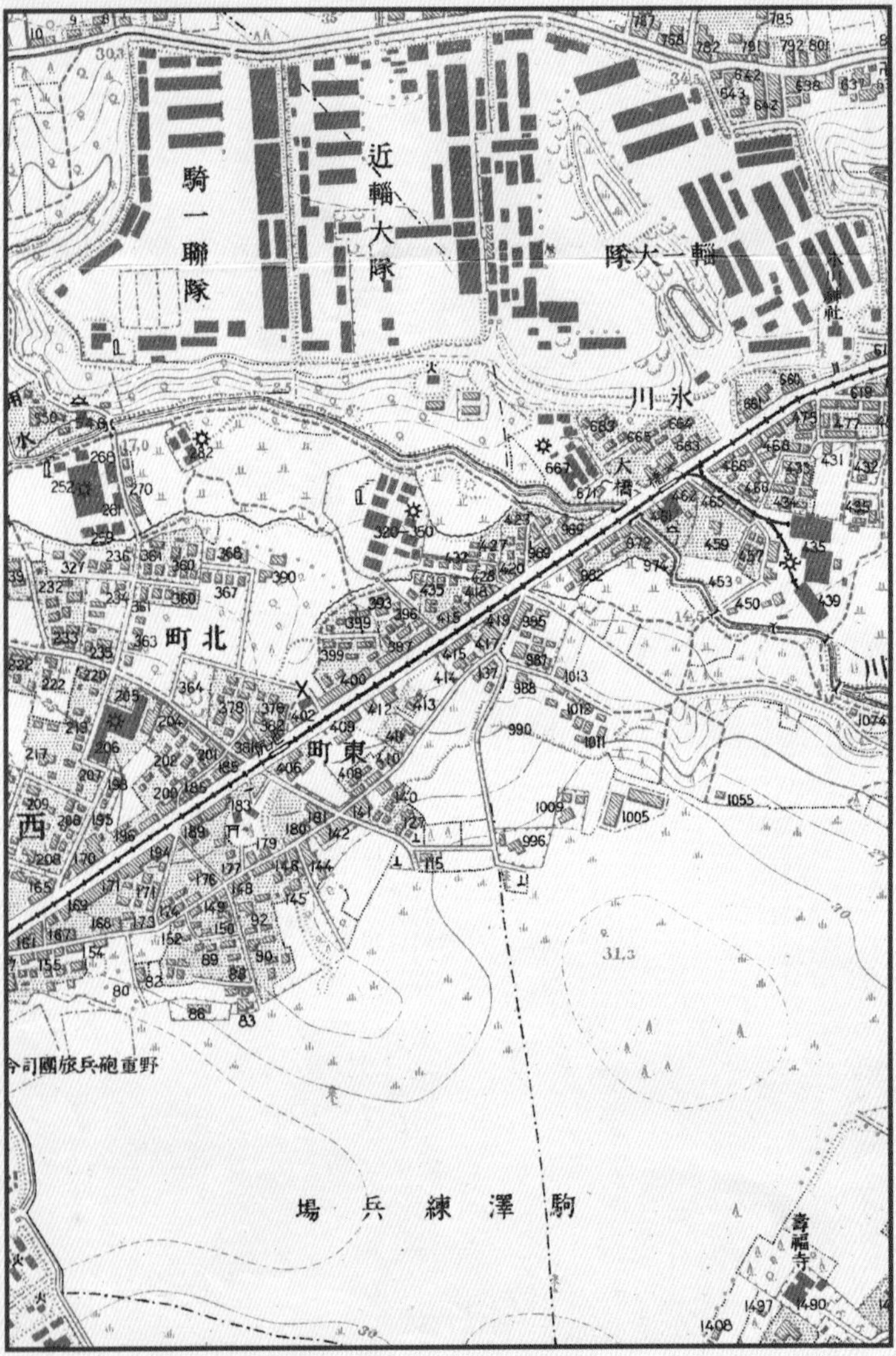

陸軍参謀本部陸地測量部発行1/10000地形図

昭和30年当時の池尻大橋駅周辺

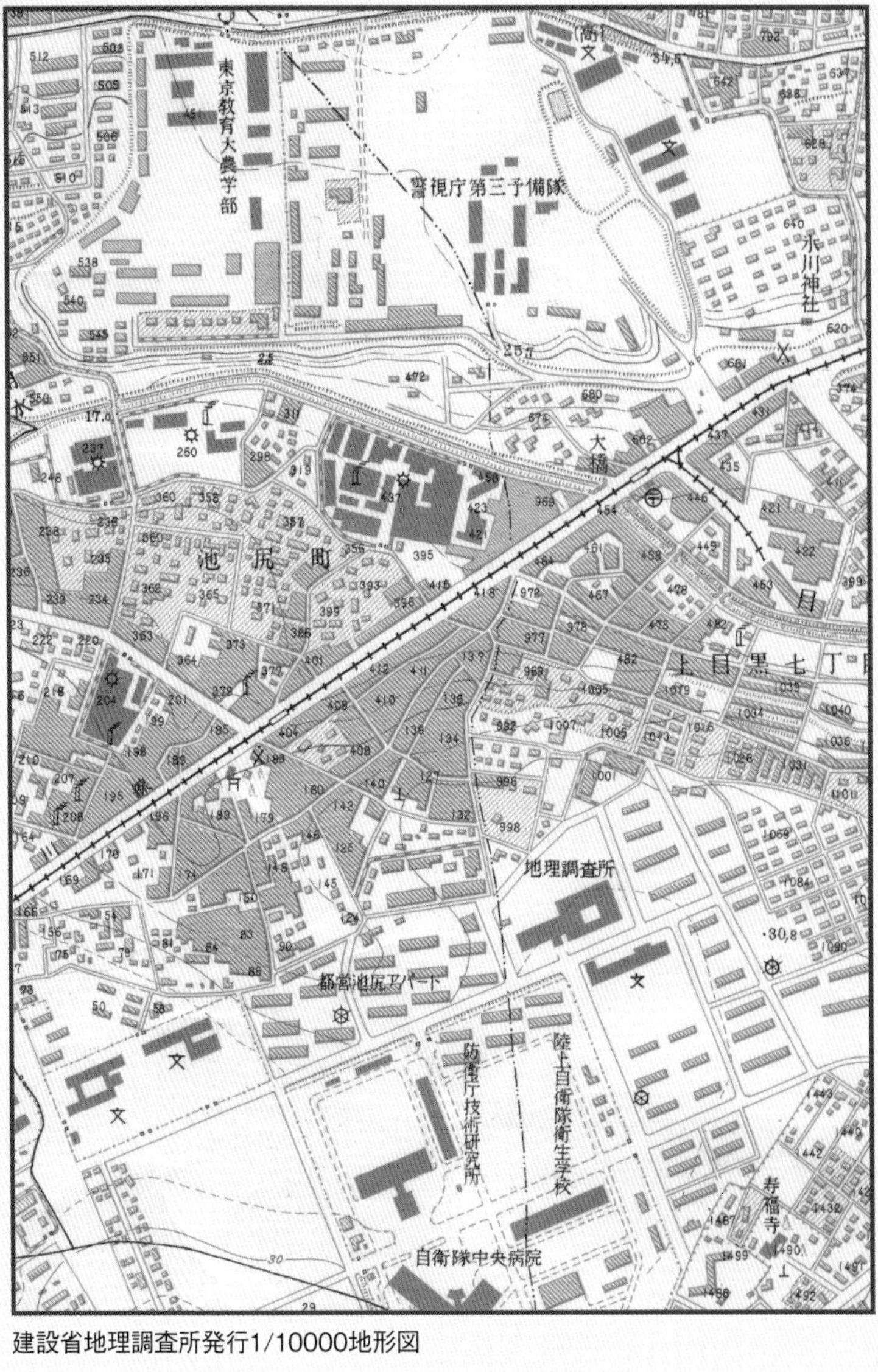

建設省地理調査所発行1/10000地形図

が郊外に移り住むようになった。かつての柳町エリアも宅地化されていったが、昭和30年代まで大橋付近に染物屋があり、目黒川では友禅流しが行われていた。目黒川もそのころまでは清流だったのだ。

平成2年（1990）大橋ジャンクション建設が決定すると、目黒区も平成4年に大橋1丁目地区整備構想を打ち出し、大橋1丁目の再開発に動き出す。

平成20年代に大橋ジャンクションは完成。ジャンクション屋上に目黒天空庭園がつくられ、周囲にはタワーマンション2棟が建つことになった。

大橋ジャンクションは、高架の首都高速3号渋谷線と地下トンネルの中央環状線を結ぶために、限られた敷地面積で高低差を稼げるループ状として建設されたのだが、知恵というものは絞れば絞るほど出るものだと、つくづく思わされる。

◆旧大山道沿いの池尻稲荷神社

田園都市線池尻大橋駅から三軒茶屋方面に数分歩いたところに、池尻稲荷神社（池尻2丁目）がある。玉電時代は池尻停留場そばだった神社だ。

〈大山道沿いにあった池尻稲荷には「涸れずの井戸」がいま

池尻稲荷大山道旧道側

池尻稲荷参拝

もこんこんと湧いている。江戸市中を発った旅人は道筋ここまで飲み水がなく、この井戸で喉を潤したという〉云々と昭和59年（1984）に世田谷区がまとめた『せたがや百景』に載っている神社だ。

〈江戸市中を発った旅人〉とは、大山詣の庶民を指しているのだろう。

玉川通りこと大山道はその昔、豊臣秀吉に移封された徳川家康が江戸入府に使った道ともいわれ、その歴史は奈良時代に遡る古道。足柄峠を越えて畿内と東国を結ぶ足柄道がその起源と伝わる。

江戸時代になって五街道が整備されると、東海道の脇往還ともなった大山道が賑わいを見せるのは元禄期以降。幕府は江戸のインフラ整備に目処がつくと、年貢を七公三民から三公七民近くまで下げた。余裕のできた農民が消費経済に参入してくると江戸市中の商いも活発化していく。経済的余裕ができた町人は遊山を兼ねた札所めぐりや神社仏閣を訪れるようになった。大山詣もその一つだった。

江戸時代はもっぱら「大山街道」「大山道」と呼ばれた玉川通りも、昭和戦後に国道246号となって多くの部分でバイパス化されたために道筋がかなり変わっているが、この池尻稲荷神社の裏手の道が、本来は表参道に出る旧大山道になっている。

池尻稲荷涸れずの井戸

池尻大橋駅の南口付近から国道246号と斜めに枝分かれしていく細い道がある。緩やかに湾曲しながら三宿の交差点付近で国道246号に合流する。これがかつて大山道だった道で、明治40年（1907）に玉電の軌道を敷設する際に大山道が真っ直ぐに整備されたので、今では影の薄い旧道となっているが、この旧道の途中に池尻稲荷神社の参道が伸びている。

『せたがや百景』で取り上げている池尻稲荷神社の「涸れずの井戸」の井戸水はいまもその水脈は涸れておらず、ポンプで汲み上げて手水舎に流れ込んでいる。

創建は由緒書きによると明暦年間（1655～58）で、倉稲魂命（うがのみたまのみこと）を祀る。江戸時代は池尻村、池沢村の鎮守。「火伏せの稲荷、子育て稲荷」として地域の村民の信仰を集めていたとのことだから、明暦3年に江戸市中を火炎でなめ尽くした振り袖火事直後の創建と思われる。

池尻稲荷のかごめかごめ

鳥居前に旧大山道の石碑と、往時の村の一風景を切り取った「♪かごめかごめ」の像がある。例大祭は9月の第三土・日曜日。隔年で宮神輿が出るが、宮神輿の年と町会神輿のみの年と1年ごとに違った形態で行われる。もっとも超一等地に鎮座する神社だから社地も限られている。祭りの規模はこぢんまりとしており、宮神輿の年でも露店が出るのは境内のみ。

現在の池尻稲荷神社は高速道路とビルの谷間の片隅に追いやられたような塩梅だが、往時は鬱蒼とした杜の中に鎮座。周辺は農家が散在する農村だった。そんな風景が変わっていくのは明治30年代に入ってからだ。

◆軍隊の街だった池尻～三宿

池尻3丁目の北側で烏山川と北沢川が合流し、目黒川となって品川まで流れこんでいく。いまは緑道となって往時の面影はないが、「池尻」の地名の由来は、目黒川の支流であった北沢川と烏山川の合流地点から目黒川大橋付近までは沼沢地帯だった。幕末の頃まで「蛇池」とも「龍池」とも呼ばれていた池があり、「池尻」の地名はそこから生まれたと伝わる。

池尻に隣接する「三宿」は「水の宿る地」ということで「水宿」とついたものから転じて「三宿」となったそうだ。

玉電の停留場名は開業後、度々変わっているが、明治末期から昭和初期の渋谷〜三軒茶屋間は渋谷〜道玄坂上〜大坂上〜大橋〜池尻〜三宿〜太子堂〜三軒茶屋となっている。

林芙美子『放浪記』には三宿停留場も出てくる。

〈三宿の停留場に、しばし私は電車に乗る人のように立っていたが、お腹がすいて、めまいがしそうだった〉ところへ、通りかかった二人連れのおばあさんに天理教を信仰すればいいことがあると云々されたと綴っている。

玉川通り沿いに展開する池尻〜三宿界隈は、世田谷区の中でも最も早く近代社会の息吹が生まれたところだろう。そのキーワードは、軍隊と玉川電鉄こと玉電だ。

玉川通りは今でこそ片側3車線から5車線と拡幅されているが、昭和30年代までは大部分が片側1車線の狭い道路だった。

玉電は明治40年（1907）3月、まず道玄坂上〜三軒茶屋間が開通し、続いて4月1日には三軒茶屋〜玉川（現在の二子玉川）間が開通。その後、8月に道玄坂上から渋谷まで伸び、玉川〜渋谷までの全線が開通した。

開業当時の運賃は、渋谷〜玉川間を5区分（渋谷からは渋谷〜大橋〜三軒茶屋〜駒沢〜用賀〜玉川）

に分け、1区3銭（当時の珈琲1杯、かけそば1杯と同じ値段）。渋谷から玉川まで15銭だった。今の感覚では、初乗り運賃が喫茶店のコーヒーと同額だったら、高い。開業当初は歩く人のほうが多かったという。

玉電も玉川まで開通すると、客車1輌に砂利運搬車を連結するから、世田谷に初めて走り出した鉄道とはいえ、見た目と運賃の高さに敬遠したくなったのかもしれない。

玉電が走り出す前に、鄙びた農村だった界隈にやってきたのが、陸軍の部隊だった。帝都東京の軍事施設は、都心部の市街化が進む明治20年代になると、広大な敷地を求めて郊外に移転するようになった。

まず明治24年（1891）から翌25年にかけて、上目黒から池尻の高台に騎兵第一連隊、近衛輜重兵大隊の施設が移転してきて、その一帯は「騎兵山」と呼ばれた。兵舎の北側には駒場練兵場もできた。明治30年（1897）以降、大山街道の南側一帯に駒沢

玉川通りを走る玉電（昭和43年） 撮影：柳川知章

練兵場、近衛野砲兵連隊、野砲兵第一連隊、野戦重砲兵第八連隊等の兵舎が次々とでき、さながら陸軍の町という景観をみせていた。

兵営の周辺では、軍人や入営・出営の送り迎えをする家族を相手に商店や旅館などが数を増やしていった。開業当初の玉電も、ここぞとばかりに「軍人優待乗車券」を発行、乗客増に努めている。

戦後、平和な時代が戻ると、その跡地は世田谷公園、防衛庁中央病院、昭和女子大学キャンパス等の用地に利用されている。

世田谷公園（池尻1丁目）は昭和40年に東京都から世田谷区に移管された後、世田谷区が昭和49年に区立公園として新たに開園した。園内の人気者は「チビクロ号」と名付けられた走るミニSL。1周300メートル。以前は石炭で走っていたが、現在は電気モーター。有料だが小学生未満は無料。

D51の機関車や車掌車も保存されている。園内には噴水広場のほか、野球とサッカーとで兼用できる芝生球技場もある。

世田谷公園の人気者「チビク0号」

03 三軒茶屋 若い世代が集まる世田谷随一の繁華街

◆林芙美子と太子堂の二軒長屋

三軒茶屋駅周辺再開発事業の一環として建設された複合ビル・キャロットタワーは今や当地のランドマークとなって、三軒茶屋のイメージも変わり、若い世代が集まる街になりつつある。

古くから交通の要衝であった三軒茶屋は、戦後、ヤミ市に始まり、多くの商店や飲食店、映画館などが立地するなどで賑わった。現在はキャロットタワーをはじめ再開発により整備された区域がある一方で、昭和期のレトロな雰囲気を残す区画も残っている。

東急世田谷線沿線に居住する友人によれば、三軒茶屋の世田谷通りと国道246号が分岐する一角は「三角地帯」と呼んでいるそうだ。終戦後はヤミ市で賑わったところで、この三角地帯にある「エコー仲見世商店街」は闇市から発展した仲見世商店街が前身という。

エコー仲見世商店街をはじめ三角地帯周辺は昭和の匂いを残し、近年はそのレトロな雰囲気で人気となっているが、一帯では新たな再開発が予定され

三軒茶屋キャロットタワー

ているというから、三軒茶屋はまだまだ変わりそうだ。

三軒茶屋駅周辺再開発事業で、世田谷線の三軒茶屋駅も西太子堂駅寄りに移設されて、装い一新。三軒茶屋駅と西太子堂駅とは300メートルほどになったことから、西太子堂駅の乗降客は激減した。

林芙美子が道玄坂から太子堂の二軒長屋に同棲相手と一緒に流れてきたのは、世田谷線が開業した大正14年（1925）4月ごろのことだ。

『放浪記』の一節〈粗忽者の涙〉にこんなくだりがある。

――今夜は太子堂のおまつり。家の縁から、前の広場の相撲場がよく見えるので、皆集って見る。

「西！　前田河ア」

と云う行司の呼ぶ声に、縁側に爪先立っていた私達はドッと吹き出して哄笑した。知った人の名前なんか呼ばれると、とてもおかしくて堪らない。貧乏していると、皆友情以上に、自分をさらけ出して一つになってしまう。――

林芙美子が同棲相手と暮らした路地奥の二軒長屋は真言宗円泉寺の西隣にあったから、〈太子堂のおまつり〉は円泉寺の祭礼のことだろう。円泉寺は聖徳太子像が祀られ、太子堂の地名のもとになった古寺だ。

二軒長屋の一軒には壺井繁治・栄夫婦が住み、交流もあったが墓地も目の前のお寺と隣り合わせの

三軒茶屋仲見世

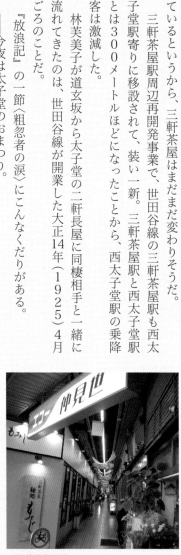

大正5年当時の三軒茶屋周辺

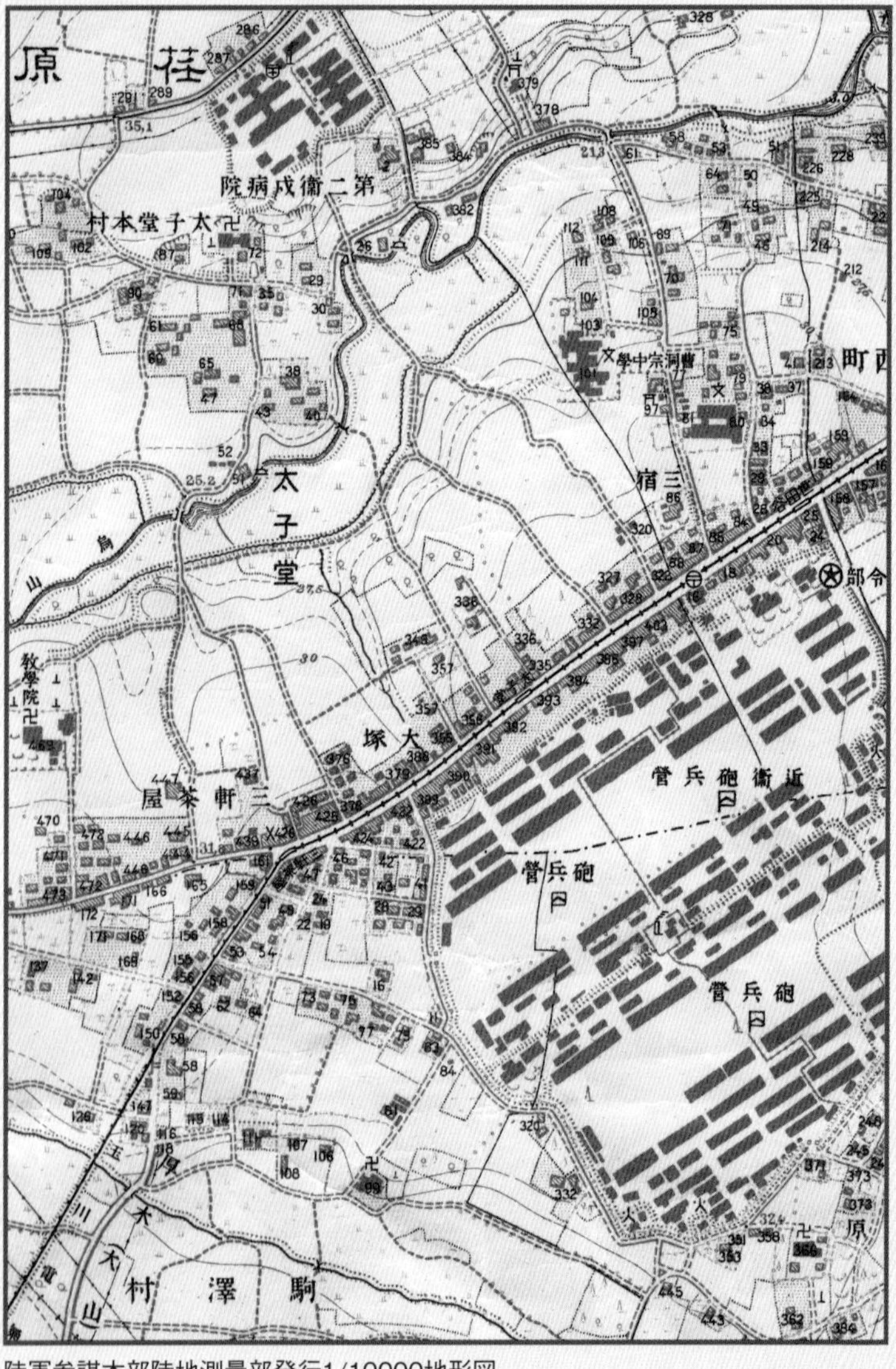

陸軍参謀本部陸地測量部発行1/10000地形図

昭和59年当時の三軒茶屋駅周辺

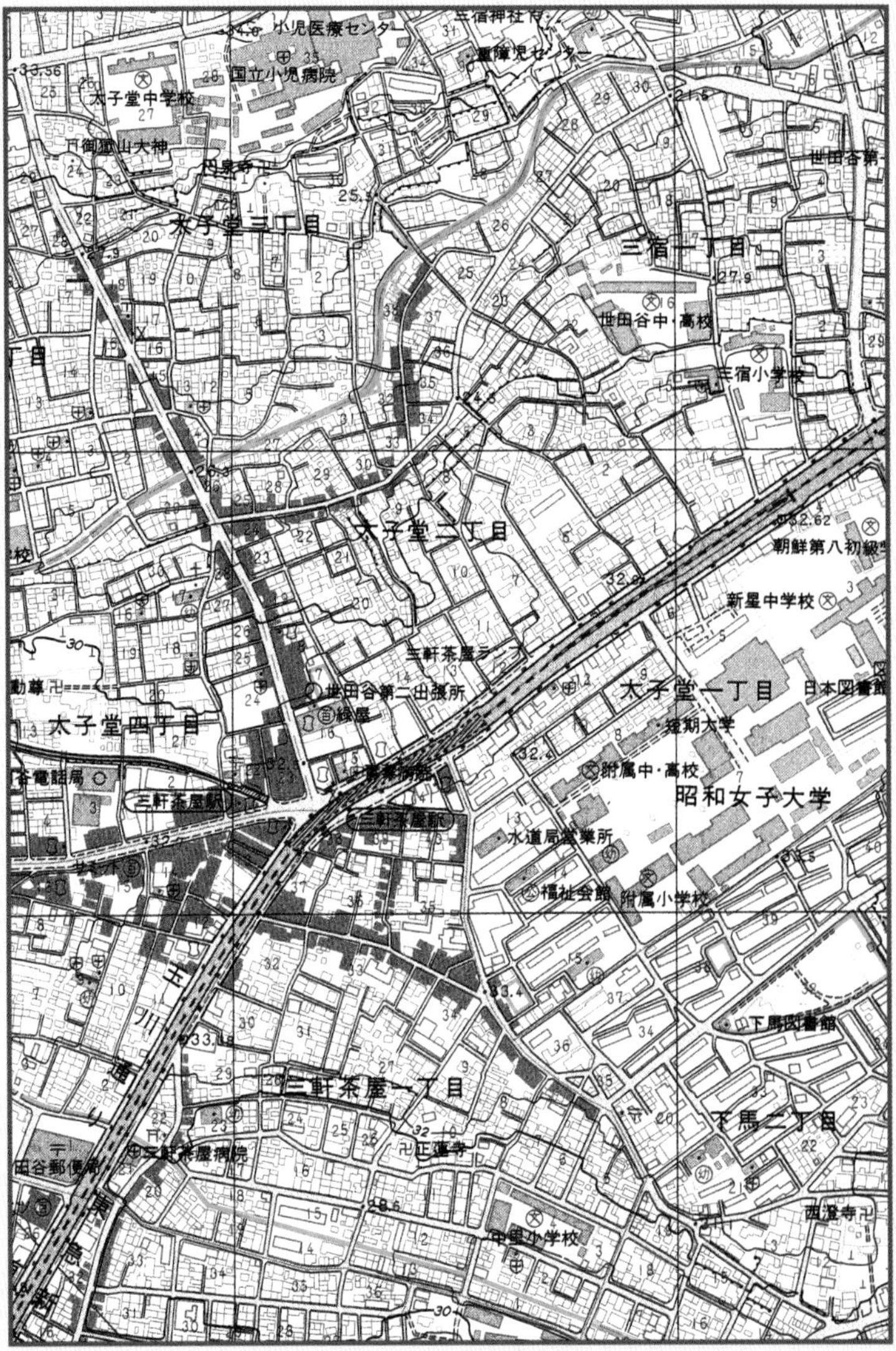

建設省国土地理院発行1/10000地形図

長屋生活をこう綴っている。

——梟の鳴いている、憂欝な森陰に、泥沼に浮いた船のように、何と淋しい長屋だろう。屍室と墓地と病院と、淫売宿のようなカフェーに囲まれた、この太子堂の家もあきあきしてしまった。——

その年の夏、同棲相手の自称アナーキストから逃げるようにして林芙美子は世田谷瀬田に移り、やがて平林たい子の下宿、本郷区追分町の大黒屋酒店の2階に同居させてもらうことになり、太子堂での暮らしは約半年という短い時間で幕を閉じている。

◆江戸時代の減税がもたらした大山詣

江戸時代、大山街道が世田谷上町の方へ向かう登戸道(現・世田谷通り)と、二子の渡しへ向かう大山道(二子道)とに分かれる追分に田中屋、信楽(後に石橋楼)、角屋の三軒の茶屋があったこと、人口に膾炙しているが、大山詣の旅人にとって、ちょうど良い一服の場所であり、休憩茶屋ばかりでなく人場継立ても行う立場(たてば)だった。

雨乞いで有名な大山阿夫利神社(神奈川県伊勢原市)の大山詣が庶民の間でいつごろから広まったのか知るヒントが、田園都市線三軒茶屋駅を出たところに立っている不動尊の道標だ。

正面に「左相州通大山道」、側面に「右富士　登戸　世田谷通」「此方二子通」と云う字が刻んである道標の造立年代は寛延2年(1749)。家重が延享2年(1745)に九代将軍に就いてすぐの頃だ。今も昔も行政の対応は社会事象の後追いであることを考えれば、八代吉宗治世の享保年間には江戸庶民の大山詣は盛んになっていたものと思われる。

家康は年貢の基準を「生かさず殺さず」の七公三民とした。家康よりひと足早く天下統一を果たした秀吉は、諸大名の年貢の取り方を「三分の二は領主に、三分の一は百姓に取らすべし」とした。家康が秀吉を踏襲したのは、江戸の街のインフラ整備に莫大な金銀を必要としたからだ。

城下町を始めとして江戸の社会基盤が整い始めた元禄ころから年貢率は六公四民、五公五民と下がり始め、新井白石が幕政を仕切った六代家宣治世の正徳年間には三公七民にまで下がった。

財布に余裕が出来た農民は消費経済の仲間入りを果たし、商いの世界も活性化。かくて懐具合が豊かになった町人は娯楽に目を向けた。物見遊山でとりわけ人気の高かったのは信心を兼ねた神社仏閣巡りで、「大山詣」もその一つだった。

三軒茶屋道標

◆登戸道と二子道

大山詣は旧暦6月27日から7月17日までが1年で最も賑わった。旧暦新暦換算は概ねひと月違いだから、今なら夏休みに入った時季の7月下旬から8月中旬がピークだった。その期間は山頂の石尊社の登拝が許されたからで、それ以外の時季は中腹の不動堂までだった。

隅田川で水垢離し、身を清めると白の行衣に菅笠、手甲、脚絆。陽差しや雨露を防ぐ着茣蓙を背負い、「六根清浄」の念仏を唱えながら仲間同士で出かけたのが、往時の大山詣のスタイル。

神田明神に道中無事を祈願してから赤坂から青山に出、一面田畑だった渋谷から三軒茶屋〜二子の渡し〜長津田〜伊勢原を行く18里の道中で、途中一泊。大山に着くと宿坊で一泊し、早朝から登る。帰りは藤沢に出て、江ノ島・鎌倉を見物してから東海道を帰るコースや、更には小田原や箱根、富士山にまで足を延ばしたりしたのが江戸時時代、懐に余裕のある庶民の夏休みのひとこまだった。

こうした物見遊山の旅のお値段は「江戸物価事典」(展望社刊)によると文政6年(1823)で、旅籠一夜64文、中食32文、草鞋一日一足で7文という数字が見られる。

一両は4000文。米の値段から換算すると幕末前ごろまでは概ね4〜5万円が無難な数字というから、1文はだいたい10円前後と考えたら大外れはしないだろう。すると「旅籠一夜64文」はバカに安いが、江戸時代の旅籠は「木賃宿」が標準。今でいうなら素泊まりで、米などは持参。自分で煮炊きするときに、宿に薪代と素泊まり代を支払う。この薪代を払うことから「木賃宿」の名称が生まれている。

三軒茶屋の追分で登戸道(世田谷通り)と二子道に分かれる大山道だが、大山詣の道としては登戸道の方が古い。厚木から駿府へと通じるルートであった登戸道は、家康が江戸入府の道であり、

三軒茶屋付近の世田谷通り

大山道と通称される前は矢倉沢往還と呼んでいた。矢倉沢とは足柄峠近くの地名から取ったものだが、矢倉沢往還が大山道と通称されるようになったのは大山詣で賑わうようになった元禄以降ともいう。

登戸道はボロ市で有名な上町の世田谷代官屋敷前を通り、弦巻の追分から用賀に通じていた。現在なら世田谷通りを西に進み、桜小学校前の交差点から弦巻通りに入って南下していくと用賀神社の西側を通って用賀駅に出るルートで、往時の登戸道を行く気分になれる。

二子道は江戸時代になって二子の渡しの近道として開かれている。三軒茶屋の先で左に分かれる中里通りがあるが、この中里通りがかつての二子道の道筋だ。道沿いに伊勢丸稲荷神社(三軒茶屋1丁目)や正保2年(1645)の地蔵尊、貞享3年(1686)の庚申塔がひっそりと立っている。往時は蛇行しながら桜新町を過ぎ、用賀の坂を下った行善寺あたりで登戸道と合流し、多摩川二子の渡しへと向かっていたが、現在は上馬の交差点手前で途絶えている。

◆江戸五色不動はあったのか

三軒茶屋の地名は昭和7年(1932)、震災後の急速な人口増に対応するため東京市域の拡大で周辺5郡82町村を東京市に編入されて、それまでの15区制から20区新設されて35区制となって世田谷区が成った際にできたものだ。大山道の追分にあった三軒の茶屋のうち、信楽と角屋はなくなったが、田中屋は現在「田中屋陶苑」として往時とほぼ同じ場所——太子堂4丁目で営業

茶沢通りの入り口にある田中屋陶苑

している。

田中陶苑と同じ太子堂4丁目には、五色不動の一つである目青不動こと「天台宗竹園山最勝寺教学院」がある。創建は南北朝時代初期とも江戸時代初期ともいわれており、火災や戦火で記録を失って詳しいことは不明。江戸時代には青山の梅窓院と隣接して切絵図に描かれており、明治末期に現在地に移転している。

五色不動は江戸時代からのものというのが通説だが、幕末期の嘉永年間発行の切絵図にはただ単に「教学院」と記されているだけ。五色不動のうち、切絵図に描かれているのは目白不動・目黒不動・目赤不動だけで、本所の目黄不動も描かれていない。

五色不動は、三代家光が天海僧正の建言により江戸府内から5ヶ所の不動尊を選び、天下太平を祈願した云々というのが通説になっているが、近年になってようやく疑問符がついてきた。

江戸時代には大山詣など神社仏閣、札所巡りなどが庶民の行楽を兼ねていただけに、五色不動なるものが存在していれば、江戸市民の行楽スポットになっていたはず。大胆な省略が施されている切絵図でも、三不動のみ記載し、目青・目黄だけ省くのは不自然。五色不動なる言葉は、大正年間につくられたのではないかと思われる。

というのも、大正5年の地図では単に「教学院」と記されているが、

目青不動（最勝寺教学院境内）

代官屋敷の母屋

大正14には「目青不動　教学院」と記されているのが、その推測の根拠だ。

◆「世田谷代官」大場氏の世田谷線誘致

江戸時代は大山詣の街道筋として賑わった三軒茶屋も明治時代に入ると往時の賑やかさは消え、北に烏山川、南に蛇崩川が流れる農村地帯で少しばかり目立つ程度だった。

明治40年（1907）に玉電が走り出しても、玉電開通効果はその沿線だけ。周囲一面、田畑が広がっているに過ぎなかったのが明治大正期の三軒茶屋だった。

江戸時代の繁華が記憶の彼方に埋もれかけようとしていた三軒茶屋に、新しい光を与えたのが世田谷線――玉電三軒茶屋と京王線下高井戸を結んだことから往時は玉電下高井戸線と呼ばれた世田谷線が大正14年（1925）に開業したことだった。

明治末期に玉川電鉄が走り出すと大正2年（1913）には、京王電気軌道（現・京王線）の笹塚・調布間も開業。玉電と京王電車の間に位置する世田谷地域は江戸・明治時代を通じて純農村地帯で、大部分が台地上で畑が多く、大根・ナスをはじめとする野菜の供給地であった。

電車が走り、都心部では自動車も珍しいものではなくなったが、交通機関は馬車に牛車に荷車の世田谷農村地帯に鉄道誘致に動いたのは、江戸時代に代々、世田谷代官を務めていた「大場氏」だった。

「大場」の名前は玉川電気鉄道の発起人にも見られるが、世田谷村有志は大場氏が中心となり玉川電気鉄道と交渉を重ね、鉄道敷地の無償提供など私財も投じ、玉川電鉄が大正14年に玉電の支線として開業したのが下高井戸線――現在の東急世田谷線となっている。

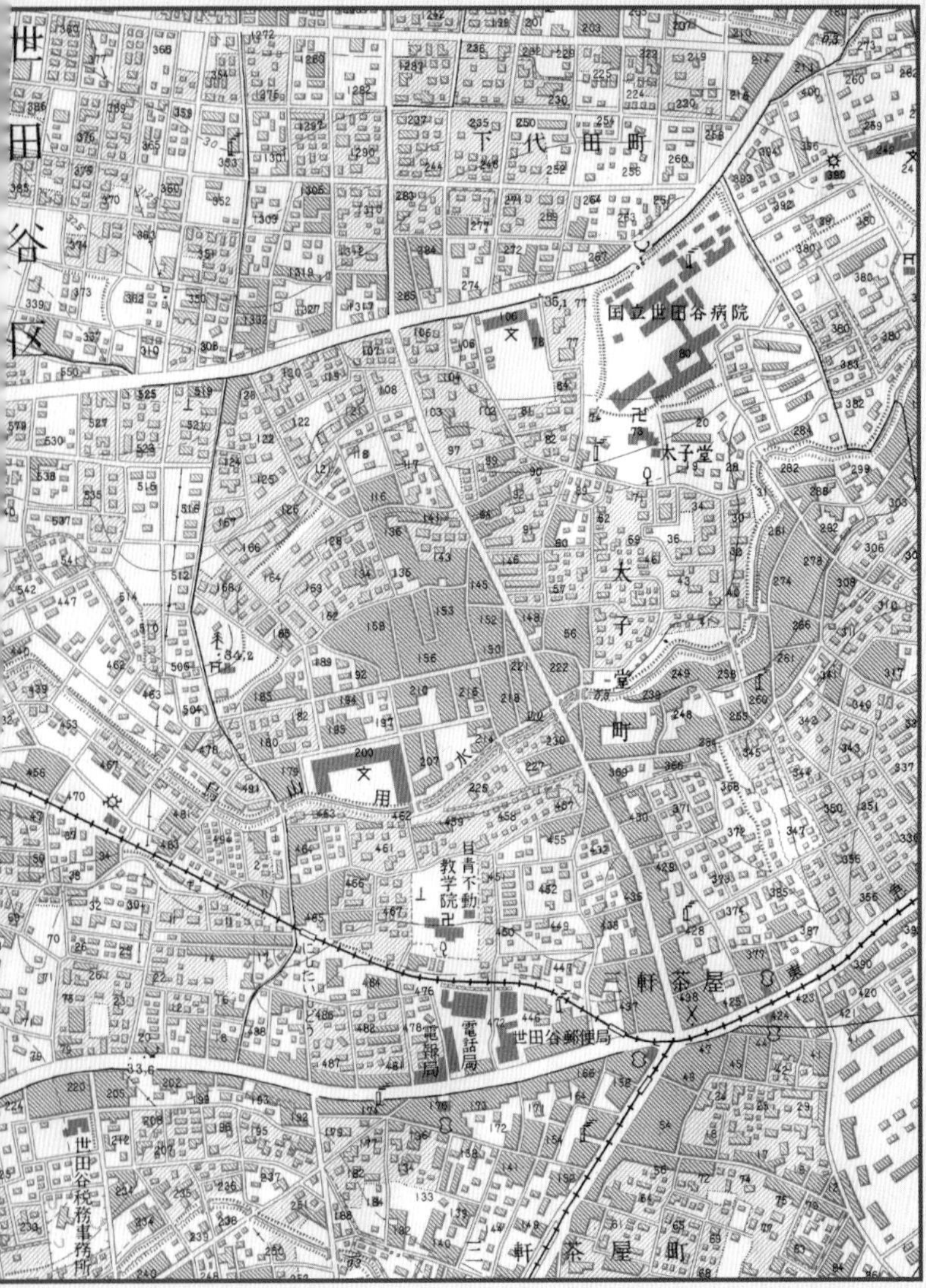
世田谷区
下代田町
国立世田谷病院
太子堂
太子堂町
教学院
青不動
にしたいしどう
電報局
電話局
世田谷郵便局
三軒茶屋
三軒茶屋町
世田谷税務事務所

昭和30年当時の三軒茶屋～世田谷付近

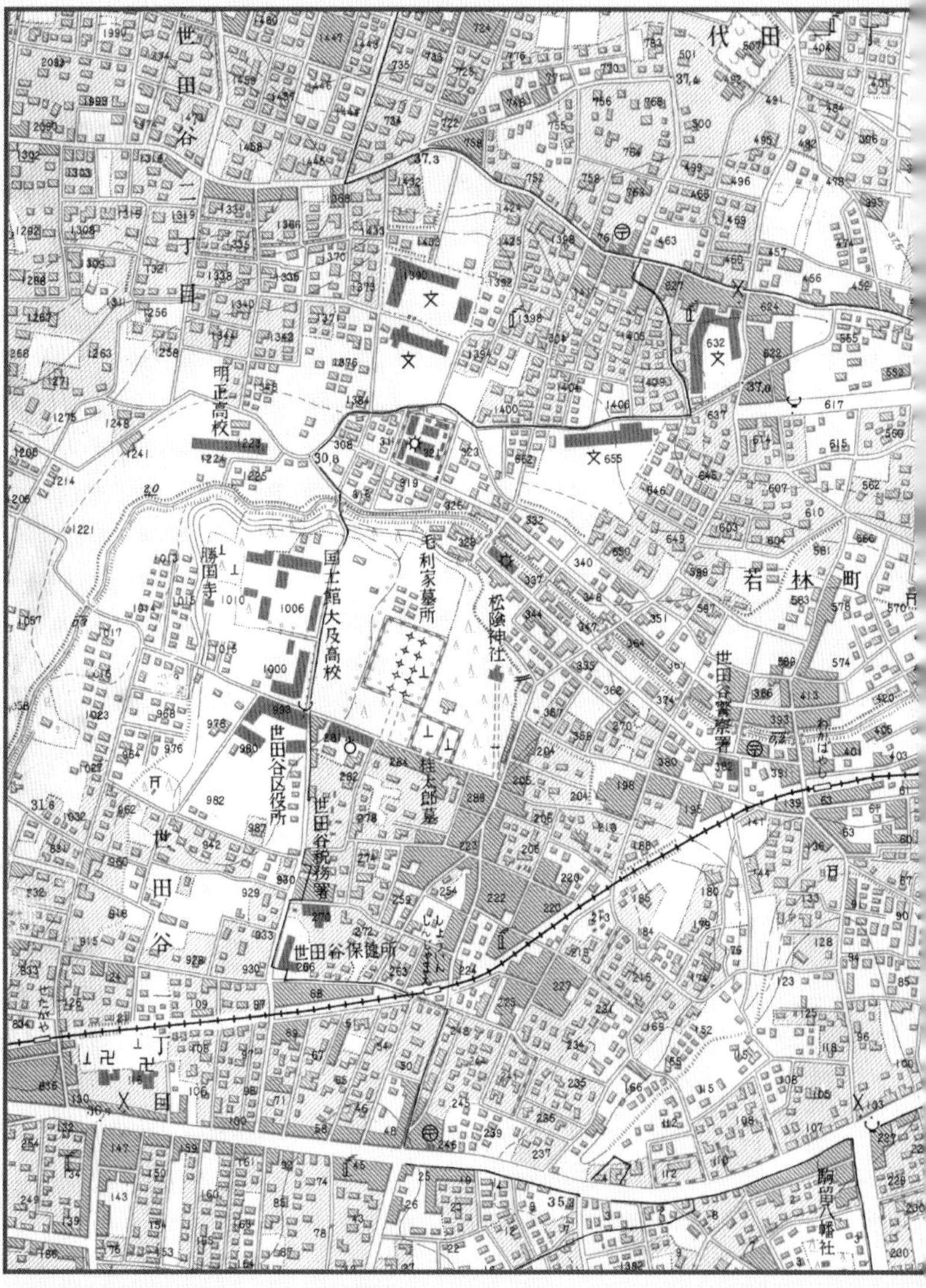

建設省国土地理院発行1/10000地形図

◆世田谷史に欠かせない「吉良氏」と「大場氏」

大場氏は、平安時代末期の武将である大庭景親の子孫で、室町時代に吉良氏の重臣として世田谷に移ったといわれる。小田原北条滅亡に伴う吉良氏の衰退により帰農。江戸時代に入って三代家光治世の寛永10年（1633）、世田谷が彦根藩領となった際、「世田谷代官」に任ぜられた。以降、明治維新まで世田谷代官を務めた。

「大場氏」と「吉良氏」は世田谷史に欠かせない名だ。

吉良氏は清和源氏の血を引く武士の氏族の一つで、代表的なものに「三河吉良氏」「奥州吉良氏」「土佐吉良氏」の3つの流れがある。三河吉良は「忠臣蔵」で敵役となった吉良上野介が有名だが、世田谷に深く関わるのが「奥州吉良氏」だ。

南北朝期、室町幕府の成立に奥州探題として力のあった吉良氏が関東管領足利基氏から報奨として武蔵国世田谷領をもらいうけて、世田谷城を構える。

世田谷城は吉良氏の居館であって、江戸時代の築城とは違い、天守閣などはなく、山城から平城に移る過渡的な城の形態――深大寺城と同じような平山城を特色としている。

南北朝時代の貞治5年（1366）、世田谷吉良氏初代治家によって築城されたと伝えられるものの定かではなく、治家が鎌倉八幡宮にあてた文書から、遅くとも14世紀後半にはこの地に吉良氏が領地を有し

世田谷城址公園石垣

ていたと言われる。

世田谷吉良氏は、室町時代には足利将軍家につながる家門として一目置かれ、15世紀後半には江戸城の太田道灌と同盟関係を結び、武蔵国の中心勢力として繁栄。その後、小田原北条氏と縁戚関係を持ち、「世田谷御所」といわれるほどに関東の主要な存在となった。招き猫で有名な豪徳寺も世田谷城の一部だったというのが定説である。

都指定史跡となっている世田谷城址は一部の石垣が残る公園となっているが、これらの石垣は公園として整備するときに設けた土砂崩落防止用で、世田谷城の石垣ではない。

世田谷を代表する年末年始の風物詩となっているボロ市は吉良氏が、世田谷城下の繁栄を目的として、本能寺の変の4年前に当たる1578年に開いた楽市が出自となっている。

当時、世田谷は江戸と小田原方面を結ぶ街道沿いの要衝であった。毎月6回、1と6の付く日に「六斎市」が開かれ、市場税が免除され、商人が自由に交易できる場として発展していく。

その後、小田原北条氏の滅亡により世田谷城は廃城。楽市も吉良氏没落後は急速に衰え、江戸時代には近郊農村の需要で、農具市として年末に開かれる歳市に形を変えていった。明治時代の改暦以降は1月にも市が開かれるようになり、年末と年始の年2回の開催となった。明治28年の日清戦争以降、着物や草鞋の補修に使うボロが盛んに売買されたことから「ボロ市」の名がつき、最盛期の昭和初期には見世物小屋や芝居小屋もかかる娯楽の場ともなったという。

◆井伊直弼の墓は空っぽだった

世田谷城址公園と隣接する豪徳寺は伝によれば、世田谷城内の「弘徳院」と呼ばれていた小庵が寺の起源という。

戦国の世の終わり、豊臣秀吉の小田原攻めで北条家が滅亡し、従属関係の世田谷吉良氏もこの地を追われ、世田谷城は廃城となった。江戸時代に入って廃れていくばかりの寺を救ったのが、世田谷の地を拝領した彦根藩井伊家であり、そこで生まれたのが有名な豪徳寺の招き猫伝説となる。

彦根藩二代目藩主井伊直孝が鷹狩の帰り道、門前で手を挙げて招く猫がいた。不審に思いつつ寺に入り休息していると、突然の大雨と天を切り裂く落雷が襲った。門前の猫のおかげで難を逃れることができたことから井伊直孝は、猫が飼われていた寺を井伊家の菩提寺とすることを決めたことから、寂れたお寺が隆盛に向かった云々が招き猫伝説のあらましだ。その猫は住職の愛猫「たま」で、観音の化身であったも言われ、猫観音を祀る招福殿の由来となっている。

弘徳院の中興開基となった井伊直孝の没後に、その法号「久昌院殿豪徳天英大居士」から豪徳寺と寺号が改められ、井伊家の菩提寺として相応しい仏殿の建立など寺の伽藍が整えられていった。

豪徳寺の井伊家の墓所には藩主や側室、藩士等々、小さな墓石を含めると300基を数える。安政

井伊直弼肖像

井伊直弼墓碑

7年（1860）桜田門外の変で、脱藩した水戸浪士らに暗殺された井伊直弼は彦根藩13代目藩主だが、豪徳寺には2代目直孝、6代目直恒、9代目直禔、10代目直幸、14代目直憲の墓標がある。

近年、豪徳寺で墓域の修復の際に発掘調査が行われたが、井伊直弼の墓の下は空っぽだったという。

◆彦根藩世田谷領の最後の代官

天正18年（1590）、矢倉沢往還——後には大山街道と通称されるルートで徳川家康が関東に入国した当初、世田谷のほとんどの村は直轄領となった。三代家光時代の寛永10年（1633）、荏原郡の世田谷、弦巻、用賀、瀬田、上野毛、下野毛、野良田、小山、多摩郡の八幡山、大蔵、鎌田、岡本、岩戸、猪方、和泉の15ヶ村は、井伊家の「江戸屋敷賄料」として「彦根藩世田谷領」となった。その後、荏原郡の太子堂、馬引沢、多摩郡の横根、宇奈根の4ヶ村が加えられた。さらに明暦の振袖火事後の万治年間（1658～60年）に新田開発された世田谷村の枝村、世田谷村新町も組み入れられ、計20ヶ村が彦根藩世田谷領として明治初期に至るまで続いた。

広域だった彦根藩世田谷領の代官を世襲した大場氏の役宅が、ボロ市通りにある世田谷代官屋敷だ。大名領の代官屋敷として残るのは都

代官屋敷白洲址

豪徳寺の三重の塔

内唯一で、昭和27年（1952）に都史跡に指定された。昭和53年には現存する主屋及び表門の2棟が、近世中期の代表的上層民家としてその旧態を維持されているとして、国の重要文化財に指定されている。

代官屋敷内には「切腹の間」もある。「事ある時はここでいつでも腹を切る覚悟で職務にあたった」と伝えられている。庭には代官の裁きを受ける「白州の跡」が遺されている。場所は暫定的であるものの、敷かれている玉砂利は当時のものという。結構大きめで、罪を犯して代官屋敷に引っ立てられた者はここに正座してお裁きを受けた。代官屋敷には郷土資料館も併設されている。

明治維新となって、彦根藩世田谷領の最後の代官となった大場家13代大場信愛（のぶちか）は旧世田谷領の民政にあたった。明治22年（1889）市町村制施行下の世田谷村の初代村長を務めるなど、公職を歴任し、地域の発展に努めている。世田谷線上町駅を最寄りとする世田谷区立桜小学校は明治12年設立という古い歴史を持つが、大場信愛が開校に尽力している。

◆農村世田谷を住宅都市に導いた世田谷線

下高井戸線の開通は、世田谷農村地帯が電車で新宿へも渋谷へも行けるようになったことだった。これは玉電沿線の開発から置かれていた純農村地域が宅地化していく引き金となった。その頃の流行り言葉でいえば「文化住宅」が畑を埋め、雑木林や野っ原を拓いていった。

三軒茶屋の世田谷線ホーム

昭和2年（1927）4月、新宿から小田急が走り出した。玉電下高井戸線と京王電車の間を通り、下高井戸線山下駅で連絡しながら世田谷を走っていくのである。世田谷の農村地帯は2本の鉄道が十字に走るような形となり、あれよあれよと驚きの眼を瞠っているうちに住宅が急速に増加。農村世田谷は交通の便の良い住宅地へと変貌していくことになった。

昭和初期には大井町線・井の頭線などが開通。大正12年に関東大震災が発生すると甚大な被害を受けた下町の人々は山手線の外側で地価が安く交通の便のよい近郊への人口流入が加速。世田谷の村々にも人口が増えだし、電車の沿線の農地は宅地化していく。

しかし、戦前までに都市化したのは世田谷のごく一部だった。急速に人口が増加し、住宅都市として発展していくのは昭和30年代後半から始まった高度経済成長期だ。昭和20年（1945）に30万人に満たなかった人口は、15年後の昭和35年に65万人と倍以上に急増。昭和30年から昭和40年の間に人口は東京23区中2位であり、以降はトップとなって昭和45年以降は80万人台で推移。令和の現在は90万人を数える。

◆軍用地の解放と都営下馬アパート

農村世田谷の住宅地化に大きな貢献をした下高井戸線は昭和13年（1938）、玉川電鉄が東京横浜電鉄に買収されたことから玉川線の支線となった。東京横浜電鉄から社名を変更した東急電鉄は、新玉川線建設に伴い昭和44年（1969）玉川線の渋谷～二子玉川園間を廃止。残った下高井戸線を世田谷線と改めた。

新玉川線が動き出すことになる三軒茶屋周辺の戦後は、闇市と軍用地の解放から始まった。

玉川通りの東側、太子堂1丁目にキャンパスを展開する昭和女子大もその一例だ。大正9年（1920）創設された日本女子高等学院をルーツとする昭和女子大は終戦後、旧陸軍近衛野戦重砲兵連隊跡地に移転。昭和23年の学制改革で翌年、昭和女子大に改組している。

昭和女子大に隣接している都営下馬アパートも終戦後の住宅難の時代に、解放された軍用地の跡地に建ったものだ。下馬一帯に建ち並んでいた兵舎群が終戦後、東京都の引揚者住宅「世田谷郷」となり、満州からの引揚者など1100世帯が暮らすようになった。建物の老朽化などから、その一部が昭和33年から「都営下馬アパート」として建て替えられた。40棟を数える大規模団地だったが、現在は建て替えで高層化が進められているところだ。

下馬を流れていた蛇崩川は大雨になるとよく崖崩れを起こしていたという。弦巻5丁目の馬事公苑付近を水源とし、三軒茶屋の南側を流れて目黒川に注ぐ河川だったが、昭和50年代には下水道幹線として暗渠化。蛇崩川緑道として整備された。

蛇崩川緑道沿いにある駒繋神社（下馬4丁目）は頼朝伝説をまつわる古社だ。

文治5年（1189）源頼朝が藤原泰衡討伐のために鎌倉を発って奥州平泉へ向かってこの地にさしかかったところ、蛇崩川の激しい流れにおののいた頼朝の愛馬が暴れだして沢の深みに落ちて死んだ。頼朝はこの事故を戒めとして「この沢は馬を引いて渡るべし」と申し渡した。以後、馬引沢の名がつけられた。江戸中期に村は分離して下馬引沢、上馬引沢の村名になり、後に「引沢」が省略されて下馬、上馬になったという。

駒繋神社は鎌倉時代後期の徳治3年（1308）この辺りの領主北条左近太郎入道成願が、頼朝の愛馬が深みに落ちたあたりに創建したと云われる。

「駒沢」の地名も、頼朝に関連している。明治22年（1889）の市町村制施行で、上馬引沢村、下馬引沢村、野沢村、弦巻村、世田ヶ谷新町村、深沢村を合併し新しい村をつくる際に村名が見つからず、馬＝駒として、「沢」を以て駒沢村と名づけられている。

◆新玉川線と昭和39年東京五輪

三軒茶屋が戦後の混迷期から抜け出すのには、昭和39年に東京オリンピックは深く関わっている。

軍用地が玉電沿線に広がっていたことあって、三軒茶屋は戦災で焦土となった。焼け跡を整理するうち、区民の間で路面電車に代わる新しい鉄道を作る必要があるとの機運が生まれた。

世田谷区内には大井町線、東横線、目蒲線、小田急、京王帝都、そして戦前に東急に吸収された玉電が走っていた。区内随一の繁華街である三軒茶屋を通る玉電のみが路面電車だった。これに区内全般的な復興が関連し、地元から新玉川線の建設プ

三軒茶屋付近を走る玉電（昭和43年）　撮影：柳川知章

ランが生まれた。

三軒茶屋を中心にした新玉川線建設の機運は、東急にとって追い風となった。東急は昭和21年5月、玉電を併用軌道ではなく専用軌道にするべく、国に認可の申請を行っていた。しかし、戦後の混乱期とあって認可願いは店晒し状態。東急は世田谷の声をバックに昭和31年7月、改めて新玉川線の免許申請を運輸省に提出した。

その頃、国でも戦後復興都市計画道路プランが練られていた。昭和32年11月、建設大臣から放射4号線に関する告示が出された。青山通り〜玉川通りのルートを軸に拡幅整備。戦前から限界状態にあった国道1号（第二京浜）のバイパス的機能をもたせようと図ったのである。この計画が国道246号に発展していく。

昭和34年（1959）5月、都建設局による放射4号線基礎測量中に、4号線計画はもとより、新玉川線計画にも大きな影響を与えるニュースが飛び込んできた。第18回オリンピックの東京開催決定だ。三軒茶屋界隈が世田谷中央劇場、三軒茶屋映画劇場、三軒茶屋東映など5軒の映画館で賑わっていたころだ。

東急による渋谷〜二子玉川間の新玉川線計画は当初、渋谷で地下鉄銀座線と直通運転とし、池尻まで高架。池尻から地下に潜り、三軒茶屋で地上に出る。三軒茶屋から玉電ルートを外れて用賀までほぼ直進。用賀から玉電ルートに戻って二子玉川までというものだった。

玉電三軒茶屋〜用賀間には、中里、上馬、真中、駒沢、新町、桜新町の停留場があった。ルートを巡って個々の利害打算が錯綜。東急と世田谷区民、区議会の間で侃々諤々の議論が交わされた。話し合いの決着までに長い時間がかかる折衝も、東京オリンピック開催決定がルート問題の紛糾を吹き飛ばした。新玉川線計画をも大幅に早めることになったのだ。

◆田園都市線と三茶の再開発

オリンピック誘致は、戦後十年余で廃墟から立ち上がった敗戦国日本の姿を世界に知らしめようという目的もあった。

オリンピック開催が決まったことから、高速道路の建設も決定。オリンピック関連道路と位置づけられた放射4号線は駒沢からほぼ直進、環八との交差地点で玉電通りと合流するルートとなった。その放射4号線上には首都高速3号渋谷線が走ることになった。

新玉川線は駒沢まで首都高3号線工事と一体化して建設すること、また銀座線直通計画はペンディングとなり、玉電が生まれ変わることになった新玉川線は渋谷から地上に出ることなく、全線地下を行くことに決定された。

議論の的となっていた新玉川線のルートも、三軒茶屋〜用賀間は玉電通りの地下を行くことになったのだった。

新玉川線が田園都市線になってからまもなく、三軒茶屋駅周辺の再開発計画が浮上する。再開発計画は、新玉川線の地下化の効果なく、戦後さながらに密集していた街の空間を活かし、キャロットタワーがランドマークとなった新生三軒茶屋を誕生させた。

04 駒沢大学 未開の駒沢の開拓者となった駒澤大学

◆駒沢大学駅で紛糾した新玉川線

令和3年の箱根駅伝は、駒澤大学の13年ぶり7度目の優勝で幕を閉じた。10区に襷が渡った時にはトップを走る創価大学との差は3分19秒。そこからの歴史的な大逆転劇だった。

駒澤大学の箱根初優勝は平成12年だった。平成14年からは4連覇を果たし、駒沢時代を築いた。しかし、平成20年の優勝を最後に駒澤大学は新興勢力の東洋大や青山学院の後塵を喫し続けていただけに、今度の優勝は喜びも一入だったろう。

駒沢大学駅

駒澤大学は田園都市線駒沢大学駅を最寄りに、駒沢1丁目に広大なキャンパスを展開している。駒澤大学駅には改札口と駒沢公園を結ぶ連絡通路もあるが、わかりやすい駅名と連絡通路はすんなり決まったものではない。玉電〜玉川線時代を通して駒澤大学正門前には駒沢停留場があったからである。

田園都市線駒沢大学駅の所在地は上馬4丁目。田園都市線が玉電を引き継ぐ玉川線の路面電車だった当時は、駒沢停留場の一駅前の真中停留場があったところだ。

昭和43年（1968）新玉川線のルートが決定された時、駒澤大学の最寄り駅となる仮称駒沢公園駅は、明治40年の玉電開業以来の駒沢停留場付近に設けられることになっていた。

ところが翌年2月、東急が世田谷区交通対策委員会で発表した計画図面では、仮称・駒沢公園駅の設置場所は駒沢停留場付近でなく、真中停留場付近と変更されていた。寝耳に水で、駒沢停留場付近に駅が設けられないことに納得しない地元と駒澤大学は、あくまでも駒沢停留場付近に仮称・駒沢公園駅を設置するように要望するが受け入れられず、事態の収拾を図るために世田谷区長も乗り出す騒ぎにエスカレートした。しかし交渉は頓挫し、調停案も不調に終わったことからついに昭和45年2月、駒澤大学理事長・地元各商店会会長・各町会長らが原告になり、東京陸運局長を被告にする行政訴訟を起こすまでに事態はこじれたのである。

裁判でも原告側の主張は受け入れられず敗訴となったが、事態収拾に駅名は「駒沢大学駅」とすること、駒沢方面への地下通路を東急の負担で建設するなどの協定が結ばれた。かくて駒沢大学駅は現在地に建設し、改札口と駒沢公園口を結ぶ連絡通路が設けられることになったのである

◆四百有余年の歴史を持つ駒澤大学

駒澤大学のキャンパスや駒沢オリンピック公園が広がる一帯は、往時は狸谷と呼ばれる地域で、周辺の深沢村を含めて雑木林や畑ばかりの寂しい土地だった。江戸時代は天領の農村地帯だった駒沢は、明治22年（1899）の市町村施行で上馬引沢村、下馬引沢村、野沢村、弦巻村、世田ヶ谷新町村、深沢

大正5年当時の駒沢大学駅周辺

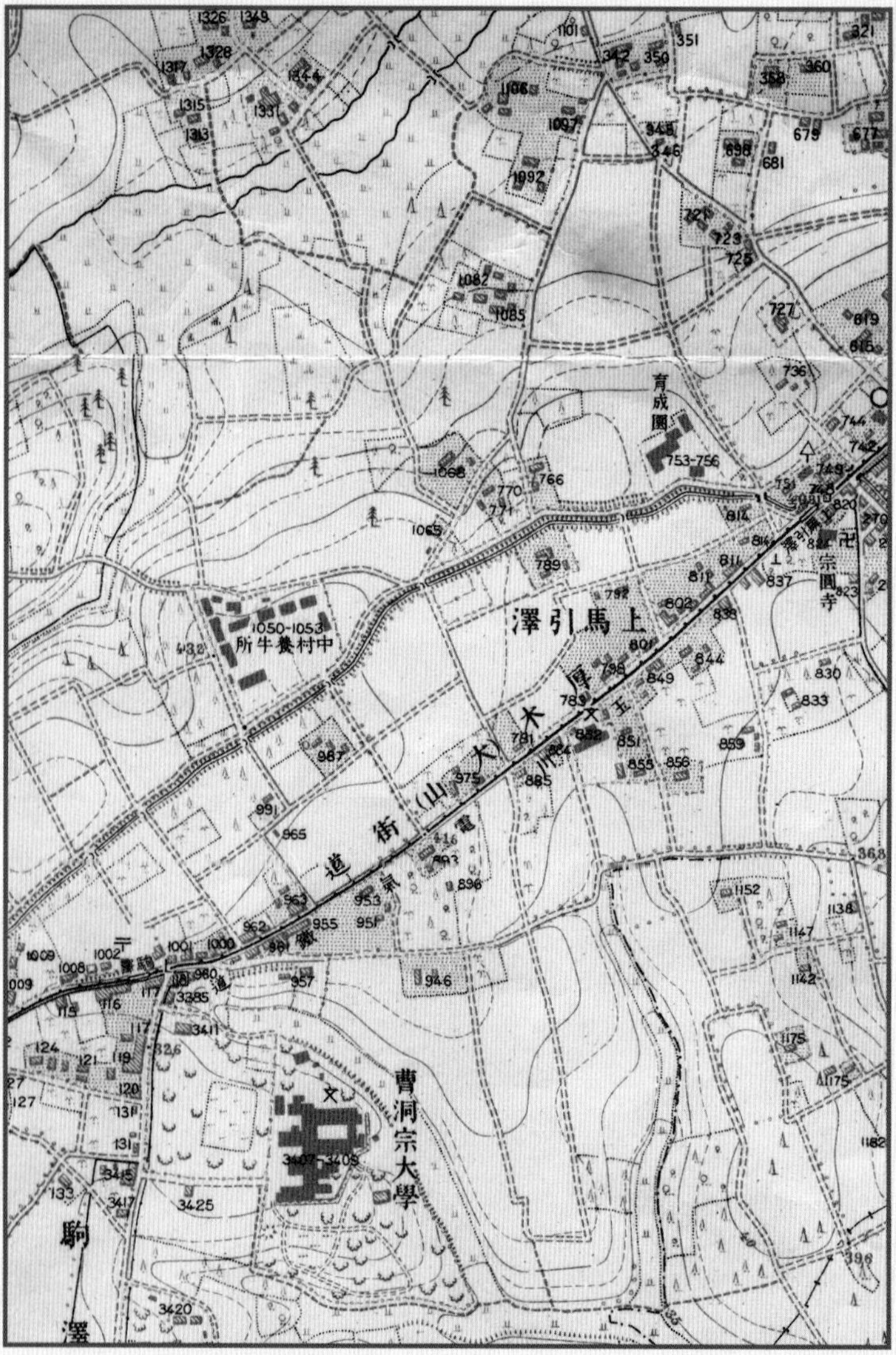

陸軍参謀本部陸地測量部発行1/10000地形図

昭和59年当時の駒沢大学駅周辺

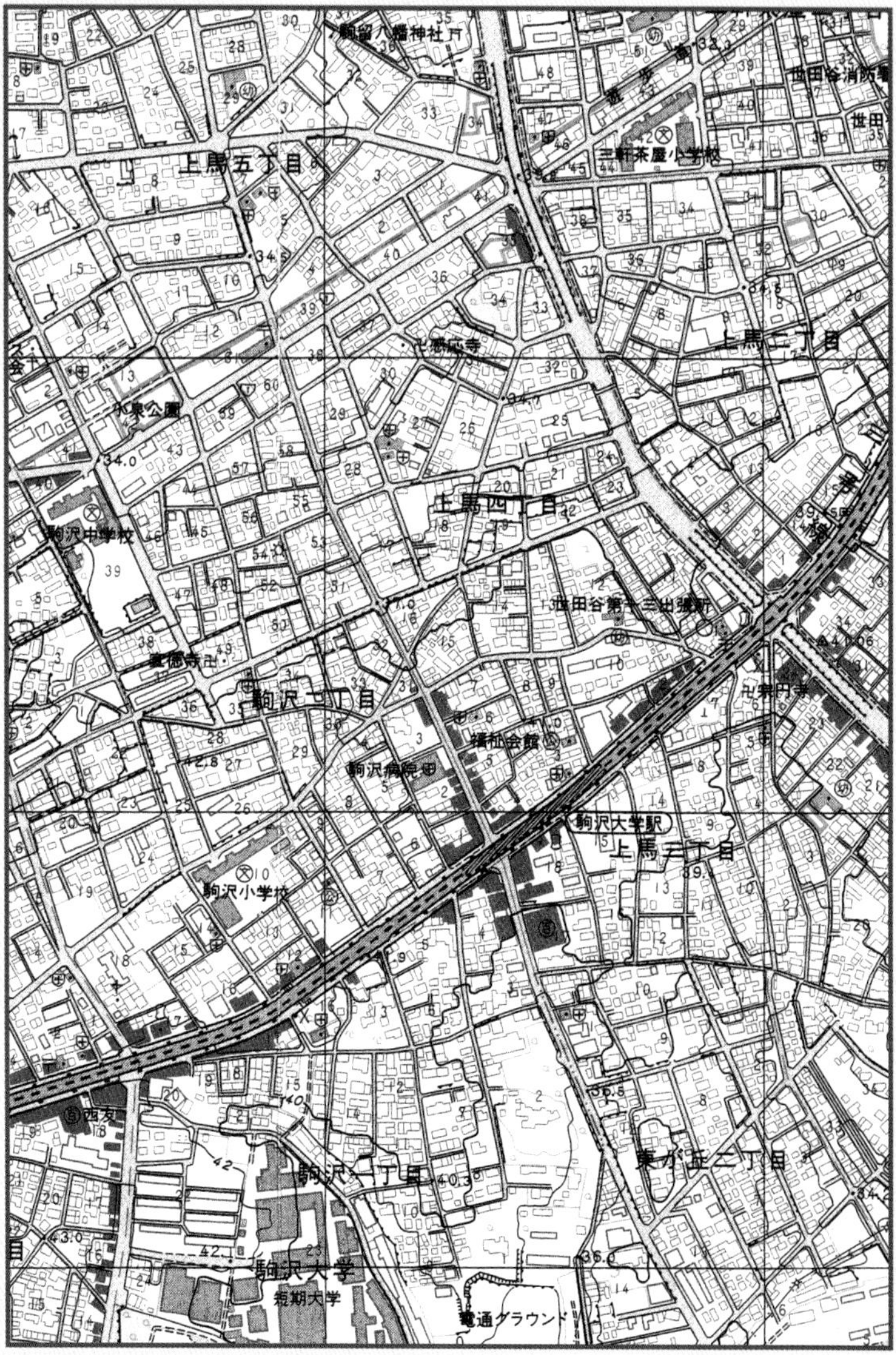

建設省国土地理院発行1/10000地形図

村が合併して駒沢村となるまでは皇室の猟場で、明治天皇を始めに皇族、それにつながる貴顕紳士も兎狩りを愉しんでいたところであった。

駒沢の地が拓ける契機となったのは、駒澤大学が現在地にやってきたからだ。

駒澤大学の歴史は古い。江戸開府前の文禄元年（1592）駿河台の吉祥寺境内に設立された曹洞宗の学林をルーツとする。学林とは僧侶を養成する機関で、明暦3年（1657）振袖火事で駒込吉祥寺に移転し、学林を旃檀林（せんだんりん）と命名している。

その後、吉祥寺学寮を中心にして青松寺学寮と泉岳寺学寮（いずれも現在の港区内）を統合した曹洞宗大学林専門学本校を明治15年（1882）麻布区北日ヶ窪（現・港区六本木六丁目、テレビ朝日本社付近）に開校。明治37年に専門学校令による大学となり翌年曹洞宗大学に改称。明治45年（1912）に駒沢に校地を取得し、大正2年（1913）に移転が完了した。そのころ、駒沢の校地は北・東・南の三方を深さ5メートルほどの呑川の支谷に囲まれており、移転以前は養鶏場などがあり、鶏の鳴き声が一日中聞こえてくるようなところであった。

未開の地とはいえ、すでに砂利運搬車を連結した玉電が走り出していた駒沢に移転すると寺院の子弟以外にも門戸を開放。大学令に基づいて駒澤大学と改称したのは大正14年（1925）だ。

大学昇格に合わせたキャンパス整備の一環として、昭和3年（1928）に建設された図書館は、昭和48年に現在の図書館が完成すると、宗教行事も行う癒しの場「耕雲館」となった。

図書館として建設されてから100年近い歴史のある耕雲館は平成11年（1999）に東京都歴史的建造物に選定され、平成14年より「禅文化歴史博物館（耕雲館）」として一般に公開されている。

◆駒沢と東京ゴルフ倶楽部

駒澤大学が移ってくるのと前後するように、駒沢キャンパスの南側一帯を拓いたのが、東京ゴルフ倶楽部だった。

日本に初めてゴルフ場が作られたのは明治34年（1901）。イギリス人貿易商が六甲山の自分の山荘近くに4ホールのゴルフコースを作り、明治37年には18ホールに拡大したのが、現在の神戸ゴルフ倶楽部六甲コースの原型となっている。

横浜でも明治39年に競馬場の走路内側に9ホール誕生しているが、主に外国人向け。日本人同士でのびのびプレーできるゴルフコースを作ろうと、日銀総裁から政界に転身した井上準之助ら政財界のお歴々の肝いりで大正2年に創設されたのが東京ゴルフ倶楽部だった。

当時は荏原郡駒沢村に3万坪余の土地を借りて造成すると翌年には6ホールで仮オープン、後に9ホール2300ヤードとなる。当初は雑草と小砂利のフェアウェイだったとはいえ、日本人が日本人のために作った最初のゴルフコースであった。

大正15年（1926）には18ホールの本格的ゴルフコースになったが、関東大震災後に東京郊外は宅地開発が進んだ。昭和初期の地図で駒沢周辺を見ると、玉電沿線はもとより、その南側もゴルフ場以西は宅地化が始まっている。もっとも渋谷から波及している宅地化は駒沢あたりまでで、桜新町あたりは、耕地整理も進んでいない農村地帯が広がっている。その中で、一足早く分譲地の開発・販売に入っていた深沢地区だけは枡目上の区画整理された土地に住宅が建ち始めていて、界隈では異彩を放っていたのが、昭和初期の駒沢周辺の風景だ。

宅地化の波が押し寄せた結果、土地の賃料も高騰。東京ゴルフ倶楽部は財政問題に悩まされることになった。世田谷村と玉川村が合併して世田谷区となった昭和7年、東京ゴルフ倶楽部はゴルフ場を目黒蒲田電鉄(現在の東急電鉄の母体)に譲渡。駒沢を引き払って埼玉県膝折村(現・朝霞市)移転している。

東京ゴルフ倶楽部のその後は、日米関係が緊迫化した昭和15年、陸軍が陸軍予科士官学校建設用地として東京ゴルフ倶楽部朝霞コースの譲渡を申し入れてきたことで、コースは閉鎖。東京ゴルフ倶楽部は戦中戦後に有為転変し、昭和30年に新たに社団法人東京ゴルフ倶楽部を設立している。

◆幻となった東京五輪と東急新線計画

東京ゴルフ倶楽部の朝霞移転後、ゴルフ場は目黒蒲田電鉄が引き受け、全18ホールのパブリックコースに改造。名称も駒沢ゴルフ倶楽部となった。

このころから日本は、オリンピック招致に動き出した。昭和15年(1940)は皇紀二千六百年にあたり、これを記念する国際的イベントにしようと動いたのがオリンピック招致だった。

昭和11年、日本は第12回オリンピック誘致に成功し、東京開催が決まった。当時は国威発揚が重視された時代だ。日本中が沸いた。メイン会場は代々木の明治神宮外苑競技場を予定していた。しかし、拡張用地確保の問題などから再検討されることとなり、都心から近く、路面電車とはいえ鉄道が走り、ゴルフ場という広大な土地がある駒沢に世界最大級の運動競技場を造ってオリンピックのメイン会場にしようではないかといった構想が生まれた。国と東京市は馬事公苑も同じようにオリンピック用の敷地として、東隣に1万5千坪の用地を追加で購入するなど、駒沢はオリンピック開催に向けて湧いた。

この時に、東京横浜電鉄に新線計画が立てられた。新路線は渋谷から駒沢の競技場正門前を通り、最終的には小田急電鉄の成城学園前駅まで延びる予定だった。渋谷から新橋までの地下鉄、東京高速鉄道(現在の銀座線)にも接続する構想だった。

『東京急行電鉄50年史』には「当社予定線」として路線図にも掲載されているが、実現していれば戦後の新玉川線～田園都市線計画がどのようになったか興味深い。

オリンピック誘致が決定した翌年、支那事変が勃発。大陸で上がった戦火は拡大し、欧米との外交関係も日に日に緊迫。お祭り騒ぎどころではなくなった結果、昭和13年7月にオリンピック開催を返上した。一方、欧州大陸でもドイツがポーランドに侵攻、第二次世界大戦の引き金を引いたことで、オリンピックそのものが開催中止となった。

オリンピク返上で、駒沢以上に落胆したのは、日本体育大学――当時は日本体育専門学校の生徒たちだっただろう。

明治24年(1891)に東京市牛込区原町の成城学校(現在の成城中学・高等学校)内に設立された「體育會」をルーツとする日体大は昭和15年東京オリンピックには多くの在校生が日本代表選手・競技役員・補助員(ボランティア)等での参加が見込まれていたのだ。さらにアメリカとの太平洋戦争は「敵性スポーツ」をことごとく禁止に追い込んだ。「体育」も「軍事教練」に名を変え、在校生の多くが学徒動員で戦地に赴き、斃れていった。

競技場の着工にも至らなかった駒沢の用地はその後日本陸軍に接収され、駒沢練兵場の一部となって軍事物資の資材置き場などになったのが、昭和戦前の歴史である。

日本体育専門学校が戦後の大学校令で、「民主体育」をスローガンとした日本体育大学となったのは昭和24年（1949）である。

◆東映フライヤーズと駒澤野球場

戦時中に防空緑地となり、畑としても利用されていた駒沢ゴルフ場の跡地は昭和24年に駒沢総合運動場として整備され、第4回国民体育大会の競技会場となった。

プロ野球が敗戦後の娯楽として人気になり始めた昭和28年（1953）、東急電鉄は運動場内に駒澤野球場を建設し、同年9月から傘下のプロ野球球団の東急フライヤーズの本拠地球場とした。

東急フライヤーズは昭和22年に発足したセネタースを買収して改称したものだ。セネタース（戦前のセネタースとは別物）は青バットの大下弘が人気者になったが、球団は1年で経営に行き詰まって東急電鉄に身売りしたのだ。

東急フライヤーズは昭和29年から東急電鉄の子会社である東映が親会社となって、球団名を東映フライヤーズとした。

東映は昭和13年（1938）東京横浜電鉄の興行子会社として東急東横線の沿線開発を目的に設立されている。東京の渋谷や横浜での映画館経営からスタートして映画製作に進出、東横映画となって戦後に東映と改称している。

このころ永田雅一率いる映画会社大映がプロ野球参入を企図したことから、東映は大映と共同経営の形で球団名を急映フライヤーズと改めた。ところが、大映は1年後、経営不振の金星スターズを買収して自前の球団、大映スターズを持ったことから、急映は再び東急に戻り、東映フライヤーズとなった。4年連続して球団名が変わるという目まぐるしさだった。

東映フライヤーズは後楽園を本拠地球場としていたが、ミーハー人気のない球団だったことから観客不入りを理由に後楽園球場を追い出されてしまい、親会社東急電鉄がつくった駒沢球場を本拠地球場にしたのだった。

その頃の東映フライヤーズには、乱闘大好きの山本八郎、張本勲の浪商コンビを始めに曲者が揃っていて「駒沢の暴れん坊」と呼ばれたこと、野球好きだった団塊の世代には懐かしい。

元巨人軍監督だった水原茂を監督に迎えて2年目の昭和37年（1962）「浪花の怪童」と呼ばれた豪腕投手尾崎行雄を擁した東映フライヤーズは球団創設以来初のリーグ優勝と日本シリーズ制覇を果たした。しかし、前年まで本拠地としていた駒沢球場がオリンピック開催で閉場したため、このシーズンから2シーズン、暫定的に明治神宮野球場を本拠地とした。

昭和48年1月、親会社東映が映画の斜陽で、不動産業を展開していた日拓ホームに球団を譲渡。しかし、フライヤーズを引き継いだ日拓ホームはプロ野球経営に魅力がないとわかるとわずか10か月で日本ハムに「転売」。不動産よろしく転がされて、東映フライヤーズは日本ハムファイターズとなった後、北海道日本ハムファイターズとなり、今に至っている。

◆今や伝説となった「東洋の魔女」

昭和32年、第18回オリンピック大会東京開催決定のニュースが飛び込んでくると、駒沢球場やホッケー場だった敷地は東京都に返還され、球場は取り壊された。更地にはオリンピック用の競技場が造られていった。駒沢は第2会場として、レスリング、バレーボール、ホッケー、サッカーの予選といった競技が行われたが、回転レシーブで「東洋の魔女」と称された女子バレーの快進撃で室内競技場周辺は連日賑わった。

　昭和39年10月23日、東京オリンピック女子バレーボール決勝が巻き起こした興奮の渦は、駒沢からテレビ中継に乗って全国の茶の間を釘付けにした。監督大松博文、主将河西昌枝の日本女子バレー代表チームは世界を席巻した回転レシーブで宿敵ソ連を撃破。金メダルを獲得したその瞬間の興奮と感動は視聴率70％近くを記録している。

　令和の今と違い、日本が一つになって空前の盛り上がりを見せた東京オリンピック終了後の昭和39年12月、会場の跡地に駒沢オリンピック公園が開園した。公園内には高さ50メートルに及ぶオリンピック記念塔が建てられた。

　かつては東京ゴルフ倶楽部のゴルフコースであり、昭和天皇がイギリス王太子・エドワードと共にプレーしたところでもあった。昭和15年に行われるはずだった東京オリンピックのメインスタジアム建設も戦争で幻となり、戦中には空襲に備えた防空緑地や農地にもなった。そして戦後はプロ野球東映フライヤー

駒沢オリンピック公園の陸上競技場

ズの本拠地として、東急電鉄が駒澤野球場を建設。前後して国民体育大会(国体)やアジア大会の一部会場となり、昭和39年の東京オリンピックでは国立競技場に次ぐ第2会場として、そしてその後も数多のスポーツシーンが演じられた歴史を持つのが駒沢オリンピック公園だ。

コロナ禍で1年延期された東京オリンピック・パラリンピックでは競技会場にはなっていないが、サッカー、ラグビー、バレーボールの練習会場として活用される予定となっている……。

◆江戸川乱歩が怪人二十面相のアジトのモデルにした駒沢給水塔

田園都市線の西側になる弦巻2丁目にある駒沢給水所は、往時の渋谷町の発展を物語るものとなっている。

明治末期から大正初期にかけての東京市周辺は、人口の増加につれて安全な飲料水の確保が必要となり、町営上水道布設事業が相次いでいる。明治44年

駒沢給水所の配水塔

（1911）に渋谷区地域の人口は7万人を突破するなど、特に人口増加の著しかった豊多摩郡渋谷町は大正6年（1917）に町営水道を計画。大正12年から給水を開始した渋谷町営水道の給水場が、現在は東京都水道局の駒沢給水所だ。

渋谷町営水道は、砧下浄水所を建設すると多摩川の伏流水を取水して浄水し、送水管で駒沢給水所に貯留、渋谷方面に配水していた。落差を利用する給水塔が弦巻2丁目に設けられたのは、弦巻のこのあたりが世田谷で一番標高の高かったからという。

駒沢給水所にはチェスのルークを思わせる2基の円筒形の配水塔があり、「双子の給水塔」とも呼ばれる。高さ30メートルの塔屋には王冠を連想させる装飾電球が付けられ、軽やかな特徴あるトラス橋で両塔が結ばれるなど、大正ロマンを感じさせるデザインとなっていることから、江戸川乱歩は怪人二十面相のアジトのモデルにしたといわれる。

日本のSF小説の先駆者・海野十三は世田谷区若林に住み、「黒死館殺人事件」などを残している小栗虫太郎も世田谷に住んでいたことからお互いに行き来していた。そこに江戸川乱歩や雑誌「新青年」に連載した『人生の阿呆』で、直木賞では初めてとなる探偵小説で受賞した木々高太郎らが訪れるなど、当時の世田谷は探偵小説発展の梁山泊だったといえる。

世田谷に土地勘を得た江戸川乱歩は、昭和13年（1938）に『少年倶楽部』で小説・怪人二十面相／少年探偵団シリーズの連載を始めた。

〈二十面相と部下の乗り込んだ自動車は、寂しい町ばかり通って、三十分ほど走ると、世田谷区のやしき町にある、一軒の大きな家に着きました〉といったくだりもあり、乱歩は小説の舞台として玉電沿線を選び、見聞きした駒沢給水塔を二十面相のアジトに模したという。

給水塔は昭和7年の東京市域拡張に伴い、東京市水道局に移管されている。平成11年まで使用されていたが、現在は施設の老朽化に伴い給水所としての機能を休止。非常時用の応急給水槽として活用されている。

独特の意匠をした給水塔は、平成14年に世田谷区の第1回地域風景資産に選定された。平成24年には土木学会選奨土木遺産に選ばれている。

05 桜新町　東京で一番早かった新町分譲地

◆駅前でサザエさん一家がコンニチワ

田園都市線桜新町駅は、玉電及び玉川線時代の桜新町停留場とほぼ同じ位置に設けられている。駅前の通りは玉電や玉川線の路面電車が走っていたかつての大山街道であり、旧国道２４６号だ。その南側に走る幹線道路は、昭和39年の東京オリンピックでの首都高速3号建設に伴ってつくられた国道２４６号のバイパスとなる。

桜新町は駅を出るとサザエさん一家の銅像が出迎えてくれる。長谷川町子は戦後、桜新町で作品を生み出しており、昭和60年には「長谷川町子美術館」も開館した。商店街も昭和62年にはサザエさん通りと命名するなど、桜新町はさながらサザエさんの街となっている。

サザエさん通りを南下していくと、その西側は、狭く、行き止まりの道も残しながら雑然とした賑わいをつくっているが、長谷川町子美術館を通り過ぎて国道２４６号を越えた深沢7丁目に入ると街並みは一転、整然とした住宅地になる。

深沢7丁目と8丁目及び新町1丁目にかけたエリアは、世田谷というより東京で最初の郊外開発住宅として分譲地が売り出された歴史を持つ「新町住宅地」となっている。

桜新町サザエさん通り

玉電駒沢停留場と新町停留場の間にまだ弦巻停留場があった時代、新町分譲地を手掛けたのは、東京信託株式会社。現在の日本不動産株式会社の前身で、日本に信託法・信託業法ができる前に創設された日本で最も古い信託会社だ。

〈渋谷〉の項で触れたが、新町分譲地の計画を進めていた東京信託は、資金難に陥っていた玉川電気鉄道に融資。そして明治40年（1907）玉川電気鉄道の三軒茶屋〜玉川間の開業に伴い、玉電新町停留場前の大山街道から南に引き込み道路をつくり、農地と雑木林が広がっていた駒沢村深沢などの一帯を買収。大正元年から宅地を造成し、大正2年（1913）より分譲を始めたのが新町住宅地だ。

◆「桜新町」の起こりとなった桜並木

新町分譲地の売出し区画数は183区画で、総面積は5万坪を超えている。一区画は100坪から500坪。分譲時の最大区画は若尾璋八邸の3300坪。若尾璋八は東京電力の前身となる東京電燈を買収した甲州財閥の実業家だ。後に政界に転身して貴族院議員から衆議院議員になっている人物である。

新町分譲地は「郊外生活之新福音」というキャッチコピーで、空気清涼を謳った。庭には樹木や家庭菜園があり、数羽の鶏も飼える静かな田園都市でありつつも、駅前には次々と商店が立ち並び、栄ゆく将来を強調して売り出した分譲地内には、電燈や電話、下水道が整備されていた。後には駐在所も設置され、大正初期に計画された住宅地としては先進的な内容になっている。

東京信託はまた、支払いに月賦――今でいうローンを導入するとともに、融資を受けていた玉川電鉄も住民無料パスを発行するなどして大正2年5月から分譲を始めている。

昭和4年当時の桜新町駅周辺

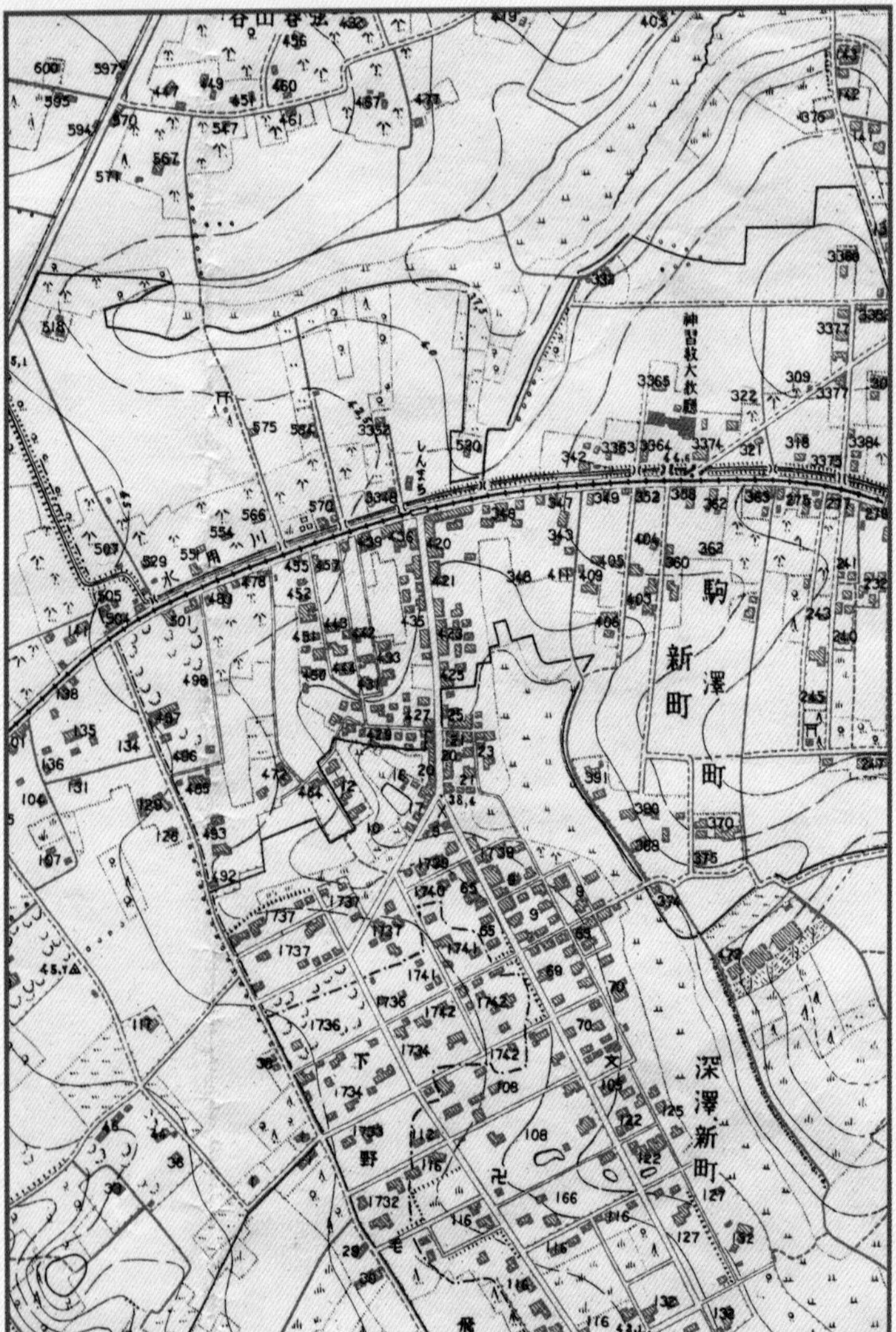

陸軍参謀本部陸地測量部発行1/10000地形図

昭和59年当時の桜新町駅周辺

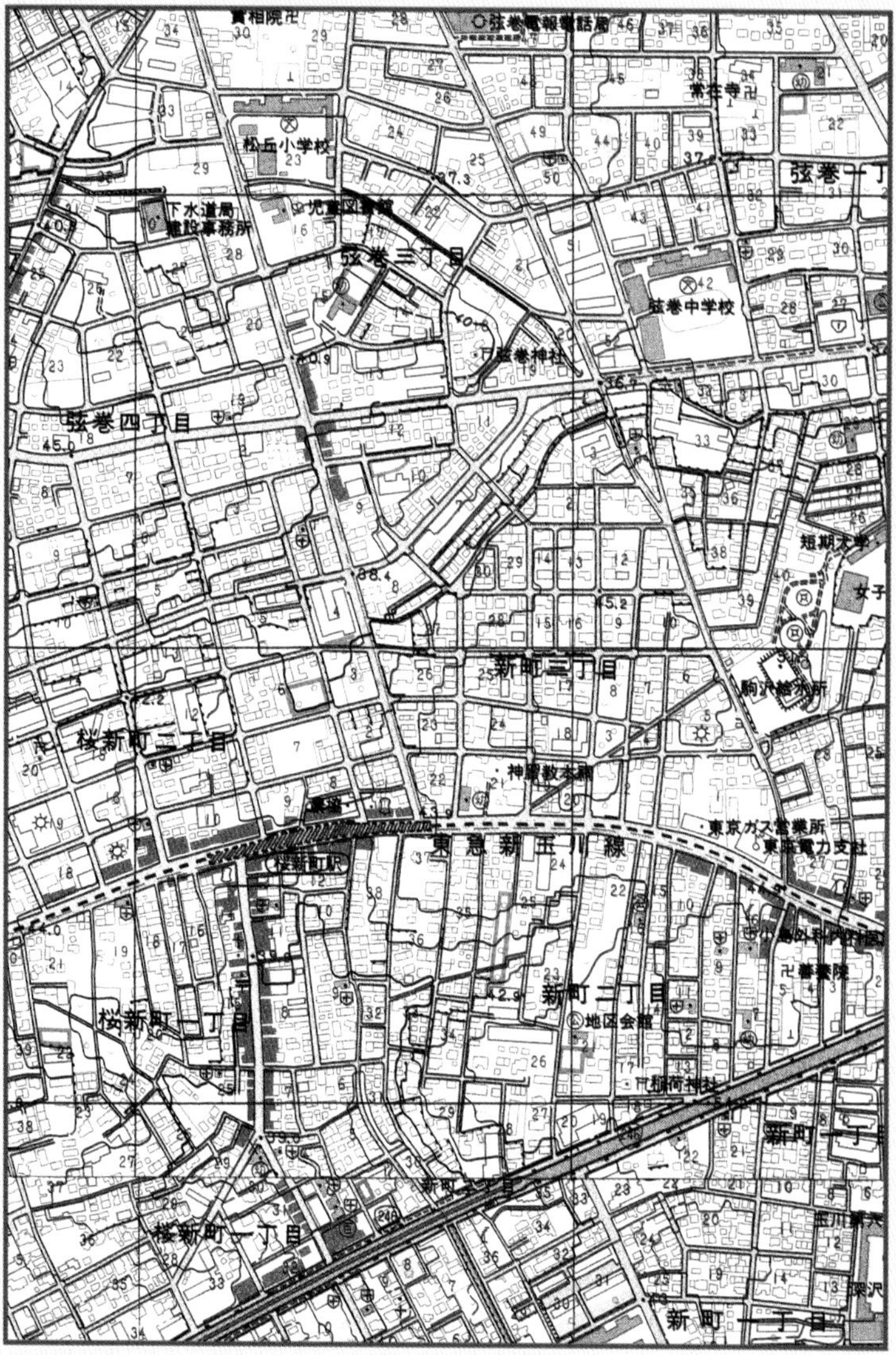

建設省国土地理院発行1/10000地形図

当時、新町停留場から渋谷まで玉電で20分。交通の便がいいことに加えて眺望もよかったことから、富裕層が別荘として購入するケースが多かった。また、池尻〜三宿に陸軍施設が展開していたことから、高級将校も少なくなかった。昭和に入ると、関東大震災による移住者の増加と資本主義の発達に伴う給与生活者の増加などの背景から、サラリーマンや芸術家の入居が増え始めた。駅前に商店が増えていくのはこの頃で、分譲開始期の「駅前には次々と商店が立ち並び」はいささか誇大広告だった。

新町分譲地が完成したのは昭和15年頃で、住宅地として完成するまでに30年近くかかったことや、分譲区画面積に幅があったことなどから、建物の意匠や規模にバラエティが出たことが特徴になっている。

東京信託は宅地造成時に、住宅地内の道路沿いに桜を植えて並木とした。この桜並木が「桜新町」の名の起こりとなった。

「新町」の起こりは江戸時代の万治年間（1658〜60）に世田ヶ谷村から独立分村した村落が「世田ヶ谷新町村」となったことに遡る。その後、明治22年（1899）に「大字世田ヶ谷新町」に、大正14年には「世田谷」が取れて「新町」になった。

分譲地域内の桜並木が成長して「桜並木のトンネル」として評判になり、広く知られることになったことから、玉電は停留場名を「桜新町」と改称。時代が下がって昭和40年代初頭の住居表示実施で旧新町3丁目区域を中心に町名も「桜新町」と改称され、現在に至っている。

◆桜新町と軍人

時代が昭和に入る頃、玉電周辺の村でも耕地整理、宅地開発の話が持ち上がった。しかし、桜新町では、駅南側はすでに住宅が建ち始めていたこともあって反対が多く話はつかなかった。一方、駅北側は認可が降りた昭和6年(1931)から耕地整理に着手し、宅地開発に動き出した。同時に曲がりくねって細い農道も道筋を変え、拡幅されるなど区画も整備されていった。駅前に商店が立ち並ぶようになったのはこの頃のことだ。

駅南側は話がまとまらないまま、やがて太平洋戦争へ突入。住宅難が深刻となった戦後を迎えるとたちまち人家が密集。サザエさん通りの西側が狭い道や袋小路も残っているのは、戦後の住宅難時代に農地だったところが無秩序に市街化していったことによる。

関東大震災後、市街地から近郊へと移り住む人が増えたが、玉電沿線は練兵場など陸軍施設が多かったことから、新町住宅地には高級軍人が住まいを構えたが、玉電北側の開発地には尉官クラスの中級軍人が住むようになっているのが特徴。金銭面は几帳面だった軍人は地代の滞納などなかったことから、駅南側でも土地を貸す農家が多かった。このことが北側より宅地化が早かった一因となっている。一区画100坪から150坪の広さで、一坪7銭から8銭で貸した。農家は作物による収入より、地代で潤っていた農家が多く、南側では耕地整理が進まなかった要因になっている。

◆「集団求人」の先駆けとなった桜新町商店会

新町住宅地の一部洋館住宅がGHQ将校の居住用に接収された戦後の混乱が落ち着いたころ、朝鮮戦争が勃発。敗戦で、落ちるところまで落ちた日本経済が特需景気に乗って復活していった頃の昭和29年4月、青森の農村などから中学や高校を卒業したばかりの少年少女を乗せた蒸気機関車デゴイチが引く列車8両が上野駅に向かった。集団就職列車第1号だった。

上野駅のホームには、彼らを採用した雇用主たちが、幟や旗を持って待ち受けている。数十人から数百人に上る詰め襟やセーラー服姿の集団は、そこでそれぞれの雇用主に連れられて、各々の職場へ向かった——。

日本経済が復興すると、都市部では会社の規模如何にかかわらず、働き手の確保に難渋するようになる。雇用主側が働き手を募る「集団求人」の先駆けとなったのが、桜新町商店街だ。

「ああ上野駅」の碑

新潟県高田市(現・上越市)の職業安定所を通じて各店が合同で求人する手法で、昭和30年(1955)に集団就職1期生15人を受け入れると、地域を挙げての入店式のほか、仕事の作法を教える「店員教室」も開催するなど、進取の気性に富んだ商店会だった。こうした桜新町の取り組みは全国に広がり、集団求人=集団就職は拡大していった。

桜新町商店会はその後も集団就職で新卒を採用し続け、昭和30年代後半には百数十名に達した。それぞれが各店の有力スタッフに育っていた。彼らはまた、商店会のバックアップを受けて集団就職者同士のコミュニティサークルを設立。仲間同士と商店会、そして地元との交流を図っている。

◆戦後社会史の一コマだった集団就職列車

中学卒業者が「金の卵」と呼ばれ、引っ張りだこになって注目され始めたのは昭和30年代後半のことだ。時の首相池田勇人の所得倍増計画もあって、高度経済成長路線を走り始めた日本は空前の人手不足に直面。桜の咲く頃になると、東京や大阪など大都市の駅には、中学や高校を卒業したばかりの少年少女だけを乗せた列車が次々に到着。表情にあどけなさの残る彼らが職安の係員や教師に引率されて、固い面持ちで駅に降り立つ様子は、新聞やテレビで大きく報道されたものだ。

東京都労働局による「集団求人取扱要項」(昭和36年)によると、初任給月額は中学卒7500円以上、高校卒9000円以上。全ての控除額を差し引いて中卒は4000円以上、高卒は5000円以上が本人の完全な手取り収入になることなどとしている。

昇給は中卒500円以上、高卒600円以上。食費としての控除額は月3500円以内。就業時間は実働8時間、休日は月4回。その他各種保険の加入と退職金積立制度にも触れている。

集団就職はその後、高校進学率の上昇などで、東京オリンピック翌年の昭和40年(1965)には高卒の就職者数が中卒を逆転。集団就職列車は昭和50年が最後となっている。

歌手の森進一や直木賞作家出久根達郎も集団就職で上京している。出久根達郎は中学卒業後、中央区月島の古書店で働きだした。昭和48年に独立すると、杉並区で古書店「芳雅堂」を開く。そのかたわらで作家デビューを果たし、平成5年(1993)『佃島ふたり書房』で直木賞を受賞している。

♪就職列車にゆられて着いた…JR上野駅広小路口には井沢八郎が集団就職の哀歓を歌って大ヒットした「ああ上野駅」の大きな碑が立つ。

碑文には「戦後、日本経済大繁栄の原動力となったのがこの集団就職者といっても過言ではない」とあり、就職列車で到着した群像が改札を出るシーンがレリーフされている。

集団就職は農家の次男三男問題もからんだ、日本独特の戦後社会史の一コマでもあった。

06 用賀 「東条英機邸跡」が物語る用賀の戦争と平和

◆用賀の風景を変えた世田谷ビジネススクエア

車両が独特な形状をしていたことから「青ガエル」とか「芋虫」とか愛称された玉電が走っていたころ、2両編成の電車は桜新町停留場を出ると道路の片側に寄った変則的な併用軌道から、下り坂の専用軌道に入り、用賀停留場に着いた。

用賀は、三軒茶屋で登戸道(世田谷通り)と二子道(後の玉川通り)に分岐した大山街道が合流するところで、江戸時代は賑わっていた。しかし、明治に入ってからは賑わいも薄れ、東京横浜電鉄は用賀に車庫を新設する予定で、戦前には広い用地を有していた。

新玉川線計画では、その流れから当初は用賀に車両基地を設ける予定だったが、往時とは変わって車両編成も長くなっていたことなどで敷地面積が不十分となり、東急は計画を変更。一帯を再開発し28階建ての超高層ビルを軸とした商業・業務施設を設けた。その再開発ビルが用賀のランドマークとなった世田谷ビジネススクエアだ。

用賀駅の1日平均乗降客数がポンと跳ね上がった年がある。平成5年は5万1548人だったのが、翌年は5万7129人と6000人近く急増した。世田谷ビジネススクエア開業効果だった。

用賀駅

予定通りに車両基地となっていたら、用賀のイメージはずいぶん変わっただろう。駅を出たら車両がずらりと並んでいる光景を目撃するとの、超高層ビルと緑の空間が目に飛び込んでくるのでは雲泥の差だ。

用賀はそれまで馬事公苑と東名高速のインターで知名度はあるものの、どちらかと言えば地味な街だった。世田谷ビジネススクエアが用賀の街をお洒落に賑やかにした。

◆瑜伽山真福寺と用賀観音無量寺

用賀駅北側の用賀4丁目に「用賀の赤門寺」として地元に馴染んでいる真言宗智山派の真福寺がある。一説には真福寺が「用賀」の地名の起こりという。

真福寺の創建は、天正年間(1573〜91)と伝わる。天正年間は室町幕府が滅び、信長から秀吉へと覇権が移り、関東に君臨していた小田原北条が滅んだ激動の時代だが、小田原北条に仕えていた飯田図書が用賀の地に落ち延びて、開拓。以前から真言密教をおさめる瑜伽(ヨーガ=梵語)の道場があったと言われている地に真福寺を開基したと伝わり、この「瑜伽」が用賀の地名由来の一説になっている。真福寺は実相山真如院真福寺と号していたが、昭和21年(1946)に瑜伽山真福寺と改められている。

真福寺の西側には浄土宗祟鎮山無量寺(用賀4丁目)がある。用賀観音と通称されている無量寺の創建年代は不詳なものの、遅くとも天正の次の文禄年間(1592〜95)までには創建されたものと言

世田谷ビジネススクエア

昭和4年当時の用賀駅周辺

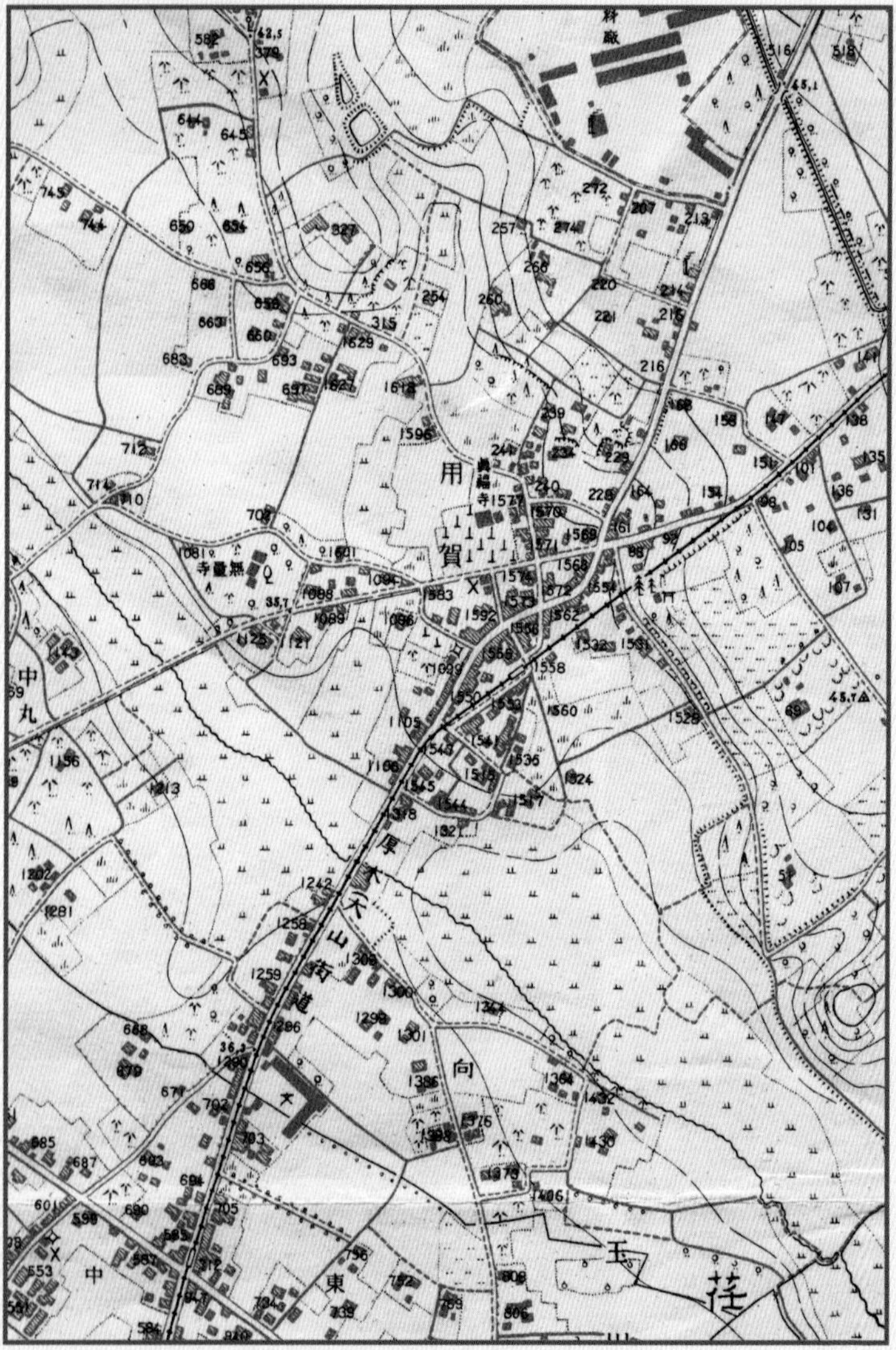

陸軍参謀本部陸地測量部発行1/10000地形図

昭和59年当時の用賀駅周辺

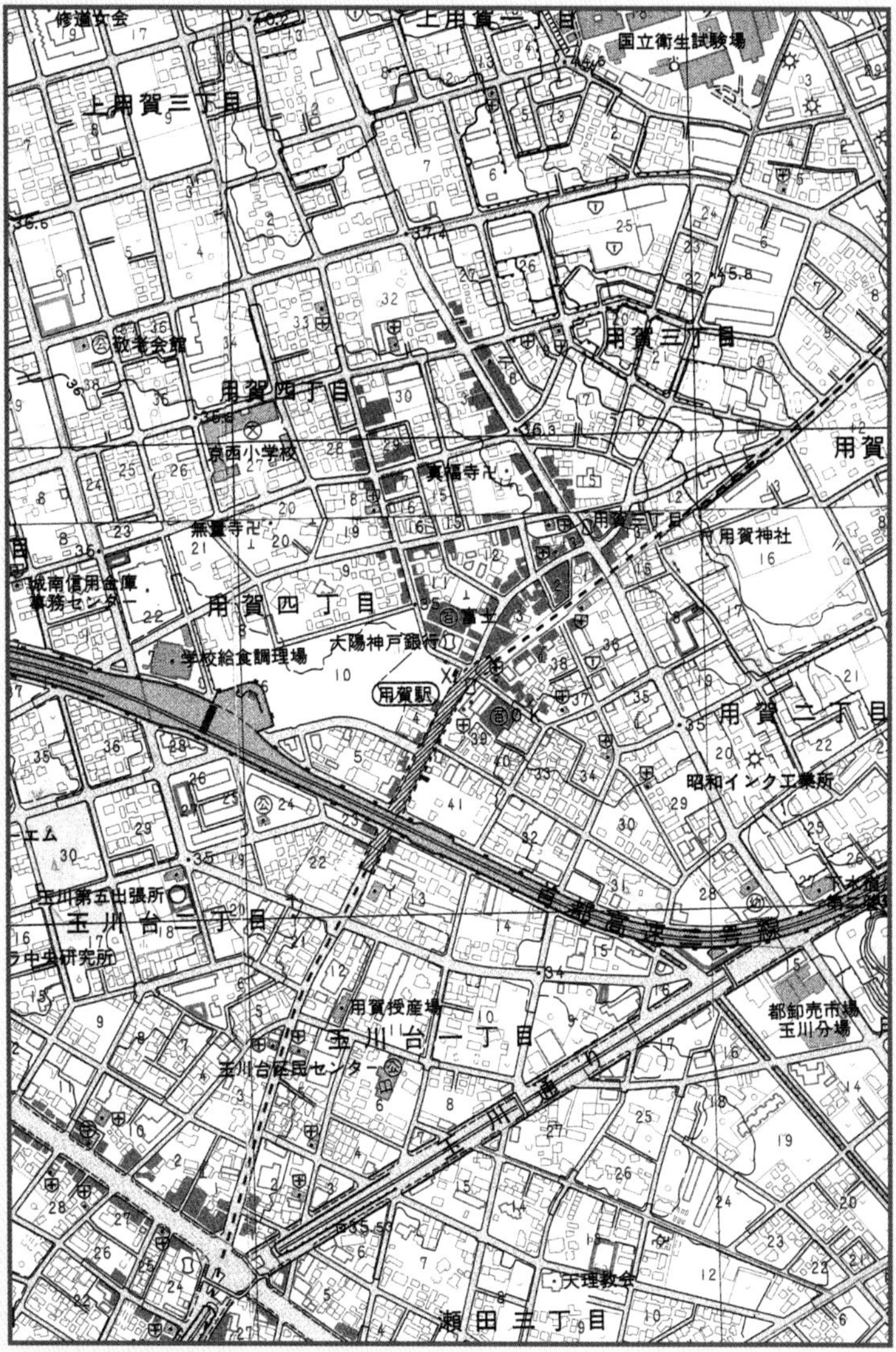

建設省国土地理院発行1/10000地形図

われている。

開山当初は大規模な寺院ではなかったが、江戸時代の天明年間（1781～89）当地の住人が品川の沖で漁師の網にあげられた十一面観音像を譲り受けて、自宅で祀っていたものを無量寺に安置。以降、その観音像が「用賀の観音様」として参拝客が訪れるようになったという。

無量寺では、戦前は「お十夜」と呼ばれる観音像に因む法要が行われており、行事がすむと信者たちはそのまま寺に泊りこんで、酒をくみかわしたり、踊りをしたりして、法要はリクリエーションを兼ねていた。境内には古着の市や夜店が立ったりして、このような行事は太平洋戦争が始まるまで講中の人々によって続けられていたとのことだ。

無量寺山門

◆用賀神社と三井戸越農園

用賀地区は、かつては玉川村だった。一口に玉川村と言っても奥沢、尾山、等々力、下野毛、上野毛、野良田、瀬田そして用賀の8村が合併して成立しているから、その村域は広大だった。

昭和7年（1932）東京市は人口急増に対応するため周辺5郡82町村を市域に編入。それまでの15区制から35区制にした、いわゆる「大東京」誕生の年に玉川村改め玉川町と世田谷町が合併して世田谷区が成立。その時に用賀地区は世田谷区玉川用賀町となった。玉川用賀町は1丁目から3丁目まであったが、昭和46年の住居表示の実施に伴う町域の変更で、概ね上用賀1〜6丁目、用賀1〜4丁目、玉川台1・2丁目に区画された。

用賀地区が用賀村だったころ、村社だったのが用賀神社だ。田園都市線の東側に位置する用賀神社は、口伝によれば元は村社の神明社であったが明治41年（1980）に八幡神社、天神社数社を合祀し、現在の用賀神社となった。

用賀神社東隣の三田国際学園が立地するところは、かつては大山街道沿いで手広く生糸工場を経営していた事業家が開いたミニゴルフ場だった。その跡地を三井財閥が購入し、品川区戸越にあった三井家の戸越農園を昭和9年（1934）に移転して三井戸越農園としたもの。

三井戸越農園は、海外からの客を接待するため、洋ランやカーネーションなど世界から草花を集めてその栽培法を研究。三井オンリーではなく、日本の園芸業界発展に大きな役割を果たしている。

三井戸越農園はその後、用賀戸越農園、第一園芸戸越農園と名称は変わったが、昭和46年まで営業を続けていた。

平成5年（1993）、その跡地に戸板女子学園が移転。現在は戸板女子学園改め三田国際学園のキャンパスとなっている。

用賀神社

◆馬事公苑が見てきた用賀の戦争と平和

用賀の代名詞でもあった「馬事公苑」は、昭和15年（1940）に日本競馬会――現在の日本中央競馬会（JRA）の前身が、馬術訓練や馬術競技会の開催などを目的として設立した。開苑当初から競馬の騎手養成も行っていたが、時局は風雲急を告げ、日本は翌年には太平洋戦争に突入した。

太平洋戦争直前の10月18日から総理大臣を務めていた東条英機の私邸は用賀にあった。田園都市線用賀駅の東口から徒歩で10分ほど、国道246号と首都高速3号渋谷線が交差する四つ角を渡った用賀1丁目の一画――現在は立正佼成会世田谷教会になっているところに、東条英機の私邸はあった。

東条英機は陸軍大臣、軍需大臣も兼務。首相官邸にいることがほとんどだったが、休日が取れた日には用賀の邸宅で家族と過ごしていたという。

戦局が次第に厳しくなった昭和19年7月22日、東条英機内閣は総辞職。翌年の昭和20年8月15日に太平洋戦争は終戦を迎える。

東条英機は終戦後の極東国際軍事裁判（東京裁判）でA級戦犯として絞首刑の判決を受け、昭和23年12月23日巣鴨拘置所で刑を執行されている。東条英機の墓所は巣鴨拘置所跡地を再開発したサンシャイン60が見下ろす雑司ヶ谷霊園にある。

平和が戻り、敗戦国日本の復興を世界に告げることにもなった昭和39年の東京オリンピックで馬場馬術競技会場となった馬事公苑は「馬のいる公園」として親しまれ、世田谷の「ふるさと区民まつり」の舞台ともなった。

「郷土芸能、ミニSL、おみこし、盆踊りや阿波踊りに馬の曲芸や試乗も加わり、大変な人気を呼ぶ。植木市や数えきれないほどの出店もたち並んで世田谷の一大夏の風物詩となった」と世田谷区発行の『せたがや百景』は綴っている。

立正佼成会世田谷教会の裏手に回ると、道路と生垣の間に「東条英機邸跡」の石碑がひっそりとたっている。用賀の戦争と平和を物語るモニュメントになっている。

◆東京農大名物の収穫祭は運動会が発端

用賀駅を最寄り駅として世田谷キャンパスを展開しているのが、東京農業大学。毎年11月初頭に開催される農大の収穫祭は、地域には欠かせない風物詩となっている。

「稲のことは稲に聞け、農業のことは農民に聞け」「農学栄えて農業亡ぶ」と、東京農大は実学を理念に創設された。提唱者は榎本武揚だ。

北海道開拓に携わった榎本武揚は「日本の力を高めるためには、国内農業の発展が不可欠」「日本の農業発展のためには、農民の教育が必須」と、明治24年（1891）徳川育英会に農業科を起こしたのが、農大のルーツとなっている。

農業科は明治26年に独立して私立東京農学校となり、その後、大日本農會付属私立東京農学校、大日本農會付属東京高

東京農業大学

等農学校と改称した後、明治36年（1903）に専門学校令による認可を経て、大正14年（1925）大学令に基づく東京農業大学となった。

〈渋谷〉の項でも扱ったが、明治31年に飯田橋から渋谷の常磐松御料地（後に渋谷区常磐松町から渋谷4丁目となる）に移転。太平洋戦争で被災した常磐松の地を昭和21年に青山学院に売却し、世田谷の陸軍機甲整備学校跡地に移転。現在の世田谷キャンパスとなった。

収穫祭は明治38年、二子多摩川原での遠足会で余興として行った運動競技が発端となっている。以降、毎年「運動会」という名称で開催され、昭和16年から「収穫祭」に改称された。

東京農業大学の学歌であり、応援団の団歌でもある「青山ほとり」を歌いながら大根をもって踊る収穫祭名物の大根踊りは学歌制定（大正12年）当初からあったものではなく、諸説ある。昭和7年、旧両国国技館で行われた関東学生相撲連盟大会での応援ではじめて披露、あるいは昭和26年に渋谷駅ハチ公前での応援団演舞、昭和27年（1952）の戦後初の収穫祭で行われた等々。

馬事公苑

馬事公苑の西側にあった「東京農業大学農場」は大正5年（1916）の開場。農場は昭和35年に厚木へ移転。跡地は衆議院速記者養成所や国家公務員住宅などになった。平成28年に養成所の跡地は「上用賀公園」などになっている。

◆行善寺八景

渋谷からずっと地下を走ってきた東急田園都市線は用賀駅をすぎるとまもなく、玉川通り旧道の行善寺坂付近――国分寺崖線あたりで顔を出すと二子玉川に向かうが、路面電車が走っていたころは、用賀と玉川（後に二子玉川）の間に瀬田停留場があった。現在でいえば、行善治の北側になる国道246号と環八が交差する瀬田の交差点あたりに瀬田の停留場はあった。

かつてこの付近の風致が優れていたことを教えてくれるのが、大山道に面していて坂の名前にもなっている行善寺（瀬田1丁目）である。

行善寺は浄土宗の寺院。山号は獅子山西光院。小田原北条家臣の長崎重光父子がこの地に落ち延びた戦国時代の永禄年間（1558〜70）あるいは秀吉が小田原北条を滅ぼした天正18年（1590）に、小田原の菩提所道栄寺も移したのが起こりという。

当初は多摩川寄りにあったが、氾濫度重なる多摩川水害の難を避けるため、徳川三代家光治世の寛永年間（1624〜44）に台地を開発、現在地へ移転したと伝わる。

国分寺崖線沿いの高台にあり、遠く富士山や多摩川を展望できる場所であったことから、その眺望絶佳だったことを教えてくれるのが「行善寺八景」の碑だ。

八景として挙げられるのが瀬田黄稲・士峰雪晴・大蔵雨夜・二子帰帆・岡本紅葉・登戸宿雁・吉沢暁月・川辺夕烟。

各地に伝わる八景は、そのハシリの金沢八景をもじったものだが、玉川八景とも呼ばれた行善寺からの景色もまた多くの歌人が詠んだ。

行善寺境内にはもう一つ、江戸時代の二子玉川を教える碑が残されている。猫塚だ。二子玉川には、景観優れた兵庫島を中心に江戸時代から名の知れた「多摩川の鮎」を売り物にした船宿や料亭が置かれていた。酒席に芸者はつきもの。座敷を盛り上げるのが三味の音色だ。三味線の胴には猫の皮が用いられていたから、当時は料亭街にあったものをその後、行善寺に移して猫を供養した云々。

行善寺の伽藍は明治19年（1886）火災で焼失し、その際多くの寺宝も失われた。木造の寺が再建された後の昭和39年に本堂、客殿などが現代風の鉄筋に新築されたが、江戸時代末期の造営と見られる山門は火難を逃れている。

◆瀬田と小田原北条

瀬田の歴史は古く、奈良時代から平安時代初期の昔は多磨郡勢多郷と呼ばれていた。昭和になって分離した二子玉川や玉川台はもちろん、用賀などを含むもっと広い地域を示していたのではと考えられている。

鎌倉時代に入ると、鎌倉を中心として上道、中道、下道の鎌倉道三本が整備され、瀬田には「中道」が通っていたと見られている。室町時代になると世田谷城に拠点を持つ吉良氏の支配下になるが、吉良氏の世田谷統治の後半は小田原北条氏に従属。やがて織豊時代に入って小田原北条滅亡すると、その家臣だった長崎伊予守重光・重高親子は、瀬田に落ち延びて来るとそのまま土着し、名主として帰農したという。長崎家の藁葺きの家屋は岡本に岡本民家園として保存展示されている。

瀬田4丁目にある瀬田玉川神社も長崎重光ゆかりの神社で、行善寺と同じ時期の永禄年間（1558

〜70）に創建したとも伝わる。国分寺崖線上の高いところにあることから、長らく御嶽神社と呼ばれていたが、後に瀬田・玉川両地区の氏神様として瀬田玉川神社と呼ばれるようになった。

瀬田玉川神社南側の玉川寺（瀬田4丁目）は昭和7年（1932）、日暮里にあった日蓮宗妙隆寺を当地に移転して身延山関東別院として新たに開山したものだ。

妙隆寺は寛文6年（1666）創建された古寺で、昭和に入って日蓮上人入滅650年の記念事業として身延山直轄の別院を東京にもつくろうという動きが出た。しかし、昭和初期は新たな寺社の建立は許されていなかったことから移転したもので、昭和15年頃から「玉川寺（ぎょくせんじ）」と称するようになった。

同じく瀬田4丁目にある通称玉川大師こと玉眞院は、創建は大正14年。歴史は浅いが、地下仏殿で知られる真言宗智山派の寺院。地下仏殿は地下5メートルの深さの場所に、長さ100メートルにも及ぶ総鉄筋コンクリート造りの拝殿で、日本でも有数の地下霊場という。

◆別荘地だった瀬田〜岡本

国分寺崖線沿いの台地からは多摩川や富士山まで見渡せた景勝地であったことから、瀬田〜岡本地区は帝都東京の近郊として大正から昭和にかけて政財界重鎮の別荘が少なくなかった。

ことに岡本地区には水戸徳川家の別邸、三菱の岩崎小弥太、日産コンツェルンの総帥鮎川義介、二・二六事件で軍部に暗殺された大蔵大臣高橋是清、日立製作所の創業者の久原房之助等々、錚々たる名が出てくる。ちなみに瀬田4丁目の玉川病院は、鮎川儀介の資金援助で昭和28年に設立された総合病院だ。昭和の名優と謳われる成駒屋六世中村歌右衛門もこの地に屋敷を構えた。

岡本1丁目の長円寺は山号である岡本山（こうほんざん）が岡本の地名由来になったとも言われる真言宗智山派の寺院だが、この長円寺の南側に松方正義も別荘を構えている。

明治14年（1881）に大蔵卿を拝命した松方正義は明治天皇に拝謁すると「不退転の覚悟でやり抜く」と奏上。明治天皇の「方針通りこれを断行せよ」との一言を後ろ盾に、大胆な財政再建に着手する。

明治15年、日本銀行を創設。中央銀行制度を確立すると、兌換紙幣である日本銀行券の発行による紙幣整理、煙草税や酒造税や醤油税などの増税や政府予算の圧縮策などの財政政策、官営模範工場の払い下げなどによって財政収支を大幅に改善させ、西南の役以降のインフレーションも押さえ込んだ。

昭和戦後のドッジラインをより純化したといわれる松方の財政政策は激しいデフレ不況を招き、「松方デフレ」と呼ばれて世論の反感を買う。しかし、インフレ克服につれて経済環境も徐々に良化。明治10年代後半期には金融基盤も整い始めて、民間資本の投資・起業熱を刺激。明治20年代の資本主義発展に大きく貢献している。

松方正義はまた、お妾さんも含めて産ませた子供ははっきりしているだけで17人。「日本一の子福者」とも言われた明治の傑物の

松方正義（写真中央）の一族（日本歴史写真）

一人である。

時代が近いところでは小坂順造が挙げられる。信越化学、長野電燈を興し、その後政治家に転身。衆議院議員を長く努めた。小坂順造の別邸は2階建てで洋風の寝室棟、和風の主屋棟、山小屋風の書斎棟で構成されており、現在は世田谷区が保存している。

岡本2丁目にある岡本静嘉堂及びその緑地内の静嘉堂文庫は、三菱ゆかりの建物群だ。

静嘉堂文庫は三菱財閥の第2代総帥岩崎弥之助とその息である第4代総帥岩崎小弥太父子の所有した庭園と遺品の古典籍・古美術コレクションを基礎として発足した図書館及び美術館。造りは洒落た洋館風で「静嘉堂」は弥之助の堂号だ。

静嘉堂文庫敷地内には岩崎家玉川廟がある。明治43年(1910)に岩崎小彌太が父・彌之助の三回忌に合わせて建設した納骨堂で、四方に扉が設けられ、屋根はドーム状。都選定歴史的建造物となっている。

静嘉堂文庫

07 二子玉川 玉電の遊園地から東急のニコタマに

◆戦前版絶叫マシン「大落下傘塔」

「後楽園ゆうえんち」改め東京ドームシティアトラクションズで、園内最古のアトラクションは「スカイフラワー」という。地上60メートルの間で上昇・降下をくり返すパラシュート付きの立ち乗りゴンドラのスカイフラワーは、後楽園ゆうえんち時代の昭和54年に登場以来40年余。移り変わりの激しい遊戯施設で今も残っているのはそれだけ人気度が高いことを示しているが、落下傘スタイルのアトラクションはすでに80年前にあった。昭和15年（1940）、玉川のよみうり遊園に登場した「大落下傘塔」がそれで、時代が戦時下とあって落下傘降下のアトラクションは大人気を博している。

「地上50メートルからパラシュート降下が楽しめる！」をキャッチフレーズにした「大落下傘塔」は少年から大人まで人気を集め、上級コースは実際のパラシュート降下に近かったことから、陸軍の飛行学生たちがお忍びで通ったなどといったエピソードが残されている。

戦前版絶叫マシンを開発したよみうり遊園の前身は、玉川電気鉄道が開いた玉川児童園だ。

明治40年（1907）に渋谷〜玉川間を開業した玉川電気鉄道は、津田興二が専務取締役となって陣頭に立つと積極経営に転換。明治42年（1909）田畑が広がっていた六郷用水（現在は丸子川）の北側に「玉川遊園地」を開園し、瀬田と玉川の間に遊園地前停留所を新設した。用賀を出ると大山街道から外れて、終着玉川まで専用軌道が続いていた時代で、玉川遊園地は現在の町名表記でいえば瀬田

4丁目になる。

〈渋谷から、牛、車、埃の中をピーポーと走る玉川電車は駒澤あたりから、筍の匂い、青麦、畑内、雲雀のソプラノ……と、ようやく郊外気分になって、約25分で玉川遊園地に着く。遊園地へ二丁、散り初めた桜並木のダラダラ道を、右手の丘陵に菜の花、左手の茶店にはお土産の鮎せんべい、石菓子…どちらもうれしく眺めながら歩く。

お父さんと坊やは猿公から孔雀、アヒル、山羊へ、グラウンドへ出てブランコへ……。若葉越しに富士見の滝でハンカチを濯ぐ女学生の声が賑やかに聞こえる。花びらが散って銀盤のような池にはそろそろ藤が蔓を伸ばし、右手の丘、つつじの道を登れば第二世清水の舞台で有名な玉川閣に出る。この無料休憩所——百畳敷には家族連れの一団、お花見党などが陣取っている…〉

昭和5年発行の『旅の小遺帳』(時事新報社)が、そのころの玉川遊園地を伝えている。

1丁は109メートルだから、停留所から

よみうり遊園の大落下傘塔全景
清水組「工事年鑑」より

よみうり遊園の大落下傘塔

昭和4年当時の二子玉川駅周辺

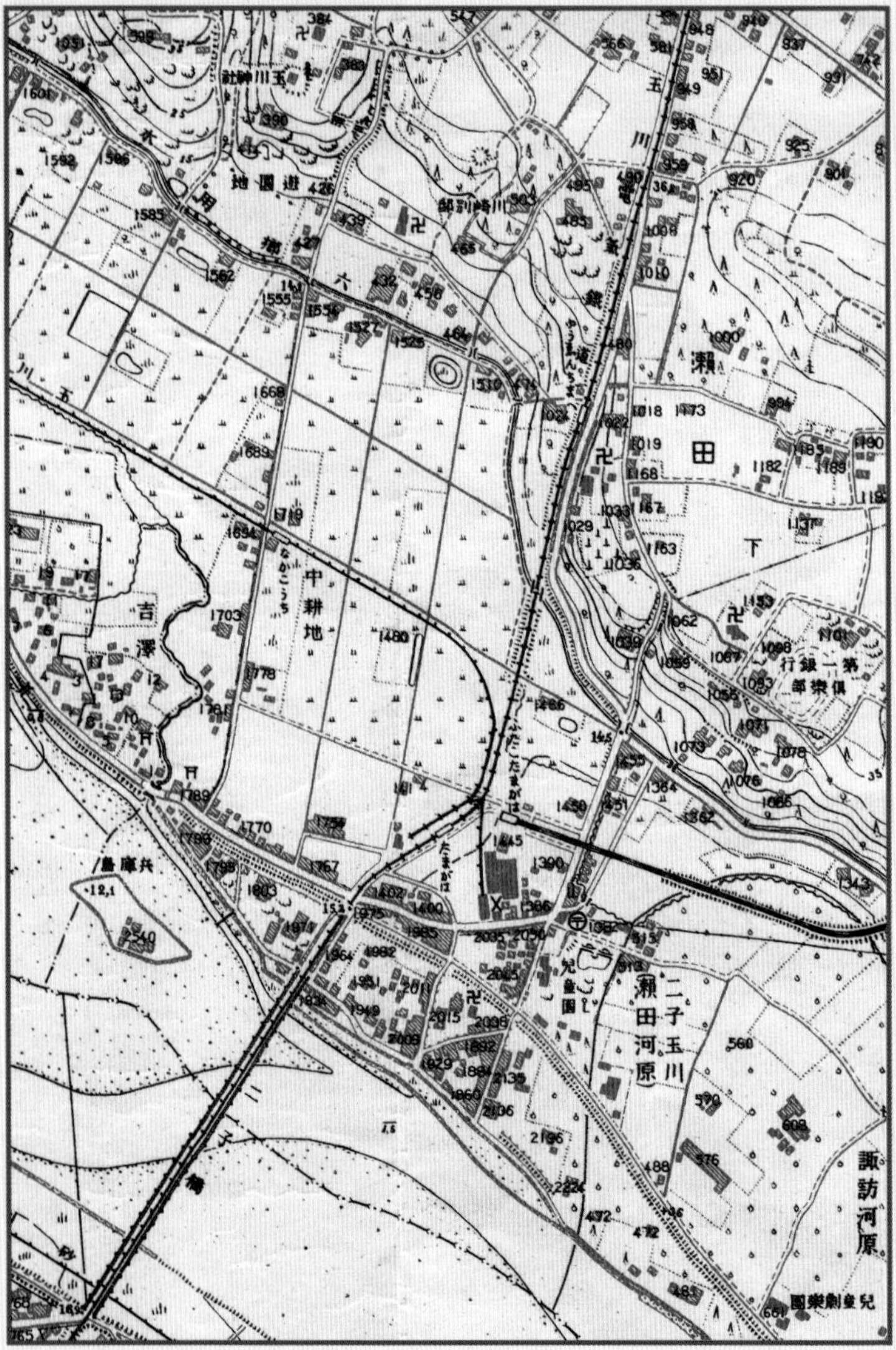

陸軍参謀本部陸地測量部発行1/10000地形図

昭和59年当時の二子玉川駅周辺

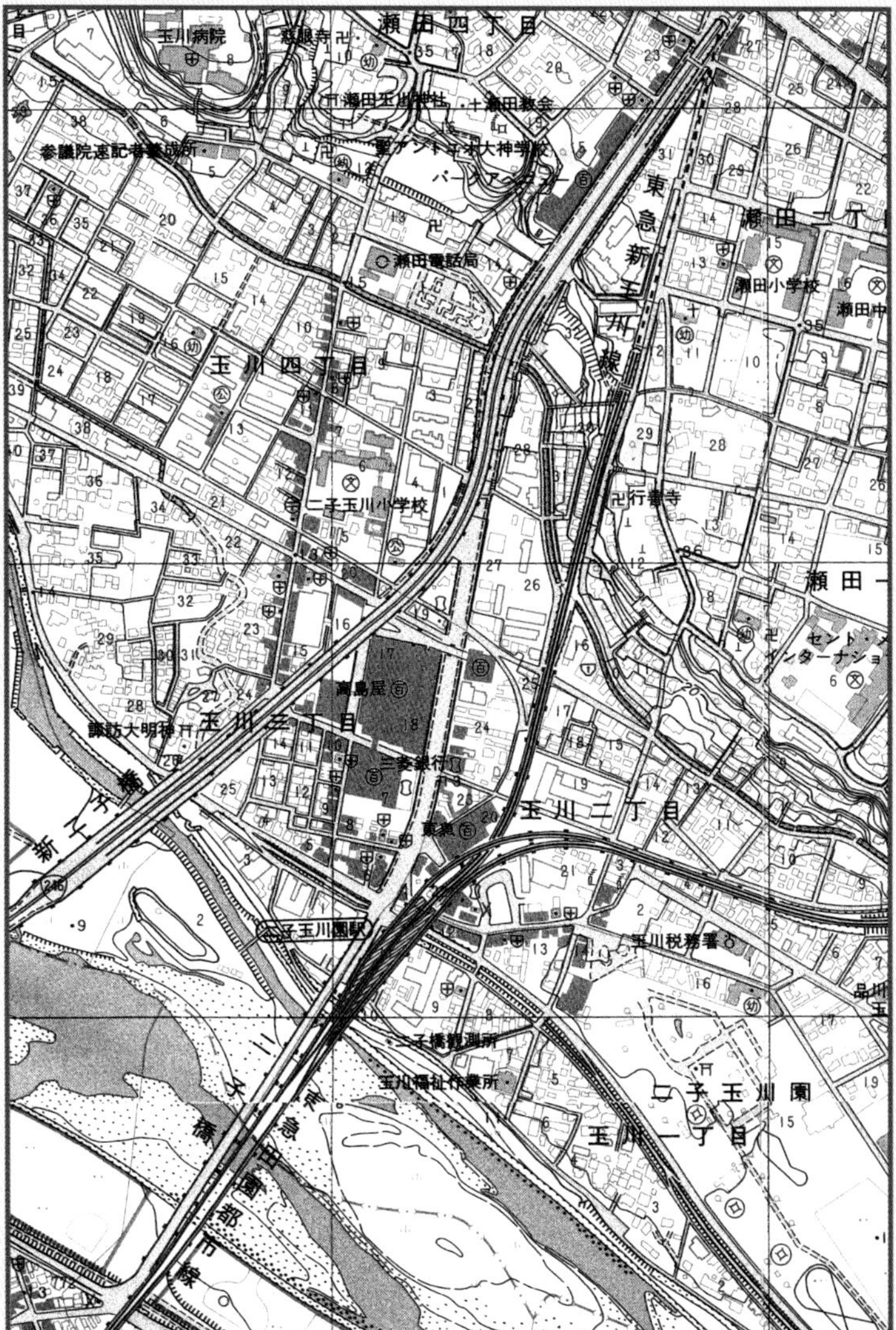

建設省国土地理院発行1/10000地形図

200メートルちょっとで遊園地に着き、記事が触れているように猿や孔雀等々、ミニ動物園もどきのエリアもあった。また「第二世清水の舞台で有名な玉川閣」云々は京都・清水寺を模したもので、演芸場などにも利用された。

玉川遊園地は高台からの眺望に重きを置いた自然公園風で、遊戯施設は少なく、お金はあまりかからないグラウンドを広くとった。グラウンドはその広さから「大グラウンド」と通称され、運動会などによく利用されたらしい。

遊園地の呼称にふさわしい遊戯施設は大正11年（1922）7月、当時は瀬田の河原と呼んでいた多摩川の河原に開園した玉川児童園がはるかにバラエティに富んでいた。

◆玉川児童園と玉川プール

玉川電鉄は玉川児童園を開設すると、玉川遊園地を玉川第一遊園地、児童園を第二遊園地と称するようなったが、大正14年7月には玉川児童園の東南側に「玉川プール」を開場した。玉川プールは場内に大プール、大飛び込み台、児童徒歩池、大噴水塔などを備え、当時にあっては東洋一の規模だったとも。

『旅の小遣帳』は、児童園と玉川プールを次のように伝えている。

〈遊園地から玉川児童園へ……途中玉川田圃にはヨメナ、モチグサ、セリ等がまだ摘まれるのを待って居る。入口の万国旗が見えると、おんぶされた坊やも下りてヨチヨチと歩き出す。場内には豆自動車、滑り台、家族ぶらんこ、ピンポン、輪投げ、腕力計、電気ジオラマ、少女芝居…中でも人気のあるのは廻り滑り台と射的猛獣狩り……桃太郎の銅像の立つ岩洞をくぐると、いろいろの猛獣が電気仕掛けで動く。係りのチズ子さん十四歳、打ち方を教えたりしてなかなか親切である。煙草の射的で何円も使うお父様でも、これは五発一銭だから安心して子供と一緒に撃てる。

（中略）児童園の前の土手を下りると貸しボート、また近所の船宿で道具を借りてハヤ釣りもできる。後ろの桃林では夏が来ると、一株に五六百も甘そうな水密がふくれるそうだ。何処かの看板にお椀付き筍飯五十銭とある。

（中略）玉川プールはこの先にある。五月一日から始まった子供プールの金魚つかみは毎日曜大評判だそうである。飛込み台三十尺のてっぺんに上って見ると、多摩川をはさんで、青麦、桃、菜の花が丁度五色の折り紙を撒いたように美しく散らばって、夕霞の中に、遠く丹沢の連峰が静かに流れている……〉

玉川プールについては、昭和14年に業界紙「百貨店日日新聞」がまとめた『東横百貨店』に、玉川プールに触れている一節がある。

〈汎太平洋、日米対抗等の国際大水上競技の此処に行われしは今なお世人の記憶に新たなるところにしてその他各大学、専門学校、中等学校及び全国実業団の大小水上競技に幾多の記録を生み、多数の男女一流選手を送り出して発展途上にありしわが水泳競技界に貢献し、赫々たる水上日本の今日あるに寄与したる功績は蓋し少なからずものありたり。次いで昭和2年には玉川テニスコートを開設し、壮年者の来遊に供したのである〉云々。

『玉川沿革誌』（昭和9年刊）には昭和4年夏、東京朝日新聞社がドイツ、オーストラリア、アメリカから世界記録保持者を招聘して、玉川プールで全日本代表選手と模範競泳大会を開催し、玉川プールの名を一躍高めた云々のくだりがある。東京横浜電鉄の意を受けている『東横百貨店』だが、その記述は大袈裟ではないことが分かる。

『旅の小遣帳』はその頃、玉電渋谷~玉川間往復32銭、玉川児童園入場料10銭、玉川プール15銭均一、ボート(5人乗り、1時間)40銭と遊興料金の一部を記している。玉川遊園地の入園料には触れていないが、玉川遊園地は玉川電鉄が乗客増を図って眺望絶佳の自然公園風に開園したことから入園料は取らず、玉川閣での演芸や園内の茶屋などの飲食料で利益を計上していた。

玉川遊園地はまた、昭和7年に遊園地の北隣に日暮里の妙隆寺が移転、身延山関東別院(〈用賀〉の項、参照)となると、遊園地との一体化を誘致。停留所名も「遊園地前」から「身延山別院前」に改称。日蓮宗の信者にもアピールし、誘致を図っている。

◆多摩川の鮎

玉電が開通し、遊園地も2つ出来た玉川は大正から昭和にかけて帝都東京の近郊行楽地として賑わいを見せるが、玉電効果で多摩川の鮎漁も活況を呈するようになった。二子の渡しがあることで賑わっていた川沿いに料亭や旅館が立ち並び、観光鮎漁や鵜飼など、川遊びの店も軒を連ね始めたのだ。

多摩川は、江戸時代から鮎の産地として知られ、徳川将軍家にも献上されていた。明治末期には10数軒の料亭・旅館があり、玉電と提携して行楽客を誘致した。

〈終点漁船宿には玉泉亭、亀屋、柳屋等の各料理店を始めとして十数軒は皆勉強して客を迎えて居る〉と大正10年刊『三府及近郊名所名物案内』は往時の情景を伝えている。ここに出てくる「柳屋」は江戸末期の天保2年(1831)創業といわれる老舗で、徳川将軍家も訪れ、鮎漁を楽しんでいったとのことだ。

戦前の観光鮎漁は、料理屋が船宿を兼ねて、鮎漁の舟を出していた。舟には七輪、俎板、包丁、塩、醤油、砂糖まで用意されて、艫には調理場を設置。小さい鮎は酢味噌に、大きいものは塩焼きと、船宿の料理人が釣れるにしたがって料理していく。

「家族をあげての遊覧にはなかなか趣がある。食べる分とお土産の二折くらいは漁夫が見計らってちゃんと釣ってくれる」と、大正期のガイドブックにある。

河岸の料亭街は昭和2年には三業地に指定され繁華街として発展。昭和8年から昭和10年頃が最盛期だったといい、太平洋戦争が始まると鮎漁も廃れていった。

◆鮎の遡上数に異変

多摩川は昭和30年代後半から、戦後の復興と高度経済成長期により，流域の工場や宅地化の進展に伴う都市排水の増加により悪化の一途をたどり、清流に棲む鮎はもとより、魚が棲息できない死の川となった。流れの緩やかな河岸付近は洗剤の泡や灰汁で覆われ、悪臭が漂っているような状態だったものだ。

多摩川の水質改善に自治体などが昭和50年代から下水処理の徹底に動き、年を追うごとに下水道が普及するにつれて汚水の流れ込みが減少。徐々に水質が改善し、まもなく鮎の遡上が見られるようになるまでに、多摩川はきれいな流れを取り戻した。

東京都では、多摩川の水質改善を見る物差しとして昭和58年（1983）から多摩川下流部で鮎の遡上調査を行っている。調査方法は定点に定置網を設置し、午前10時00分から翌日午前10時00分までの24時間に網に入った鮎の数を毎日計数。期間中の累計数を、入網率を5・4％に設定して遡上数を推定している。

調査開始当初は川を泳いでいる個体を数えられるほどだったが、時代が平成に入る頃から10万匹、100万匹単位となり平成20年(2008)には初めて200万匹を突破。平成24年には1200万匹を数えた。もちろん、遡上数は年ごとに凹凸があり、平成30年には994万匹だったものの平成31年には333万匹となっている。

しかし、令和2年に異変が起きた。調査開始から4月上旬までは順調に遡上が認められたが、4月下旬以降低調となり、5月にはほとんど入網がなくなった。遡上盛期は4月上旬となり、平成21年に調査を開始して以降、最も早い遡上終了となった。

令和2年の調査期間中の多摩川における鮎の遡上数は37万尾と推定され、ここ10年で最も少ない推定遡上数となった。

多摩川の水質が急激に悪化したわけではなく、令和元年10月に発生した大型台風の影響により、鮎の産卵床が被害を受けたことが遡上数激減の要因として考えられるそうだが、令和3年の遡上数が気になるところだ。

◆大落下傘塔の有為転変

昭和4年(1929)東急電鉄の前身となる目黒蒲田電鉄の大井町線が玉川まで伸びてきて、玉電玉川停留所の目と鼻の先、玉川児童園の北側に「二子玉川駅」を開業した。玉川遊園地より多くの客を迎えていた玉川児童園の最寄り駅となって、目黒蒲田電鉄は潤った。

玉川児童遊園は、周辺に玉川プールやテニスコートを開設し、多摩川花火大会も開催するようになるなど、昭和に入っても好調な足取りだった。

ところが好事魔多し。昭和13年、玉川電気鉄道に青天の霹靂が落ちる。東京横浜電鉄に買収されてしまったのだ。

かくて玉川遊園地、玉川児童園も東京横浜電鉄のものとなり、玉川児童園は東京横浜電鉄が読売新聞社とタイアップして「よみうり遊園」に改称。それに伴い玉電の停留所も「よみうり遊園駅」に変わった。さらに東京横浜電鉄が目黒蒲田電鉄と合併すると、玉電も大井町線も「二子読売園駅」に改称。戦局の悪化で遊園地が閉鎖されたことで「二子玉川駅」に三度改称された。

玉川児童園改め「よみうり遊園」と玉川遊園地は戦時中の昭和19年（1944）に休園となった。呼び物だった「大落下傘塔」は戦後、江の島に移築され、昭和26年に「読売平和塔」に、その後「江ノ島展望塔」と変遷して、平成15年（2003）に解体されて60有余年にわたる波乱の歴史に幕を閉じている。

落下傘塔の跡地一帯には昭和32年「五島ローズガーデン」が開園。玉川プールもその後、明治大学が運営する明大プールとなり、昭和40年代に入ると解体。プールとローズガーデンの跡地に、昭和43年東急自動車学校が開校。自動車学校は平成21年（2009）に多摩市へ移転。跡地には平成25年、二子玉川公園（玉川1丁目）が開園している。

玉川遊園地の大グラウンドがあった場所は一戸建ての住宅地となっている。身延山関東別院のみ、現在もその地にある。

◆二子玉川園は二子玉川ライズに

戦後の昭和29年（1954）、玉川児童園～よみうり遊園があった場所に東急不動産が「二子玉川園」を開園した。遊園地が復活したことに伴い、駅名も「二子玉川園駅」に改称した。

二子玉川園は遊戯施設を充実させ、「ウルトラセブン」のロケ地にもなった。また「ナムコ・ワンダーエッグ」「いぬたま・ねこたま」などのテーマパークとして人気遊園地として復活する。娯楽の少なかった時代とあって再開の昭和29年から昭和30年代は再び黄金時代を迎える。

「昭和元禄」と列島が浮かれた高度成長期を迎えると、娯楽も多様化。遊園地レジャーは時代にそぐわなくなり、二子玉川園の賑わいも徐々に薄れ、昭和60年（1985）に閉園となった。

玉電が走り始めて以降、東京近郊のリゾート地として親しまれ、賑わっていた往時の記憶がセピア色になりつつあった二子玉川のイメージを一新したのが昭和44年、駅西口にオープンした玉川高島屋ショッピングセンターだった。

日本で初めての郊外型デパートとして誕生した玉川高島屋ショッピングセンターは、百貨店と125の有名専門店からなり、ワンストップ・ショッピングを実現。また、モータリゼーションの発展を予見し大規模駐車場も併設された。

玉川高島屋ショッピングセンターは非常に大きな注目を集め、

二子玉川ショッピングセンターのアニバーサリーキャンペーン

二子玉川には多くの人達がショッピングに訪れる商業地へと変貌を遂げた。

しかし、高島屋が出店した駅西側は活況も、二子玉川園のあった駅の東側に眼をやると活気を失ったままだった。昭和60年3月に二子玉川園が閉園してからは、映画館などは残っていたものの、跡地にはアトラクション施設や住宅展示場などが次々と出来ては閉鎖の繰り返し。道路や駅前広場などの都市基盤が脆弱な上に、駅前には老朽化した住宅が集積し、防災上の問題を抱えていた。

昭和57年（1983）東急は二子玉川園跡地を中心にした地区の再開発に着手した。その事業過程にあった平成9年、二子玉川東地区は東京都業務商業施設マスタープランの「業務商業重点地区」に指定された。このことが地元有志を動かした。反対の声も多かった駅東側地区に再開発機運が起こり、東急が着手していた再開発事業はより大規模な再開発事業につながった。

平成12年（2000）には新玉川線と田園都市線

二子玉川のタワーマンションとオフィスビル

が統合されて渋谷〜中央林間間が田園都市線となった際に二子玉川園駅は二子玉川駅に改称されるなどの経緯を経て、平成27年に事業全体が竣工して誕生したのが「二子玉川ライズ」だ。

◆兵庫島とハナミズキの二子玉川

――松杉繁茂し芝生の庭地あり。西に富士を仰ぎ北に甲武の連山を眺めその風光の佳なるほとんど別天地に遊ぶの感がある――大正年間に刊行された『三府及近郊名所名物案内』が語る兵庫島ガイドだ。

兵庫島は、南北朝時代に多摩川の矢口の渡し(現・大田区、現・稲城市の「矢野口の渡し」説もあり)で武将の新田義興が謀殺に遭った際、従者の由良兵庫助も自死を遂げその遺骸が流れ着いたという言い伝えから命名されたという兵庫島から多摩川を臨んだ景観は、今でも周辺住民に親しまれている。隣接する二子玉川緑地を介して河川敷公園が連続しているため散歩に訪れる人も多い。兵庫島公園が二子玉川駅に近く、二子玉川緑地が住宅地に隣接しているため、通勤時に利用する人もいる。

二子玉川では毎年4月29日、「花みず木フェスティバル」が開催される。兵庫島公園をメイン会場として、二子玉川

兵庫島公園

商店街やショッピングセンターなど町全体で行われる。町づくりの一環として二子玉川の花（シンボルツリー）として指定し、昭和53年から玉川高島屋、建設省、東京都、世田谷区などの協力で植え始めた。いまではニコタマを歩くと至るところで、ハナミズキの並木に出会う。

世田谷区は二子玉川を三軒茶屋、下北沢とともに「広域生活拠点」と位置づけており、商業・業務機能の集積、文化や情報などの拠点としての機能の高度化が進んでいる。

東京の西の玄関口として交通機能も集積。良好な住環境としてだけでなく、ビジネス拠点としての濃度を濃くしている。急行でわずか10分。渋谷駅周辺大規模再開発事業は、その時間距離から渋谷経済圏に入っている二子玉川にも大きな影響を与えるとみられる。

田園都市線と大井町線が接続する二子玉川は滔々と流れる多摩川や、武蔵野の面影を色濃く残す国分寺崖線など豊かな自然環境に包まれていることから「東京で住みたい街」ランキングでは常に上位にランクされるようになった。そうした二子玉川に冷水を浴びせると同時に堤防の重要性を改めて知らしめたのが令和元年10月の台風19号だった。

◆「暴れ川」多摩川

多摩川の治水は大正末期から昭和にかけて進み始めた。川床の浚渫、河川敷の拡大など多摩川改修工事では河口から二子橋上流まで22キロに渡って堤防が築かれた。近年に入ってもスーパー堤防などの築堤が進んでいる。しかし、多摩川改修工事では一部地区が景観を理由に堤防の位置を内陸側にずらした。その後も堤防未整備区間となった。その地域が、台風19号で濁流が溢れた二子橋〜新二子橋間——兵庫島公園がある街区だった。往時、黒松の林に鮎料理を売り物にする料亭が軒を並べていたところだ。

多摩川が現在に近い流路になったのは、江戸時代草創期。天正18年（1590）年と慶長11年（1606）の二度に渡る大洪水で、下流の大師河原付近と上流の登戸・宿河原付近が北に、丸子付近では南に大きく流れを変えたと見られている。

世田谷区と川崎市の多摩川周辺には同じ名前の地名がいくつか見られる。布田、等々力、宇奈根、和泉、丸子、沼部、瀬田…。これは、大洪水によって流路を変えた多摩川が、村を分断した名残だ。

多摩川は記録に残されているだけでも、江戸時代だけで24回も氾濫・洪水を起こしている。江戸時代はおよそ260年ほどだから10年に1回ほどのサイクルで多摩川は暴れたことになる。

その暴れ川ぶりは明治になっても変わらず、下流域が大きな被害を被ったものだけでも明治11年、27年、40年、43年と4回も起きている。

多摩川に新しい築堤を設けることは流域住民の長年の悲願であったが、それが実現しないままに明治40年代に立て続けに起きた洪水は多摩川下流部に未曾有の被害をもたらした。その傷跡も癒えない大正2年、台風で多摩川が増水して氾濫。六郷と羽田地域は水浸しとなった。ここに来てついに流域住民が「多摩川に堤防を！」と多摩川改修請願運動を起こすに至った。大正3年のことだ。

流域の住民からあがった声がきっかけとなった多摩川で最初の本格的かつ大規模な改修工事は、特に水害がひどかった河口から二子橋上流までの下流部22キロがその対象となった。

まず、大正9年（1920）年度から人力による掘削に着手。翌年には機械での掘削に切りかえ、築堤工事が始まった。大正12年には護岸工事に着手し、大正13年には川の中のドロを機械でさらう浚渫工事が始まる。年号が変わって昭和2年（1927）年には水門や樋管などの付帯工事に着手。改修工事のすべてのスケジュールが終了したのは昭和8年であった。

この多摩川改修工事でそれまでの堤防の倍の高さの新堤防が築かれた。また、河原を2メートルほど掘り下げた排土で、田んぼや耕作放棄地を埋め立てた。多摩川改修工事と前後して開始された耕地整理と相まって、多摩川の河岸に新たな土地基盤が生まれ、住宅や工場の立地に格好の適地となって拓かれていった。

平成元年からスーパー堤防等の治水も進んでいる多摩川の河岸には景観を売りにしたマンションが建ち並ぶ。濁流によって兵庫島から二子玉川駅周辺の広い範囲が浸水させた令和元年の台風19号は、多摩川がかつては幾度となく大きな水害禍を残している「暴れ川」であることを改めて認識させた。

◆砂利鉄道砧線の起承転結

駒澤大学玉川キャンパスは二子玉川駅から2キロほど西側になる宇奈根1丁目にある。以前は胃腸薬で知られたわかもと製薬(東京都中央区)の玉川工場があったところで、昭和42年(1967)に駒澤大学がその跡地を購入したものだ。

駒大玉川キャンパスの学生の足となっている東急バスの砧本村バス停は、玉川キャンパスの目と鼻の先にある。東急バスの折り返し点にもなっている砧本村バス停は、昭和44年に玉川線と同時に廃止されるまで走っていた砧線の終着駅があったところだ。バス停に設けられている屋根は砧線開業当時のホーム上屋を再利用したものという。

東急砧線は大正13年(1924)、玉川から砧(後の砧本村)間に玉川電鉄が玉電の支線として開業した。玉川から出ると左に急カーブして西進。野川に架かる吉沢橋を渡って現在の鎌田3丁目を走りな

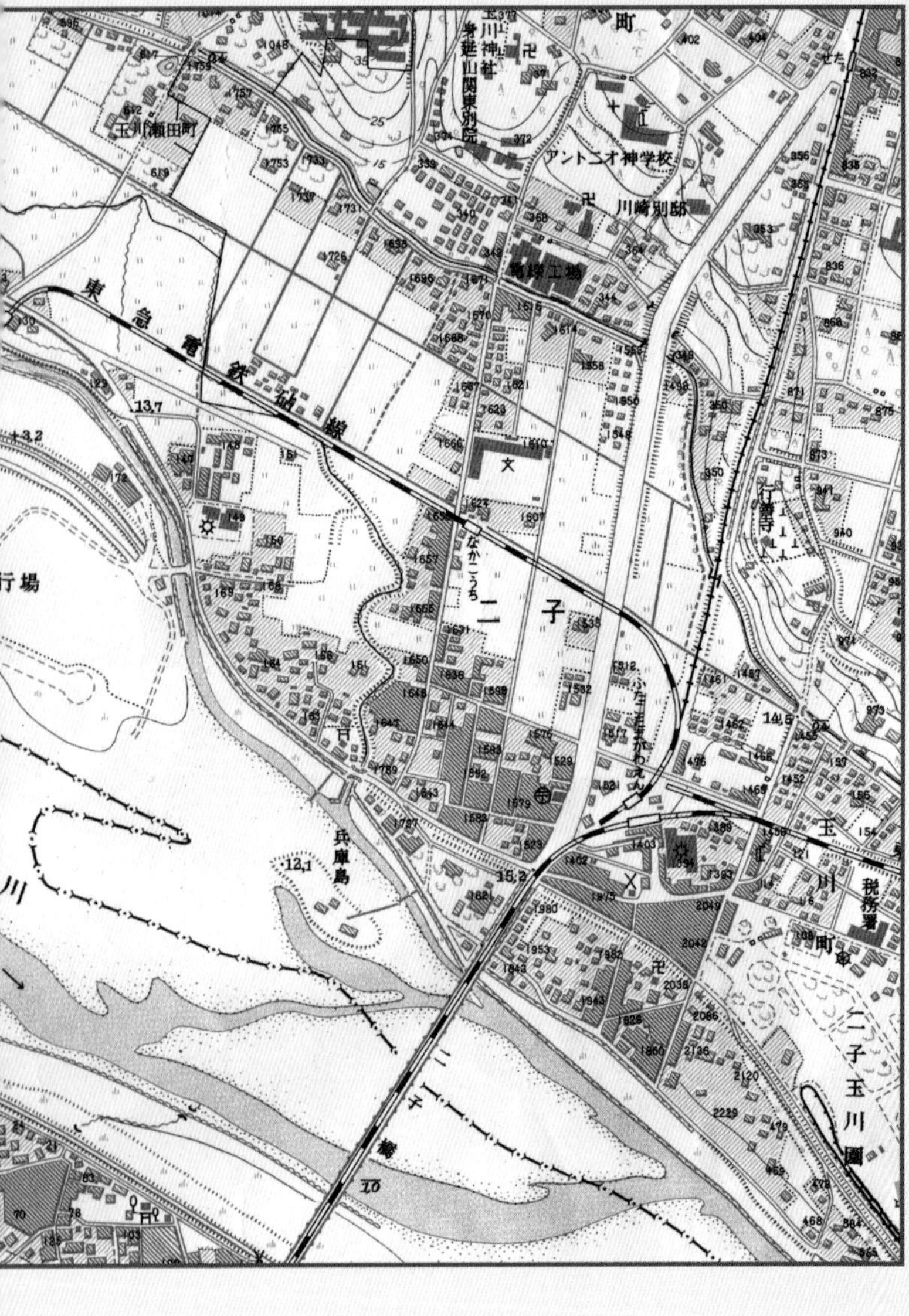

玉川神社
身延山関東別院
町
アントニオ神学校
川崎別邸
電線工場
玉川瀬田町
東急電鉄砧線
行場
二子
なかこうち
行善寺
兵庫島
玉川町
税務署
二子玉川園
二子橋
川

昭和59年当時の砧線周辺

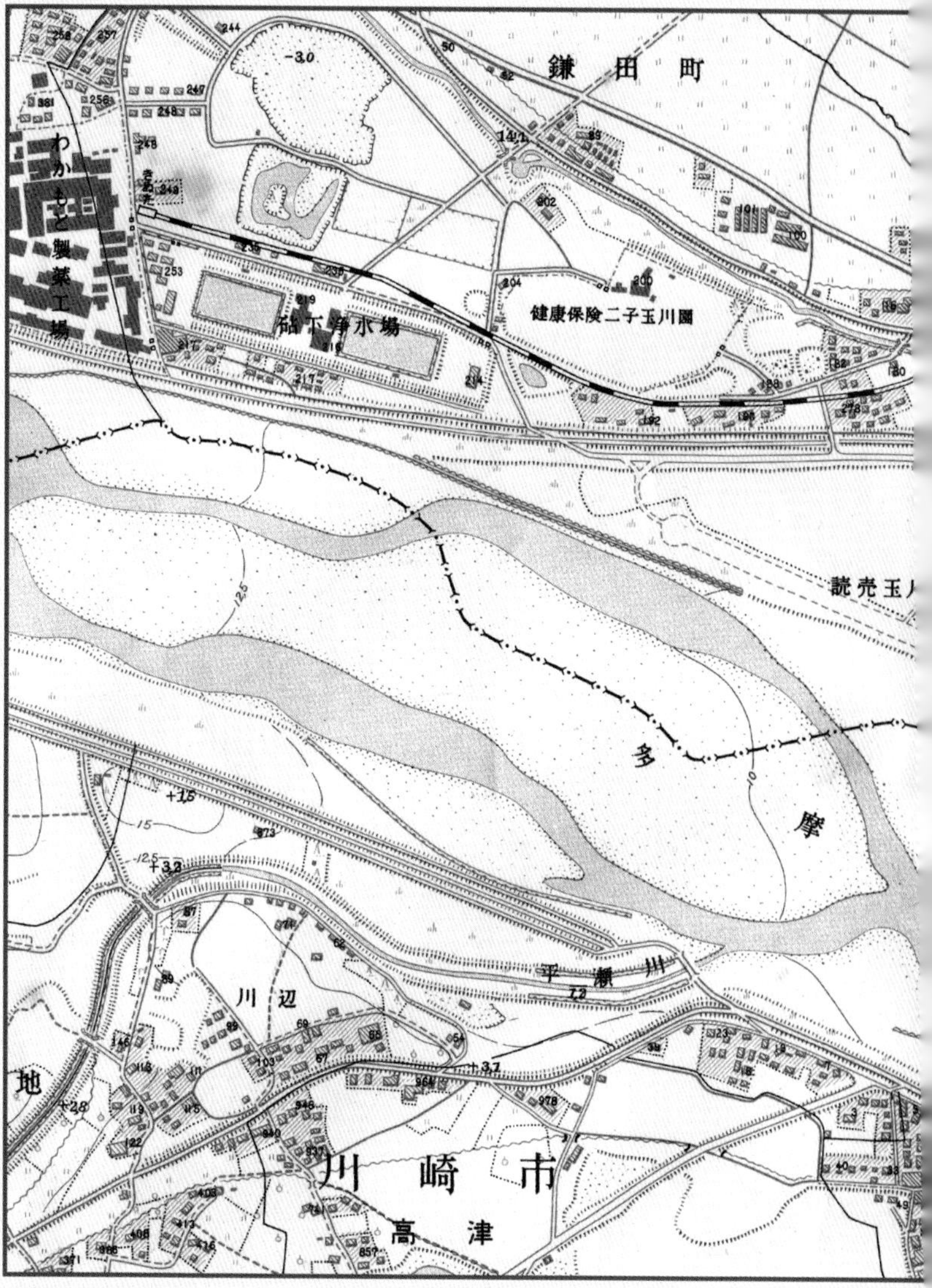

建設省国土地理院発行1/10000地形図

がら砧下浄水場（当時は渋谷水道浄水所）の北側に沿って終着砧駅に着く、全長2キロ超の路線で、途中駅の中耕地・吉沢・本郷で無人駅だった。

二子橋の上流で採取した砂利の輸送を目的とするもので、開業前年に起きた関東大震災後の復興事業の砂利運搬には大いに貢献した。当初は玉電と同じく軌道線として敷設されたが、昭和20年に地方鉄道法に基づく鉄道線となり、戦後は通勤通学、生活路線として活躍している。

廃線後はその一部が砧線跡歩道として整備され、電車のレールを利用したガードレールやベンチなどが設置されている。野川に架かる吉沢橋の欄干には砧線電車のレリーフが設けられている。

多摩川では江戸時代の中頃から砂利採掘が始まっていた。砂利は船によって江戸に運ばれ、江戸城内や武家屋敷の庭園や寺社境内の敷砂利に使われていた。

◆多摩川砂利採掘の歴史

砧線は関東大震災半年後の大正13年3月に開業。震災復興に砧線の砂利採掘〜輸送は大活躍したが、帝都では明治以降、近代建築・橋梁・鉄道の需要が高まり、砂利の需要は無限に近かった。多摩川の砂利は関東の数多い河川の中でも、一等級のブランドでもあった。

明治から昭和の初期に至るまで、官需を含め、主たる工事用砂利の仕様書には「玉川産若しくはこれと同等以上のもの」と指定されていたからだ。かつては江戸城だった皇居に敷かれている砂利は多摩川産であることは言うまでもないが、明治神宮参道の玉砂利もまた、多摩川産である。

かくて砂利のブランド品である多摩川の砂利は、無制限に採掘される。手掘りの時代から機械掘りになると、川相が変わるほど深掘りされ、昭和初期には砂利公害が問題となった。一例を上げれば、二子橋は大正14年の架橋工事で、川底から6m掘り下げた橋脚が砂利の採掘で昭和に入ると5メートル近くも剥き出しにされた。橋脚が水面に浮き上がって危険な状態に陥ったほどだ。

内務省は昭和9年（1934）、砂利採掘の場所と量を制限し、機械船による使用も禁止する。玉川電鉄はこの内務省通達後、砧線の砂利採掘に終止符を打ち、砧線はわかもと製薬従業員の通勤路線となり、住民の足となった。

戦時中、わかもと製薬玉川工場は軍事工場に利用され、付近の人口も増えた。しかし、近隣に軍需工場も立地したことから空襲を受けて、戦後を迎えている。

多摩川の砂利採掘は昭和9年の採掘規制後も規制外の場所で戦後も続けられたが、大量の砂利採掘は護岸堤防の破壊、河床面の低下による農業用水の取水難、水質汚濁による漁業への悪影響などで始まったが、東京オリンピックの翌年になる昭和40年（1965）に多摩川全域で全面禁止となり、多摩川砂利採掘の歴史は幕を下ろしている。

二子玉川園と砧本村駅（写真）を結んだ砧線（昭和43年）　撮影：柳川知章

08 二子新地

二子橋架橋で新地も誕生

◆二子の渡しの時代

東急田園都市線二子玉川駅から二子橋梁を渡ると東京と離れて川崎市高津区に入る。

多摩川を渡って最初の駅となる二子新地駅は、玉川電鉄が玉川から溝ノ口まで延伸した時に設けたもので、昭和2年（1927）7月15日に開業した当初は玉川電気鉄道溝ノ口線二子駅で、軌道法による専用軌道の停留場だった。

二子橋を渡ると大山街道から外れて乾田と梨畑が広がる田畑の中に専用軌道を設け、終着溝ノ口まで向かった。二子、高津、溝ノ口の各停留場も畑の中に開業したのが、玉電溝ノ口線だった。

二子駅はその後、昭和10年頃に二子新地前に改称。戦時中の昭和18年（1943）7月、大井町線に編入され、軌道幅も改軌して、晴れて鉄道駅となっている。「二子新地」となったのは昭和52年（1977）12月のことだ。この間、昭和41年の二子橋専用橋梁竣工に伴い高架駅となる――というのが、二子新地駅のあらましだ。

玉川電鉄が二子電停開業した昭和初期、二子の街はまだ「神

二子新地駅東口

奈川県橘樹郡高津町大字二子」の時代だ。昭和4年（1929）の陸軍参謀本部陸地測量部による1万分の1地図では、二子停留所の西側に走る大山街道を軸に市街化が始まっているのが見て取れる。しかし、溝口線の東側一帯は多摩川方面に向かって梨畑が広がっていたのが、昭和初期の二子だった。往時、多摩川の梨は川崎の名産で、梨の品種の一つである「長十郎」は川崎発祥である。

明治40年（1907）の地図では、大山街道沿いもわずかな集積が見られる程度だから、二子は20年ほどの間に大きく変わっている。これは大正年間に多摩川の治水が進んだことと（〈二子玉川〉の項参照）、大正14年（1925）に渡し船に代わって二子橋が架けられたことに尽きる。渡し船のままだったら、玉川電気鉄道の溝ノ口延伸もなかったからだ。

二子新地渡し場入口

大正8年刊の『日がへりの旅／郊外探勝』は、多摩川の渡しの情景を綴っている。

〈水の流れている幅の四倍も五倍も広い石の河原が続いている。そこには砂利の採掘場があって、細いレールが敷いてあって、その上を馬がトローに砂利を積んで、喘ぐようにして岸の方に上ってゆく。渡しと言っても、ほんの十間ばかりの間に過ぎない。船縁のない、潜水艇のような形をした船に人も車も馬もごっちゃに載せて渡していく。人の数よりも馬や車の方が常に多いといった形である〉云々。

渡し船は1艘に牛車8台を乗せ、船頭は2乃至3人、時には4〜5人で漕いだ。船は2〜3艘あり、

昭和4年当時の二子新地駅・高津駅周辺

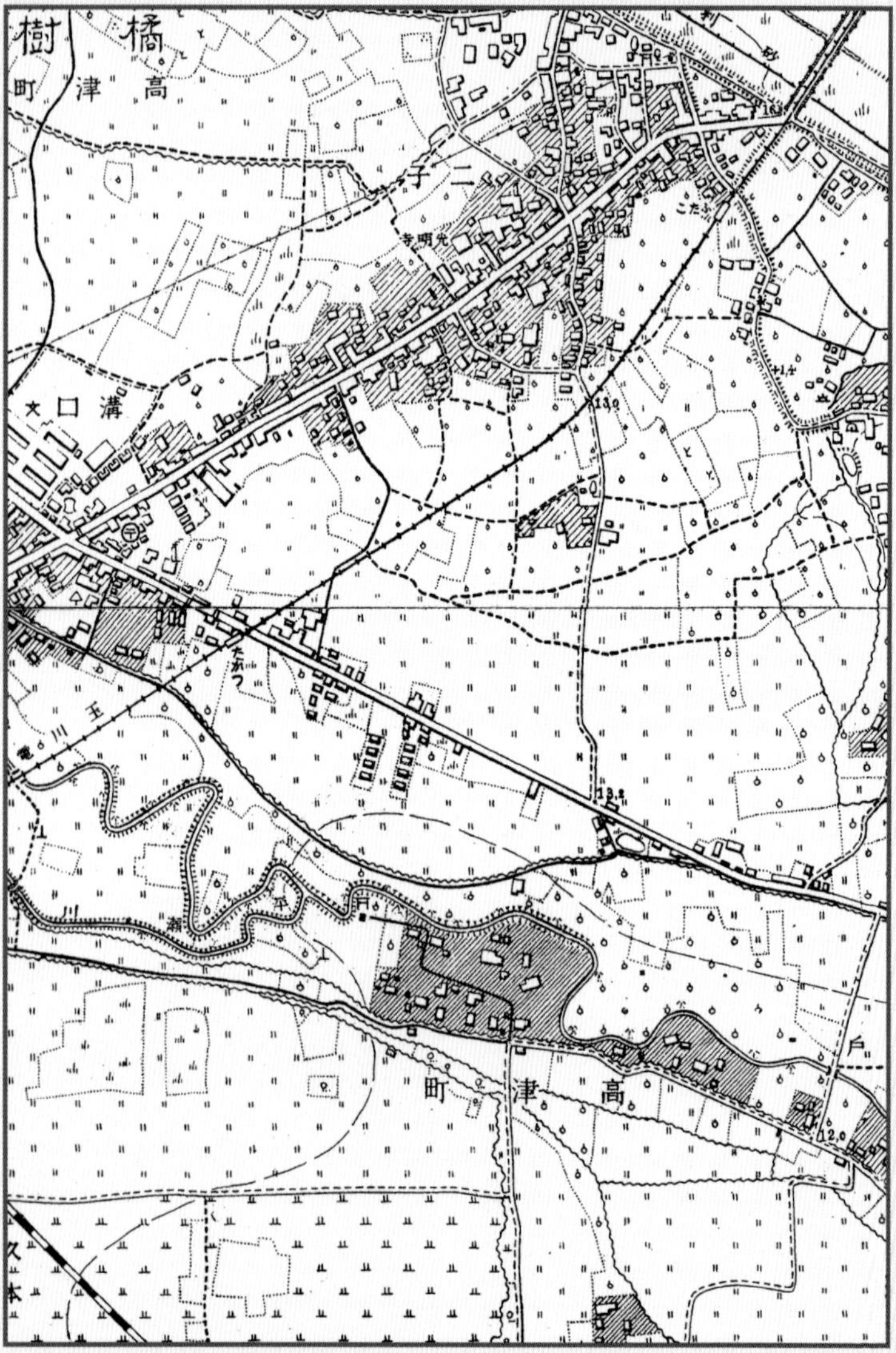

陸軍参謀本部陸地測量部発行1/10000地形図

昭和59年当時の二子新地駅・高津駅周辺

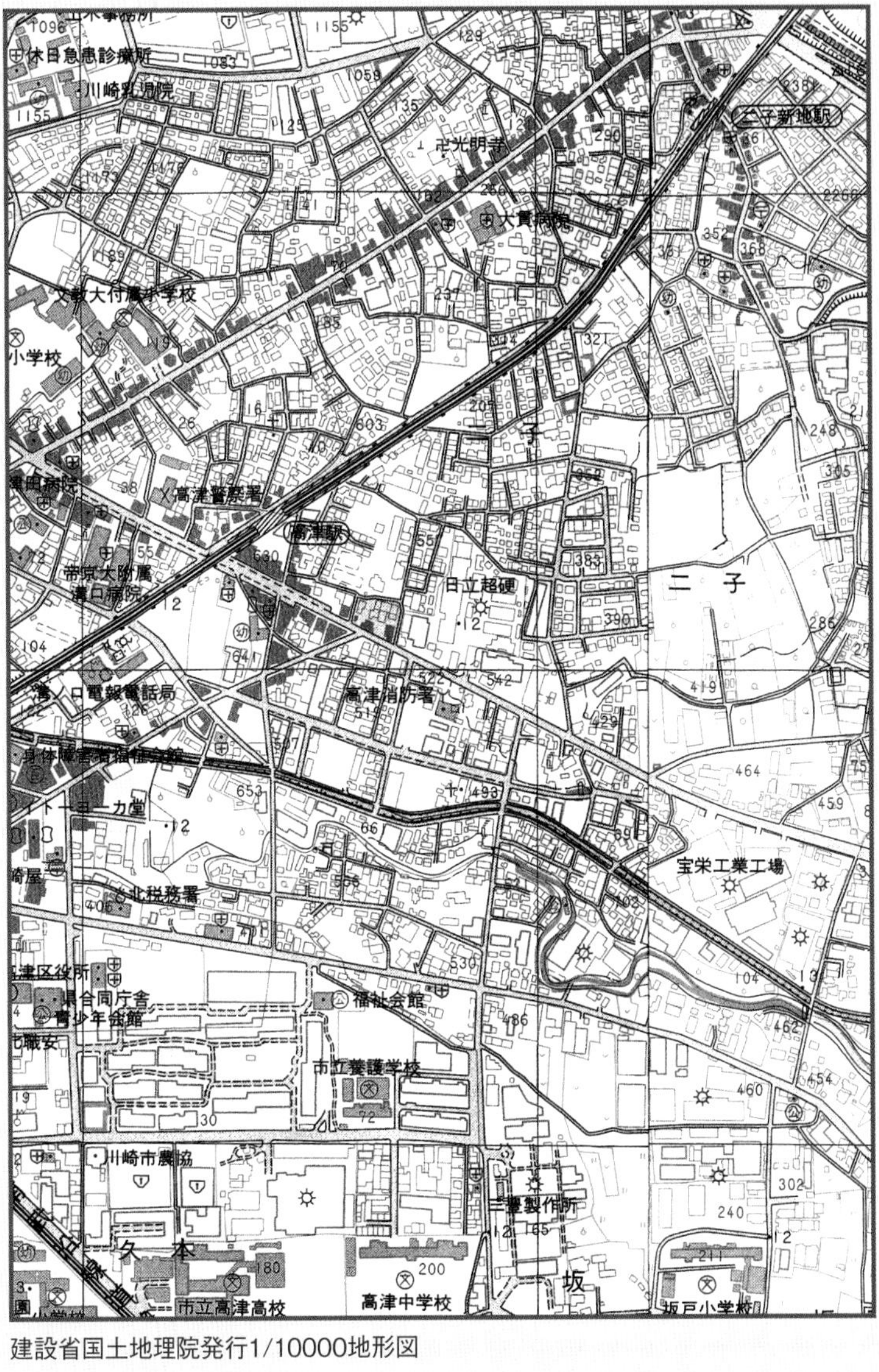

建設省国土地理院発行1/10000地形図

通行人が集まり次第運行し、河原には船頭小屋もあった。大正初期の料金は、1人（片道）2銭、自転車5銭、荷車5銭という記録が残っている。

渡し船も大正10年代に入ると徒歩船と馬船の2種類になり、両岸にロープを渡し、滑車をつけてたぐりながら渡す方法をとった。

二子の渡しがいつ頃の始まったのかはっきりしていないが『川崎市史』によると、元禄年間（1688〜1703）からあったと記述されている。渡し場の権利は、元禄年間に上丸子の者が所有、その後は両岸の村持ち（最初は二子・瀬田）になったが、利権をめぐって争いが絶えなかったことから天明8年（1788）からは共有となった。明治45年（1912）に神奈川県と東京府の境界変更が行われ、権利は瀬田のものとなったことから渡し場の権利を巡り東京と川崎で争いが頻発。大正年間に渡し船組合ができて権利紛争の解決に動いたが、大正14年に二子橋が架けられて二子の渡しの歴史も終わった。

◆玉電出資で二子橋の利用権を獲得

二子橋が架かると、多摩川に新たな名勝が誕生したことを昭和9年刊『玉川沿革誌』が伝えている。

――現在では玉川電車の車窓から多摩川の景色を眺めつつ談笑の中に橋上を通過してしまうが、二子の渡船場の時代には実に庶民の通行は困難を極め、朝夕は車馬が長蛇の列をなし、且つ少しの増水にも通行止めとなって人々を苦しめたことも今は昔の語り草となった。

この橋上の眺めはまた格別で、上下流数里に渡る河原の景色は一目に見られ、春夏秋冬四季折々における雄大なる眺望は只々都人驚嘆の的であり、実に此の二子橋の完成こそ、新たに多摩川に壮麗なる景観を添えたのである。

初夏の候、朝夕橋上に立ちて涼風に軽く袂を翻らせながら、静かに上りゆく白帆の和やかな情景を送迎すれば、忽ち過日の激労と憂鬱を忘れ、心身爽快となり云々――

江戸時代、幕府が多摩川に架橋しなかったのは軍事上の理由による。鎌倉時代の分倍河原の決戦で、新田義貞軍に多摩川を越えられると短時日で鎌倉幕府が倒れたように、多摩川を江戸防備の最終ラインとしていたからだ。

渡しの乗り場は「暴れ川の多摩川」のため絶えず変わっていたが、渡しが出たのは多摩川の流量が増水する夏場で、冬季は流れが二筋になるほど水量が減ったことから仮橋の板橋が架かった。明治に入っても架橋されなかったのは、多摩川が氾濫することたびたびだったことが大きな理由になっている。例えば、高津区には宇奈根、瀬田、下野毛など、対岸の世田谷区側と同じ地名が残されている。かつては地続きだったのが、多摩川の洪水で分断された名残だ。

しかし、大正12年の関東大震災で、罹災者の救援物資や復興物資の輸送のため、多摩川架橋の必要性は高まった。二子、玉川両岸の村をあげての架橋運動に加えて、陸軍省の働きかけが強かった。陸軍部隊が多摩丘陵、相模原で演習をする際に不可欠な兵員、物資の輸送のため、多摩川の架橋実現に動いたのだ。こうして、関東大震災後に多摩川架橋は早々に決定している。

渡し場より少し下流の現在地に架橋することが決定したが、橋の名前では揉めている。東京側では「多摩橋」、神奈川県側は「二子橋」を主張したのだ。結局、「二子の渡し」から取って、橋の名称は二子橋になって名称問題は一件落着している。

二子橋建設費は東京府、神奈川県、高津村そして玉川電気鉄道が負担することになり、玉川電鉄側は建設費の3割弱を出資して利用権を獲得している。架橋した際に橋上に軌道(橋上では単線)を敷設したことにより、玉川〜溝口までの玉電溝ノ口線が開通。以降、昭和2年から昭和41年まで、玉電（その後東急大井町線・東急田園都市線）と歩行者、自動車等が併用する鉄道・道路併用橋となり、田園都市線の溝の口から長津田までの延伸開業と同時に二子橋の下流側に鉄道専用橋が開通した。

現在の二子橋は昭和52年の改修で歩道が追加されている。二子橋の上流側には国道２４６号のバイパスの一部となる新二子橋が建設され、昭和53年に供用開始となっている。

◆架橋効果で二子新地の誕生

江戸日本橋から5里――大山街道二子宿は、正しくは「二子・溝口宿」で、二宿制であった。

寛文9年（１６６９）溝口村が宿駅に指定され人馬継立を行ったが、後に二子村が分村独立すると二子村と月の半分ずつ宿役を勤める二宿制になっている。二子宿は、溝口の境から多摩川の河原にかけて上宿・中宿・下宿と分けられていた。

宿場の街道沿いには多くの商店が軒を連ねるが、二子・溝口宿は多摩川の渡しを控えていることから、上方からの「下り荷」と共に、伊豆の乾魚、椎茸、駿河の茶、真綿、秦野の煙草が集積され、出荷調整が行われている「物流センター」としての役割を果

二子新地大山街道ステッカー

たしていた。この他、需要に応じて街道沿いの村々から、炭や薪、生鮮食品や醤油、油等が大山街道を上り、あるいは多摩川を下って江戸へ送られた。

宿場の商店は情報交換の場でもあった。商人や旅人たちは買い物の店先で世間話に花が咲かせていたのが往時の情景だが、二子宿では渡し場の周りに軒を連ねる茶屋、料理屋、宿屋などで賑わっていた。暴れ川とも呼ばれた多摩川の機嫌が悪ければ、人々は何日も川止めされる場合も少なくなかった。そのため、この舟待ち組も含めて二子ばかりでなく対岸の玉川でも渡し場の周りには鮎を売り物の一つにして茶屋や食事処、船宿などが集まった。多摩川の河岸が賑わった所以でもある。

しかし、明治に入り鉄道が敷設されていくと、物流ルートとしての大山街道は寂れた。加えて多摩川を渡る橋も架かっていない。東京にいくのは相変わらず渡し舟を利用するしかない。鉄道の時代に入って、社会の時間感覚も変わった。宿場だった二子も薄紙をはぐように賑わいが薄れていったのが明治から大正にかけての時代だ。

二子のピンチを救ったのが、二子橋の架橋だった。

役人接待や工事関係者のために、玉川側の船宿が多摩川の河岸近くの二子神社裏手に船宿を兼ねた料理屋を開くと二子神社周辺には、関東大震災で被災した東京の

二子新地三業組合の面影

同業者がやってきて船宿、料理屋が軒を並べるようになった。酒席に女はつきものであるから、芸者置屋や待合もできるということで、歓楽街——新地が出現。二子神社周辺の業者は、大正14年には当局から三業地として認可されているから、新地形成の急速ぶりを窺える。

二子三業組合員の数は昭和7年(1932)には40を超え、芸者衆も100人を数えたというから二子橋架橋による経済効果は凄かった。玉電の二子電停が二子新地前と改称したのはこの頃のことだ。

二子新地は戦後も続いたが、他の花街同様に昭和40年代には廃れて、三業組合も解散。かつての新地は、現在は密集した住宅街になっている。

◆岡本かの子と二子村

二子新地のところで出てきた二子神社(二子1丁目)は寛永18年(1641)、この地に落ちてきた甲斐武田家の家臣が土着して天照皇大神を守護神として祠を立てたのが起こりという。元は神明社と称していたが、明治時代に村名をとって二子神社と改称して村社に列せられている。

昭和5年(1930)、二子三業組合が伏見稲荷から稲荷を勧請。三業組合は二子神社にこの稲荷を寄進した他、神社のすぐ外側に街灯柱も建てているから、新地の繁盛ぶりがうかがえる。

この二子神社の境内には、二子村の名主大貫家に生まれた岡本かの子の文学碑が建っている。岡本太郎が母かの子を追悼した『誇り』と題した彫刻で、昭和37年(1962)に建てられた。築山風台座は建築家丹下健三の設計で、傍らの歌碑にはかの子が詠んだ一首「年年にわが悲しみは深くしていよよ華やぐ命なりけり」が刻まれている。

二子宿の一画、大山街道沿いの光明寺には、岡本かの子の兄、大貫雪之助の墓がある。

大貫雪之助は東京帝国大学時代から詩や小説を発表し、「島崎藤村門下の逸材」として注目された文学青年だが、惜しいことに34歳の若さで急逝している。谷崎潤一郎とも親交を重ね、谷崎は大貫家をしばしば訪れていたという。

大貫家は二子村の名主であると同時に、江戸時代に幕府諸大名の御用をつとめた商家でもあった。瀬戸内晴美は『かの子繚乱』で、大山街道をはさんで光明寺の対面にあった岡本かの子の生家をこう描写している。

〈橋の袂から2つめのバス停の標柱は、古風ないかめしい門構えの黒板塀の前に立っている。見るからに由緒ありげな風格であたりを圧しているその家が、岡本かの子の生家・大貫家であった〉

生家といっても、岡本かの子は大貫家の別邸である東京の青山南町で明治22年（1889）年に生まれている。与謝野晶子に師事して歌人としての才能を発揮し、漫画家・岡本一平と22歳のとき結婚した。

「奔放な生まれっぱなしの童女」とも言われた岡本かの子は21歳の時に、24歳の岡本一平と結婚している。岡本一平は漫画ルポの走りである「漫画漫文」を新聞に連載するなど人気を博していた。かの子に一目惚れした一平が大水の多摩川を褌一丁で渡り、結婚の許可を貰いに彼女の実家に訪れ、夜を徹し両親を口説いた話は有名だ。

二子神社

岡本かの子文学碑

一平が放蕩を繰り返す夫婦生活の中で、かの子は大正元年に処女歌集『かろきねたみ』を発表。その間、早稲田大学の学生堀切茂雄と恋に落ち、一平の許可を得て、堀切と同居している。この関係は4年ほど続くが堀切が病死したことから、キリスト教から仏教思想に傾倒していく。

作家としての活躍は晩年になってからだ。芥川龍之介をモデルとした『鶴は病みき』で文壇デビューを果たし、『母子叙情』『老妓抄』『河明り』『生々流転』などの作品を残している。

◆伝承だけが残る地名の起こり「二子塚」

二子新地駅から徒歩7〜8分の浄土真宗光明寺の開基は、甲斐武田氏の家臣が武田氏滅亡後の慶長6年(1601)に出家。二子塚のあった村に当寺を興した云々と、その伝承は二子神社と似通っている。

二子塚とは二つの古墳を意味し、この二子塚が二子の地名の起こりという。

三代家光治世の寛永18年(1641)、幕府による矢倉沢往還の継立制の確立に伴う措置で、多摩川の洪水に悩まされていた光明寺は現在地に移転。そのとき光明寺周辺に集落をつくっていた農民も一緒に移住し、二子塚から名をいただいて二子村を形成したといわれる。

昭和2年(1927)「一高史談会」が編纂した『東京近郊史蹟案内』には、二子塚のくだりがある。〈玉川電車を玉川で下車、多摩川を渡れば高津村二子である。この宿の小黒氏方裏手には新編武蔵風土記稿に坊主塚とある所謂二子塚の址がある〉云々。

二子塚は大正時代に地元有志の手により調査されている。勾玉・耳環などが発掘されたが、二子塚および出土品は、関東大震災〜太平洋戦争〜戦後の宅地開発などの狭間で行方知れずという。

09 高津 二子・溝口宿時代から交通の要衝だった

◆灰吹屋薬局は江戸時代創業

「高津駅西口改札から徒歩0分」というと不動産屋の広告じみているが、駅構内に続いている一画にドラッグストア灰吹屋がある。店舗の作りは1階と地下1階に分かれているが、街のどこでも見かける何の変哲もない、コンビニ機能も併せ持つドラッグストアの灰吹屋は、溝口3丁目に本社を構える株式会社灰吹屋薬局が展開している支店の一つである。

灰吹屋薬局は調剤薬局をメインにドラッグストア、エステ、フィットネスなど川崎、溝口、高津を中心に多店舗を展開しているが、創業は古い。徳川十代家治治世の明和2年(1765)、二子・溝口宿で店を開いた灰吹屋薬舗が現在の出発点となっている。

江戸時代の薬局である薬舗は、それぞれが各種生薬を調剤し、独自の薬を開発して、その効能を世に問うて商いを競った。灰吹屋がつくる薬の評判は、大山詣で賑わう宿場ばかりでなく大山街道唯一の薬屋として繁盛したのが、今日の礎を築いた。その繁昌の証が、店舗を土蔵造りにした「店蔵」で、現在は倉庫として使

高津駅西口改札前のドラッグストア灰吹屋

用しているが、灰吹屋の歴史を伝えるものとなっている。

創業の江戸時代から260年あまり。明治、大正、昭和、平成そして令和と時代は流れたが、二子・溝口宿で産声を上げた老舗は今も盛業中であることに、感慨を覚える。

◆高津で交差する大山街道と府中街道

高津駅西口から府中街道を西に進むと、大山街道と交差する高津交差点手前に灰吹屋薬局本社があるが、高津駅から歩いて5分ほど、大山街道沿いに「大山街道ふるさと館」（溝の口4丁目）がある。大山街道の歴史・民俗・自然に関する貴重な歴史資料などの保存、展示をすることを目的として設置された施設だ。3階建てで、1階と2階に展示スペースがあり、郷土にかかわる資料やゆかりのある美術・文学作品や、郷土史研究家の資料・著書、高津区内の市民の作品などが展示されている。

高津出身の著名人は岡本かの子ばかりでなく、人間国宝濱田庄司の生家が隣地だったことから、その作品「柿釉白掛鉢」（大正15年前後）が展示されている。

年6回、同館自身による活動報告や行事予定などの「ふるさと館だより」を刊行するなど、その活動は活発だ。展示室は観覧無料、出入り自由の同館入口には、伊豆石で作られた高幡不動尊道の

二子新地〜高津間の大山街道街灯

道標が設けられており、その左側面には「西 大山道 文政十二己丑年 三月吉日」と刻まれている。二子村の石工、小俣松五郎の作という。

大山街道は、もともとは矢倉沢往還と呼ばれていたが、大山詣が盛んになってから大山街道あるいは大山道が通称になった経緯がある。

大山詣の目的地である大山阿夫利神社（伊勢原市）は、古墳時代の崇神天皇の御代に創建されたと伝えられている式内社。海抜1252メートルの山頂からは、祭祀に使われたと思われる縄文土器が出土しており、歴史の古さを物語っている。

大山詣はピーク時には年間20万人を数えたともいわれから、渡し船で多摩川をこえてすぐの二子・溝口宿の賑わいも想像できる。

府中街道も大山街道同様に古い歴史を持つ古道であり、律令国家時代に武蔵国の国府が置かれた府中に通じる道だった。府中街道の道筋は、国道409号〜神奈川県道9号・川崎府中線に受け継がれている。

大山街道沿いの光明寺。かつてはその対面に岡本かの子の生家があった

律令国家時代、武蔵国21郡の一つとして古代橘樹（たちばな）郡は設置され、その範囲は現在の川崎市の範囲とほぼ同じだったと伝わる。橘樹郡の役所街である郡衙の所在地は長らく謎だったが、平成8年の宅地造成工事に伴う調査がきっかけで、高津区南部の千年（ちとせ）の丘の上から東西に規則的に並ぶ7棟の掘立柱建物跡が発見され、橘樹郡衙の正倉群と推定された。郡衙に関連する建物跡が丘

陵西側へ広く分布していることが明らかになっている。

時代が下がって鎌倉に幕府が開かれるようになると、各地の武将と鎌倉を結ぶ政治・軍事上のルートとなった「鎌倉道」が生まれ、府中街道の一部分もその役目を果たしていた。

◆高津の中心地だった高津駅前

「高津」の地名由来は不明だが、明治22年に8村（溝口村、二子村、久地村、下作延村、久本村、諏訪河原村、北見方村、坂戸村）が合併して橘樹郡高津村が成立。その後、7村（千歳村、新作村、子母口村、末長村、久末村、明津村、蟹ヶ谷村）が合併して同郡橘村が成立し、後に高津区の南西部（橘地区）になったというのが、大雑把ではあるが高津区の成り立ちだ。

高津区の中心は区役所もある溝の口駅周辺だが、かつては高津駅側が行政の中心地で、大山街道ふるさと館の場所に高津村役場が置かれていた。村の中心に位置していることに加えて二子・溝口宿のほぼ中間点であり、大山街道と府中街道（国道409号）が交差する交通の要衝にあたっていたからだ。

大正7年（1918）、建物の老朽化で橘樹郡警察署高津分署の旧庁舎を買取り移築して新庁舎とした。昭和3年に高津町となったが、そのまま建物を使用。昭和8年（1933）に新庁舎を新築落成し、昭和12年に川崎市に編入され、川崎市高津出張所となった。

戦後の昭和22年（1947）川崎市高津支所溝口出張所と改称し、昭和44年に神奈川県の合同庁舎（現在の「てくのかわさき」（溝口1丁目）に移転するまで、高津駅前は実に80年もの間、高津地区の中心であった。

昭和47年（1972）川崎市の区制施行に伴い、高津区役所となった。昭和57年には分区が行われ、宮前区が誕生している。

平成7年(1995)現在地である下作延の川崎市清掃局高津生活環境事業所の跡地に、高津区役所を新築して移転し、現在に至っている。

◆田山花袋、高津〜二子を歩く

私小説でもある『蒲団』、実在の人物をモデルにした『田舎教師』等々の作品を残している田山花袋は、若いころに地図の会社で働いていた経験を活かし、数多くの紀行集を残している。そのうちの1冊、『東京近郊一日の行楽』には溝口〜高津〜二子を歩いた一節がある。

〈久地の梅は、依然たる田舎の梅林だ。やや世離れたという意味では面白いが、それほど大騒ぎをするようなところでもない。梅もそんなに多くない〉

〈久地の梅〉云々は、現在はかつての梅林の一部を公園にした久地梅林公園の大正時代の描写だろう。

花袋は、府中街道の南側を流れる二ヶ領用水の景勝にも触れている。

〈榎戸から溝の口の方へ流れて行っている用水の岸は、ちょっと風情に富んでいる。第一、水量の多いのが、気持ち好い。榎戸の橋のところの大堰からして既に見事である。四五年前、暑い日に通った時には、この用水の岸は深樹と竹藪に蔽われて、その中を水が凄まじい音を立てて流れて

田山花袋（歴史写真）

行くというさまで、おりおり水に臨んで、夢みるような合歓の花が咲いているなど、そぞろに私たちの心を惹いた……〉

花袋は、それから二子に足を延ばしている。

〈……そこから二子の亀屋まで行く間は、多摩川が見えてなかなか好い。私は薄暮にそこを通ったがいかにも落ち着いていて、田舎という気がした。私たちはそこから二子に来て、亀屋に泊った。多摩川の朝も静かで、のんきで、気持ちがよかった。岸で大工が船などを作っていた〉

花袋は対岸の玉川より二子を好んだようで、こんなくだりもある。

〈……私は川を渡って、いつも二子の亀屋へと行った。そこは川の手前の料理店などよりも、旧からあるだけに、余程感じが好い。瀟洒な二階も好ければ、家を取り巻いた大きな欅の木も好い。ことに、私は二階の奥の八畳の一間が好きだ。

元はこの家は、川にやや遠かったのだが、対岸の発展につれて、草藪を開いて、すぐそこから川に行けるようにした。川には遊船などが繋がれてあった〉

『東京近郊〜』は大正12年の発行だが、この年9月1日に起きる関東大震災の前の紀行と思われる。二子橋架橋で二子がにわかに騒がしくなるのは震災後だ。

◆二ヶ領用水と水争い

二ヶ領用水は神奈川県下で最も古い人工用水路で、全長32キロに及んでいる。関ヶ原の戦いの3年前にあたる慶長2年(1597)に測量が始まり、14年の歳月をかけて完成。「二ヶ領」の名は、川崎領と稲毛領にまたがって流れていたことに由来する。

二ヶ領用水は農村時代の川崎を支えた灌漑用水だが、高津は江戸時代から実に昭和戦後まで、二ヶ領用水の分水地でもあった。

用水開削当時、川崎領、稲毛領は1村わずか7〜8軒程度という貧しい村だったが、やがて新田開発もあって、村々が発展してくると灌漑面積も拡大。用水流域によっては水不足が表面化するなど、水争いが頻発してきた。

八代吉宗治世の享保年間、川除御普請御用・田中丘隅（きゅうぐ）は用水流域の村民に向けて「御座法書」を公布している。この中で、丘隅は「水上の村々、過分の水を取り込み、残水を惜しげもなく流し捨て、水末の村々の難儀を事とも思わず」と水利秩序の乱れを指摘。農民を諫める傍ら、久地分量樋など新たな取水施設を考案している。

田中丘隅（休愚とも）は江戸時代中期の農政家にして経世家で、川崎宿の名主を務めていた時期に自身の見聞に基づいた農政・民政の意見書『民間省要』をまとめている。

『民間省要』には参勤交代大名の無法狼藉を記述している。曰く〈大名によっては、本陣の諸道具がおびただしく紛失する。椀・家具・重箱・皿・鉢・銚子・盃・行灯・燭台・屏風・煙草盆の類など限りがない。煙管など50本出せば、10本返すのは希である。雨の降るときは莫蓙の紛失することがおびただしい〉云々。お供の家臣連は旅籠代さえ規定通り払わなかったとも。

この『民間省要』が大岡越前守忠相の目に留まった。時代劇で巷間有名になった大岡忠相は八代吉宗の懐刀で、そのころ関東地方御用掛を務めていたのが、幕府に起用されるきっかけとなった。

丘隅は吉宗からの諮問に答えて農政や水利について自身の意見を述べた。この一件で丘隅は支配勘定並に抜擢されて、十人扶持川除御普請御用に任命されることになった。

丘隅は、二ヶ領用水ばかりでなく、荒川の水防工事、多摩川の治水、六郷用水の改修工事、酒匂川の浚渫・補修など、江戸中期における治水官僚だった。

丘隅は分量樋を高津地区の久地に設置した。二ヶ領用水は多摩川から上河原堰および宿河原堰の2箇所で取水されていたが、合流地点の久地に設けることで、そこから四つの堀(久地堀、六ヶ村堀、川崎堀、根方堀)に分水するようにした。

分量樋は、堰から溢れ出る流れを樋(水門)によって分ける施設で、これにより各堀への分流比を保とうとするものだった。しかし、川の中央部は流れが速く流量も多くなり、川岸に近い部分は流れも緩やかで流量も少ないという川の性質から、なかなか精確な分水ができず、水争いが絶えなかった歴史がある。

二ヶ領用水史上最大の水争いは文政4年(1821)、溝口で起きている。その年は異常な旱魃だったことから、溝口村と久地村で川崎領へ流れる堰を勝手に止めたうえ、水番人を追い払うことまでしたから、激怒した川崎領の農民が久地分量樋めがけて殺到。幕府が乗り出すまでの大騒動となったのが「溝口村水騒動」であった。

◆登録有形文化財となった「久地円筒分水」

明治以降、二ヶ領用水は改良事業を重ねながら水道水源や工

久地円堤水

業用水に利用されるが、分水を巡る争いが解決したのは用水完成から300年以上も経った昭和16年（1941）。正確な分水ができる装置として円筒分水方式が考案された。円筒の円周比により四つの堀に精確に比例分水できるようにしたのが「円筒分水」だった。府中街道が用水と接する久地1丁目、新平瀬橋付近に築造されたことから「久地円筒分水」が通称になっている。

神奈川県多摩川右岸農業水利改良事務所の技術者だった平賀栄治が考案した円筒分水方式は、当時としては最も理想的かつ精確な自然分水方式の一つだったことから、近年に至るまで各地で同様のものが築造され、現在も全国に100を越える円筒分水が存在しているということだ。

二ヶ領用水は昭和46年（1971）一級河川として指定を受け、「新川」の河川名がつけられている。戦後の高度経済成長期の住宅化に伴い、治水機能が優先されたことから、多くの区間でコンクリート化され、また一部の区間では直線化されて、昔の様相を大きく変えている。用水が存在していても、多くが暗渠化や蓋架けがされており、堰と多数の分水路などが消失しているが、久地円筒分水の遺構は平成10年（1998）国の登録有形文化財に指定されている。二ヶ領用水は川崎市の管轄となって水辺空間として様々な箇所で親水整備が実施されている。

二ヶ領用水

◆ものづくりの高津とKSP

高津区は、川崎市を構成する7行政区のうちの一つで、東西に細長い市域のほぼ中央に位置している。昭和47年（1972）に川崎市が政令指定都市に移行した際、5つの行政区の一つとして誕生し、昭和57年の行政区の再編により、一部が分区して宮前区となり、現在の高津区となった。

川崎市7区で人口の最も多いのは中原区の25万8514人だが、高津区は23万1784人で宮前区より400人超多い人口数2位となっている（平成31年3月現在）

高津駅から各駅停車でも渋谷まで20分前後。都心部への通勤通学するに十分すぎる時間距離であり、高津は東京のベッドタウン――住宅地のイメージが強いが、南部では農業も健在であり、多摩川が流れる北部には川崎のものづくりを支える基盤的技術産業が集積している。

高津区は、市内で川崎区に次いで中小製造業の事業所が多い地域だが、高津のものづくりは戦前から始まっている。

昭和初期に玉電が溝ノ口まで延伸し、南武線の登戸～川崎間が開通したころから、溝の口の周辺を中心に小規模な工業地帯が形成された。こうした工場は、戦前は軍需関係が主体だったが、戦後には民生品を生産する工場として復活。第三京浜が開通した昭和40年代に入ると、町工場も数多く立地。格好の工場適地だったのが、下野毛、久地、宇奈根といった多摩川の河川敷に広がる一帯だった。当時は梨を主体にした果樹園や砂利採掘場がほとんどで住宅はあまり建っていなかったのが、工場適地となった。東京や川崎市南部にある企業の下請けを担う中小の工場が集積していったものだ。

下野毛や宇奈根は明治45年の多摩川大洪水で地続きだった村が分断され、東京と神奈川に分かれたものだ。いまの高津区宇奈根は、町区域の半分を多摩川の流路と河川敷で占められている。堤防沿いの東部地域に生まれたのが久地・宇奈根工業団地で、100社を数える中小工場が集中している。

高津区には田園都市線高津〜溝口間の東側になる坂戸町には、「かながわサイエンスパーク」が展開している。世界シェアを占める製品を作っている会社や創業間もないベンチャー企業の他、大企業や外資系企業の研究開発部門も数多く入居しており、サイエンスパークとして日本最大級の規模だ。

坂戸は古くから大規模な氾濫を繰り返してきた多摩川低地の北部に位置し、「二子の渡し」の方へ下がった場所にあったところから、「坂土」という地名が生まれたといわれる。

江戸時代には、多摩川が運んだ肥沃な土地から生まれた水田を中心に、米と麦の二毛作が行われていた。稲毛米の産地として知られ、明治から大正期までは純農村であった坂戸が変化するのは、昭和10年代だった。当時の大手企業だった三豊製作所と池貝鉄工の機械工場が進出。瞬く間に内陸部における工業地帯として都市化し、戦後の第三京浜道路の開通で農村の面影は完全に消えてしまった。

その後、池貝鉄工の工場が茨城県へ移転。その跡地に誕生した巨大なハイテクの研究業務ビルが、全国初の研究開発型企業の育成をめざした「かながわサイエンスパーク」(KSP)と呼ぶ頭脳センターだ。

KSPは、先端技術の創造拠点として「民活法第1号」の指定を受け、6ヘクタール近い広い敷地の半分に緑や水に囲まれた公園がつくられ、十字型をした12階建ての特異なビルなど三棟が建つ。企業家の卵を育てる施設が整ったイノベーション・センター東棟、ホテルや研修室のほかに書店やギャラリー、銀行郵便局、レストランなどがある西棟、研究開発型の企業が入ったビジネスパークビルに分かれている。

10 溝の口 川崎市の地域生活拠点

◆30年かかった駅前再開発

溝口は川崎市の「地域生活拠点」の一つだ。鉄道駅が街の顔とすると、東急線とＪＲ南武線が接続する溝の口駅は人口１５０万人都市川崎の地域生活拠点として恥ずかしくないだろう。

田園都市線と大井町線が走る東急は溝の口、ＪＲは武蔵溝ノ口と駅名表記はそれぞれ違うが、表玄関の北口は、東急とＪＲは駅前広場空間を兼ねたペディストリアンデッキで結ばれ、乗り換えも便利だ。また、両者の間にはＪＲ東日本傘下のホテルメッツが建つ。

ペディストリアンデッキは溝口のランドマーク「ノクティ」とも結ばれ、デッキ下はバスターミナルとなっている。

しかし、今でこそ垢ぬけた表情の駅前となったが、ほんの20年ほど前までは駅の利用を含めた生活動線は戦後を残したままだった。

溝口は川崎市のほぼ中央に位置する高津区の中心地であり、東急線とＪＲ線とが交差し、多くのバス路線も集中する交通の結節点だ。しかし、南武線の駅は開業以来、改札口が東側にしかなく、東急線との乗り換え

溝の口西口商店街通り

溝の口西口商店街

は不便この上なかった。駅前広場もなく、駅前も商業地として発展したものの、無計画に発展したため、道路網の整備などはなかなか進まず、狭く入り組んだ道路による流動性の悪さや、駅施設の老朽化、駅から遠くて狭いバスターミナルの不便さなどが問題になっていった。

駅周辺の交通渋滞の緩和や歩行者の安全確保の観点からも早急な基盤整備が行政の課題として取り上げられたのは昭和30年代だった。そして昭和37年（1962）区画整理事業での駅周辺整備が表明された。しかし、入り組んだ権利関係などから、整備事業の声は上がったものの事態は進まず、事業が動き出すのは整備表明から30年後、昭和の時代が終わり、平成に入ってからだった。

まず、駅前に立地していた高津郵便局や高津区役所などが近隣に移転し、その跡地を再開発事業用地として駅前再開発が始まった。平成11年（1999）3月に駅前商業ビル「ノクティ（NOCTY）」およびJR線武蔵溝ノ口駅新駅舎、ペディストリアンデッキが完工することで一段落した。

この駅前再開発事業によりかつて入り組んでいた駅前の南武沿線道路が大幅に整理され、また広いバスターミナルが駅前に整備され、地上駅舎であった武蔵溝ノ口駅には橋上駅舎と南北自由通路が設けられ、特に路線バスを含めた自動車の流動については大幅に改善した。

溝の口駅

溝の口西口商店街入口

昭和4年当時の溝の口駅周辺

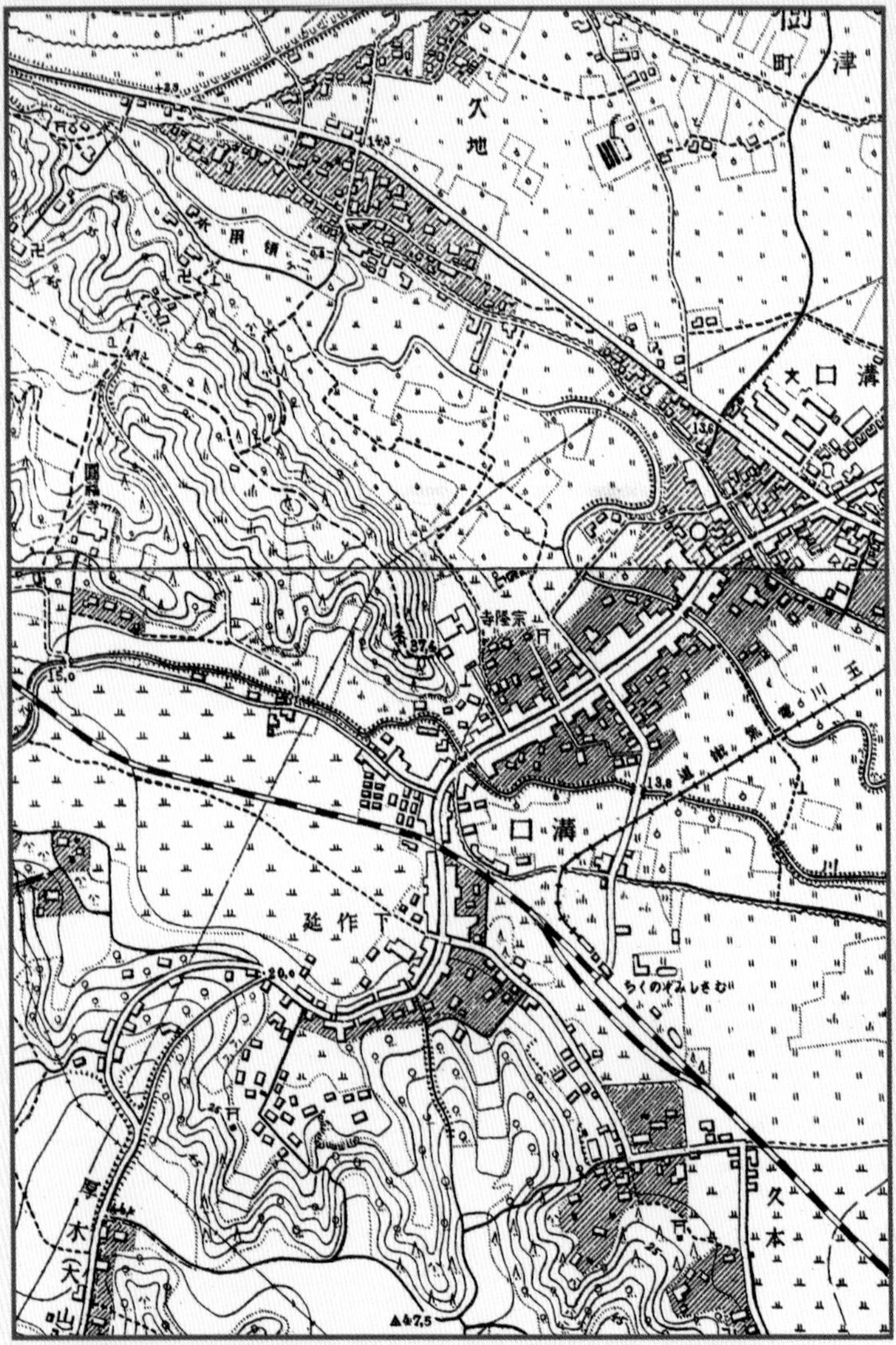

陸軍参謀本部陸地測量部発行1/10000地形図

昭和59年当時の溝の口駅周辺

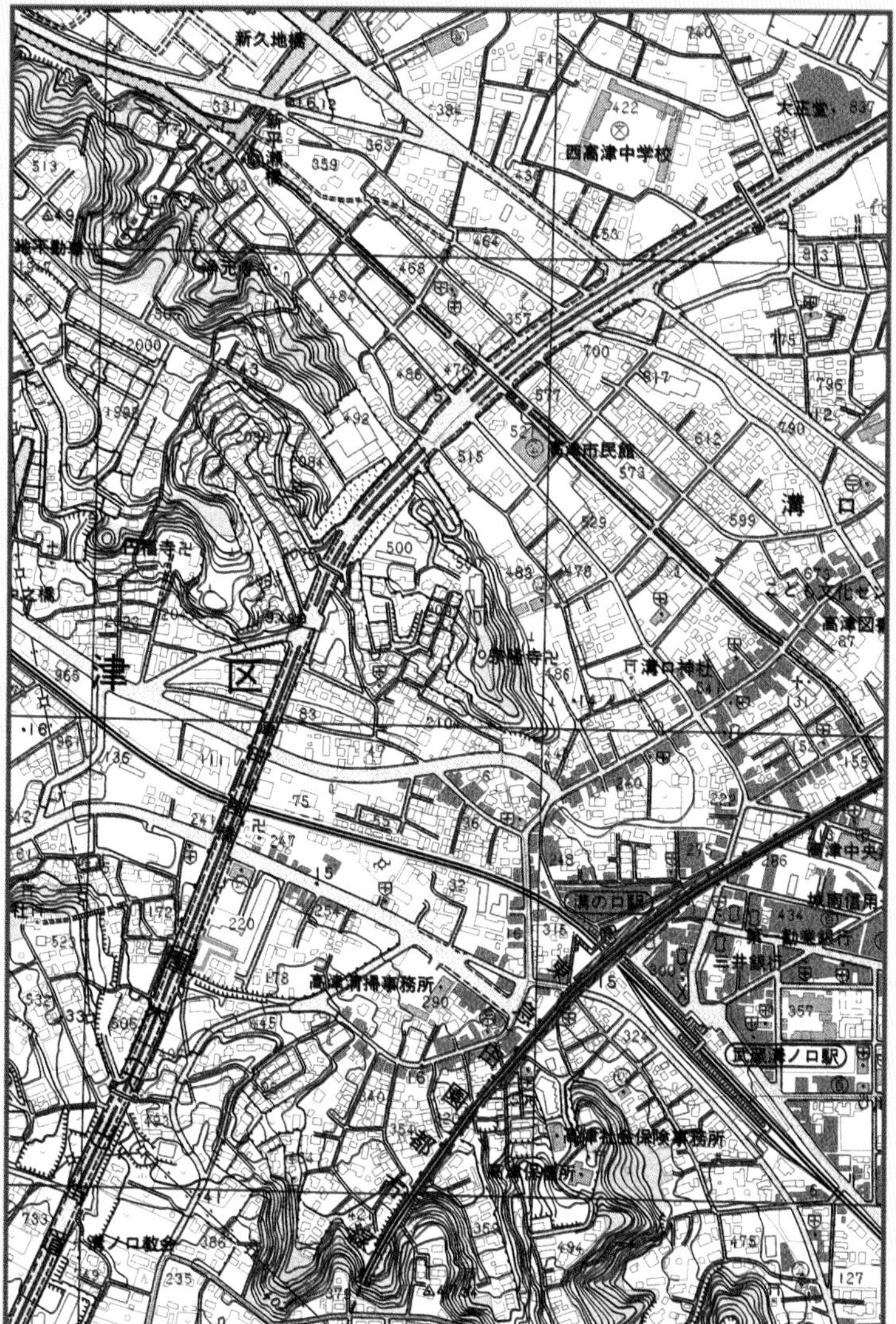

建設省国土地理院発行1/10000地形図

駅前に整備されたペディストリアンデッキは再開発ビル「ノクティ」に直結され、かつては小さな商店が込み入って立地していた駅前の風景は大きく変貌。ノクティには再開発用地の地権者および丸井が入居し、かつて駅から離れていた高津市民館も駅前再開発ビル内に移設され、再開発地域内に限っては大きく利便性が向上した。

再開発対象となった駅前の一部地域を除く既存商店街については、かねてより再開発は検討されているものの進んでいないが、南武線の線路沿いには、横丁のような細い路地にびっしり軒を接して立ち並ぶ西口商店街が賑わいを見せる昭和の風景がそのまま生き残っている。再開発で、どこの街からもこうした情景が消えていった近年、逆に貴重かもしれない。

溝口北口ノクティ

◆大山詣で賑わった二子・溝口宿

溝口の駅利用客は、東急田園都市線の乗降人員は15万5800人(下二桁は四捨五入。以下同)、大井町線は同じく5万7700人。JR南武線は、乗車人員で8万6200人。東急線の乗降人員の半数が乗車人員に換算すれば1日30万人近い人が利用していることになる。

溝の口の表記は3通りあって、それぞれ使い分けられている。住居表示では「溝口」、南武線は「溝ノ口」、東急線は「溝の口」を使用している。

この溝口の地名については多摩川との関わりを指摘してされており、川の旧流路が村内を流れていることを意味したという。多摩川に流れ込む平瀬川が下流の村の灌漑用水として使用されていたことから、平瀬川の流れ込むこの地を溝口と呼んだのではないかといわれる。「溝」は、用水路を意味する言葉でもあるからだ。

溝口の発展は江戸時代、大山街道の宿場になったことから始まった。もともと、二子・溝口宿周辺の村々は甲州街道の宿場に見られる寒村ではなかった。江戸草創期の慶長年間に二ヶ領用水が完成すると、溝口・二子の地域も二ヶ領用水によって潤され、新田開発が進み、上質な米を産していた。

幕府の五街道整備で、後に大山街道と称されるようになる矢倉沢往還は東海道の脇往還として利用されるようになった。寛文9年（1669）には大山街道にも宿駅制度が導入され、溝口村は二子村と共に宿駅（継立村）に指定された。公儀の旅行者のための伝馬人足の常備が義務付けられ、延宝9年（1681）には、久地、諏訪河原、久末、末長の4村が二子村の助郷に指定され、享保元年（1716）には北見方、上作延、下作延の3村が、溝口村の助郷に指定された。月の上の二十日間を溝口村が、下の十日間を二子村が、公儀御用のための人馬を負担した。

参勤交代に利用する大名は数えるほどしかなく、沿道名所も少なかった甲州道中のように、街道が賑わないと道中消費の金は落ちず、街道筋

溝口の表玄関となる田園都市線（右）と南武線（左）の構内風景

の村は寒村から脱皮もできないまま、助郷村は労役負担が非常な重荷となっていく。矢倉沢往還に参勤交代はなかったが、雨降山とも呼ばれて信仰を集めた大山への参詣道に当たっていた。

江戸庶民の目が物見遊山に向くようになったのは元禄以降だが、徳川九代家重～十代家治の時代から「伊勢詣」や「富士詣」「成田山詣」など、参詣を兼ねた物見遊山の旅が活発になっていく。〈高津〉で触れた灰吹屋薬局創業の明和2年(1765)は、家治治世の時代に当たっている。この時代、老中として幕政を取り仕切った田沼意次はそれまでの農本主義から重商主義に政策を転換。貨幣経済の発展に軸足を移した。商業が盛んになり、農民や町人の財布に宵越しの金が溜まるようになったことが、レジャーブームを湧き起こした。特に、江戸の町から2～3日の比較的手頃な距離の「大山詣」は人気となり、矢倉沢往還が大山街道と通称されるようになった宝暦年間(1750～63)には年間数十万人が訪れたともいう。

二子・溝口宿は多摩川の渡しを控えている宿場とあって、泊り客も多くなる。旅人が落とすお金も多くなる。宿場も栄えるということになる。

江戸時代後期には、厚木方面からの物資が大山街道経由で溝口まで運ばれた。主な産物は駿河の茶、真綿、伊豆の椎茸、乾魚、秦野の煙草等々で、百万都市の江戸へと発送されるのみならず、継立村内にも売りさばかれた。小規模な金融を行う質屋や交通のための人足労働者も集まるようになった。宿場は商業および物流の中継地点なり、貨幣経済の発展で大いに賑わったのが、二子・溝口宿の江戸時代だった。

大山街道沿いの溝口神社は、溝口村の鎮守。江戸時代は赤城大明神と称されていたが、明治になって改称している。明治29年(1896)に作られた祭礼用の幟は、勝海舟の筆になり『海舟安房』の文字も見える社宝という。幟は例年正月、30人がかりで門前に建てられる。

◆玉川電鉄の七面山開発計画

玉川から二子橋を渡り、畑の中に設けた専用軌道をトコトコと走って玉川電鉄が溝ノ口停留場を開業したのは、昭和2年(1927)7月15日。その4か月前に南武線(当時は南武鉄道)が武蔵溝ノ口駅を開業しており、玉川電鉄は南武線の手前で左に急カーブ。南武線に「それ以上近づくな」と言われたような位置に溝ノ口線溝ノ口停留場を設置した。

現在、東急線と南武線は直角に交差しているが、溝ノ口線が南武線に対して直角に入るように変更されたのは昭和18年。溝ノ口線が路面電車から鉄道に転換。車両編成も長くなり、路面電車のような急カーブは出来なくなったからだ。

溝ノ口線延伸当時、玉川電鉄はまだ津田興二の時代で、津田はこの時、大胆な計画をたてていた。玉川電車の乗り入れに先立って溝口の七面山の丘陵地一帯を買収し、沿線開発の一環として七面山を広大な公園や遊園地にすることを企図したのだ。玉川遊園地や玉川児童園の成功に倣ったのだろう。

溝口周辺は、南武線をはさんで北側と南側は全く異なる地形をしている。北側は平地が広がり、宿場もあったことから、江戸時代には大山街道を繁華の軸として拓けたのも早かった。しかし、南側に目を転じれば多摩の丘陵が広がるばかりで、大正時代に入っても南北格差は広がるばかりであった。

昭和初年に丘陵沿いに南武線が走り出したが、南武線は砂利や石灰石などを運ぶことを目的にした、いわゆる砂利鉄道であったから、沿線開発につながらない。高津町の発展に七面山の雑木林の開発は大きな課題となっていた。そうしたところに、玉川電鉄から七面山公園化計画が持ち込まれた。

高津町（当時）が諸手を挙げて歓迎し、欣喜雀躍したことは、今は津田山公園（下作延7丁目）となった一画に「津田興二氏頌徳碑」を建てたことからもわかる。しかも、七面山を「津田山」と改称し、頌徳碑と並んで「津田山碑」も立てた。わざわざ犬養毅に筆を頼んだ。玉電溝口線開業前の大正15年（1926）のことだ。

しかし、江戸時代の嘉永5年（1852）生まれの津田興二は、七面山開発計画を立てた時は既に70代に入っていた。今の感覚なら80代だ。昭和3年（1928）には76歳という高齢から玉川電鉄をリタイアせざるを得なかったことから、七面山公園化計画は頓挫した。

津田興二と高津町の「夢よ、再び」の時がやってくる。1940年第12回オリンピックの東京開催決定だった。

◆幻に終わった津田山オリンピック選手村

日本が五輪招致可能の感触をつかむまでの細かい経緯は省くが、招致に動き出したのは昭和5〜6年ごろで、東京市会が「国際オリンピック競技大会開催に関する建議」を満場一致で採択したのは昭和6年（1931）10月。ベルリン大会後の次回開催年である昭和15年（1940）は、皇紀二千六百年という記念すべき年に当たっていたことから、以降、招致活動は活発化。昭和11年、東京開催決定が決

駅前から丘陵地に延びる津田山の住宅街

まると、急ピッチで会場建設や周辺準備に入った。

主会場には、明治神宮外苑に10万人規模のスタジアムを建設することを計画（明治神宮外苑競技場の改築）したものの、明治神宮外苑を管轄する内務省神社局がこれに強硬に反対。利便性の高い都心への建設を諦め、交通の便が極めて悪い郊外であるものの、周辺に畑しかなく敷地に余裕がある東京府荏原郡駒沢町の駒沢ゴルフ場の跡地（今日の駒沢オリンピック公園敷地）にメインスタジアムを建設することとなった。自転車（芝浦自転車競技場）や射撃や水泳（神宮外苑水泳場）、ボート（戸田漕艇場）などの、専用施設を必要とする競技の競技場の計画及び建設も進められた。

そして、オリンピック選手村建設地に選ばれたのが高津町の津田山だった。厚生省、東京市、大日本体育協会等に東京横浜電鉄の五島慶太も加わって津田山への選手村誘致が決まった。

津田山には、玉川電鉄の公園化計画が頓挫した後、「厚生省青年修練道場」があったことも、津田山誘致に有利に動いたらしい。

しかし、時局は戦時色となりオリンピック開催権を返上。津田山選手村計画も雲散した。オリンピックそのものも第二次大戦で中止となったのが、当時の世界史だ。

津田山一帯の台地には今、川崎市内随一の桜の名所である市立緑ヶ丘霊園が広がっている。緑ヶ丘霊園は、平和の時代だったら東京オリンピックが開催されるはずだった昭和15年、川崎市が公営墓地として都市計画決定したのが、戦後に具体化したものだ。当時、この一帯は周囲が緑の雑木林に囲まれ、台地上に耕作地が広がっていた。緑豊かな丘陵地につくられる霊園として命名され、参道に桜並木を植え込んで公園墓地として造成してきたものだ。並木の桜は植樹から樹齢50～60年を数える。

大正末期、玉川電鉄津田興二が計画した七面山公園化計画は、時を隔てて緑豊かな公園墓地となって蘇った。

◆多摩川治水の声をあげた南武鉄道発起人総代

川崎〜立川間を走る南武線の津田山駅は、南武鉄道として開業後しばらくの間、駅はなかった。砂利運搬鉄道であったから、客車は連結されていても1時間に1本程度しか走らず、沿線住民の利用も少なかった。時局が戦時体制に入って、南武鉄道沿線に軍需関連工場などが建つようになると通勤路線となり、昭和16年（1941）2月「日本ヒューム管前停留場」が設けられた。昭和18年4月、駅に昇格。翌年4月、南武鉄道が国有化されたとき、地元から強い要望があり「津田山駅」と改称されている。その頃は泉下の人となっていた津田興二も冥利の感涙に震えただろう。

砂利鉄道として出発進行した南武線だが、今や川崎北部の動脈だ。川崎市の東西に細長い形に沿うように走る南武線は、川崎駅付近や臨海地区などの南部地域と多摩区などの北部地域を結ぶ唯一の交通機関であるばかりでなく、京葉線・武蔵野線と連続する東京の外環状線の一部を構成する重要路線となった。

南武線の前身である南武鉄道の発起人総代となった秋元喜四郎は、二子・溝口宿を悩ました多摩川の治水に貢献した人物だ。

多摩川の洪水に関しては〈二子玉川〉で触れているが、日本が近

改良工事中の津田山駅

代国家になった明治時代にも度重なる洪水を起こしていたのに多摩川改修に腰の重かった当局を動かしたのが、当時は村会議員だった秋元喜四郎だった。

上平間（川崎市幸区）で代々名主を務める家の生まれた秋元は大正4年（１９１５）、５００人に及ぶ村人全員が編笠をかぶって、平間界隈の多摩川の堤防建設を県庁に直訴した。この騒動は中央にも伝わった。直訴人全員が編み笠をかぶっていたことから、この直訴騒動は「アミガサ事件」として、多摩川治水史に刻まれている。当時、犯罪者は護送や移送に編笠を被らされていた。そのころの県知事は今とは比較にならないほど権威ある存在で、「知事閣下」と呼ばれた時代だから、編み笠は処罰を覚悟した直訴であることを示したものだ。

大正年間から始まった多摩川改修工事は、このアミガサ事件後に始まっている。秋元喜四郎は国が多摩川の治水事業に動きはじめた大正8年（１９１９）、川崎駅を起点に橘樹郡の各村を経て東京府南多摩郡稲城村へ達するという蒸気鉄道「多摩川砂利鉄道敷設免許申請書」を鉄道員に出願。大正9年、免許が交付されると「南武鉄道株式会社」を設立している。

11 梶が谷　古き地名を残した多摩田園都市の入口

◆文化財でもある古き地名の「梶ヶ谷」「末長」

梶が谷駅は多摩田園都市の入口に当たる。宮崎台駅寄りに広大な保線区が広がっている梶が谷駅は島式ホーム2面4線を持つ地上駅で、ホーム上に橋上駅舎を有する。各駅停車しか止まらないが1日平均乗降人員はほぼ4万人を数える。駅を出れば、目の前は東急ストアというのは沿線に自社系列の商業施設を展開する私鉄駅のお約束通りだが、駅周辺には集合住宅や戸建て住宅が混在する住宅地が広がる。

駅名は町名から取っているが、所在地は高津区末長1丁目。ニュータウンが建設されると従来の地名町名が変更されがちだが、田園都市線沿線には古くからの町名地名が残されている。地名は土地を識別するだけではなく、土地の由来やその地域に住んでいる人たちの関係や歴史を物語るものであり、生活や文化などについて伝えることができる貴重な文化財の一つと言える。

駅名は「梶が谷」となったが、「梶ヶ谷」の地域は高津区と宮

昭和41年当時の梶が谷駅　撮影：山田虎雄

前区に跨る。耕地整理により昭和44年11月に梶ヶ谷1〜6丁目となった。宮前区側の梶ヶ谷は、高津区から宮前区が分区した際に編入されたもので、そのほとんどが武蔵野貨物線の梶ヶ谷駅構内にあたる。

梶ヶ谷は明治10年（1878）の郡区町村編制法施行で橘樹郡梶ヶ谷村となったのが近代へのスタートになっているが、「梶ヶ谷」の地名の由来は不明だ。表記をそのままなら「梶の木の自生が多い谷戸」ということになる。梶の木は桑科の植物で、皮の繊維が布や紙の原料になる。一方、かつては村の字に「金山台」があったことから、「鍛冶ヶ谷」から「梶ヶ谷」になったともいう。

梶ヶ谷は下作延、末長、新作及び野川と境をし、名前の通り幾筋もの谷戸がある。近年になって、尾根道が幹線道路として整備され、町の姿が一変した。もともと水田などが少なく、山地をネギなどの野菜畑として切り開いてきた。その多くが現在は住宅地となっている。

駅の所在地となる「末長」の地形を教えてくれる石碑もある。末長の池の谷と呼ぶ溜め池の跡に開設されていることから立てられた「池の谷由来の石碑」には、こう刻まれている。

〈東側の斜面には、杉や檜の樹林が茂り、池の周辺の低地には茅が密集し、遠い昔より池にたたえられた水は、末長部落中央をせせらぎの如く流れ、野菜の洗い場に防火用水に、大きくは潅漑用水として広汎な水田を潤し、農業生活に欠くことのできない貴重な資源であった。また、低地に生い茂る茅は、

梶ヶ谷街並み

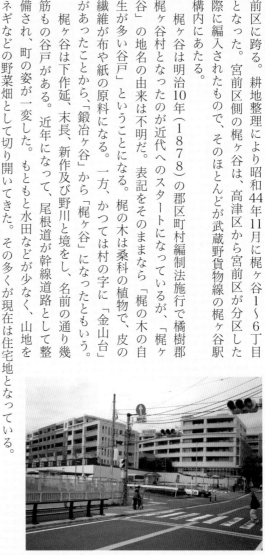

昭和41年当時の梶が谷駅周辺

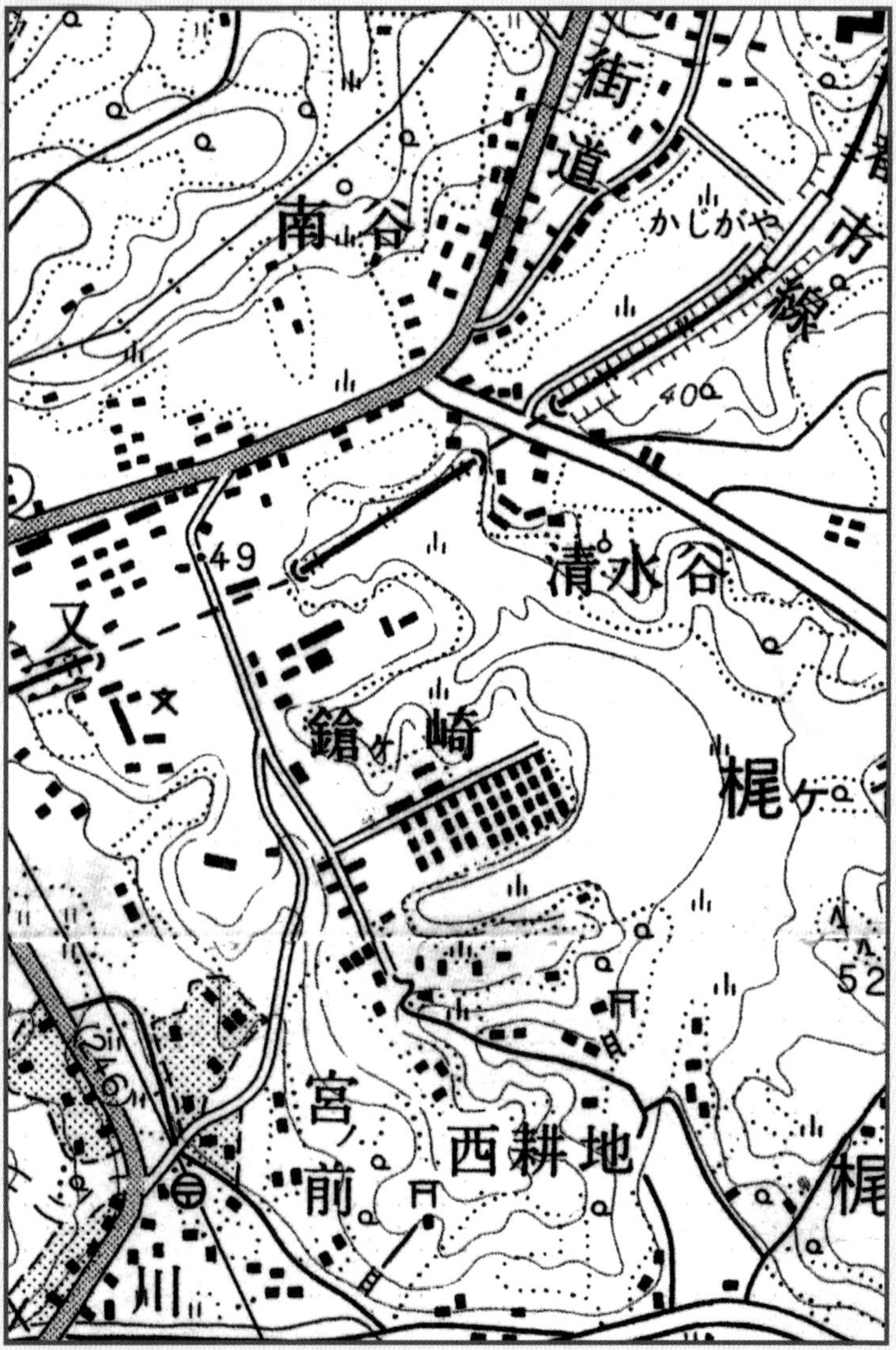

建設省国土地理院発行1/25000地形図

昭和59年当時の梶が谷駅周辺

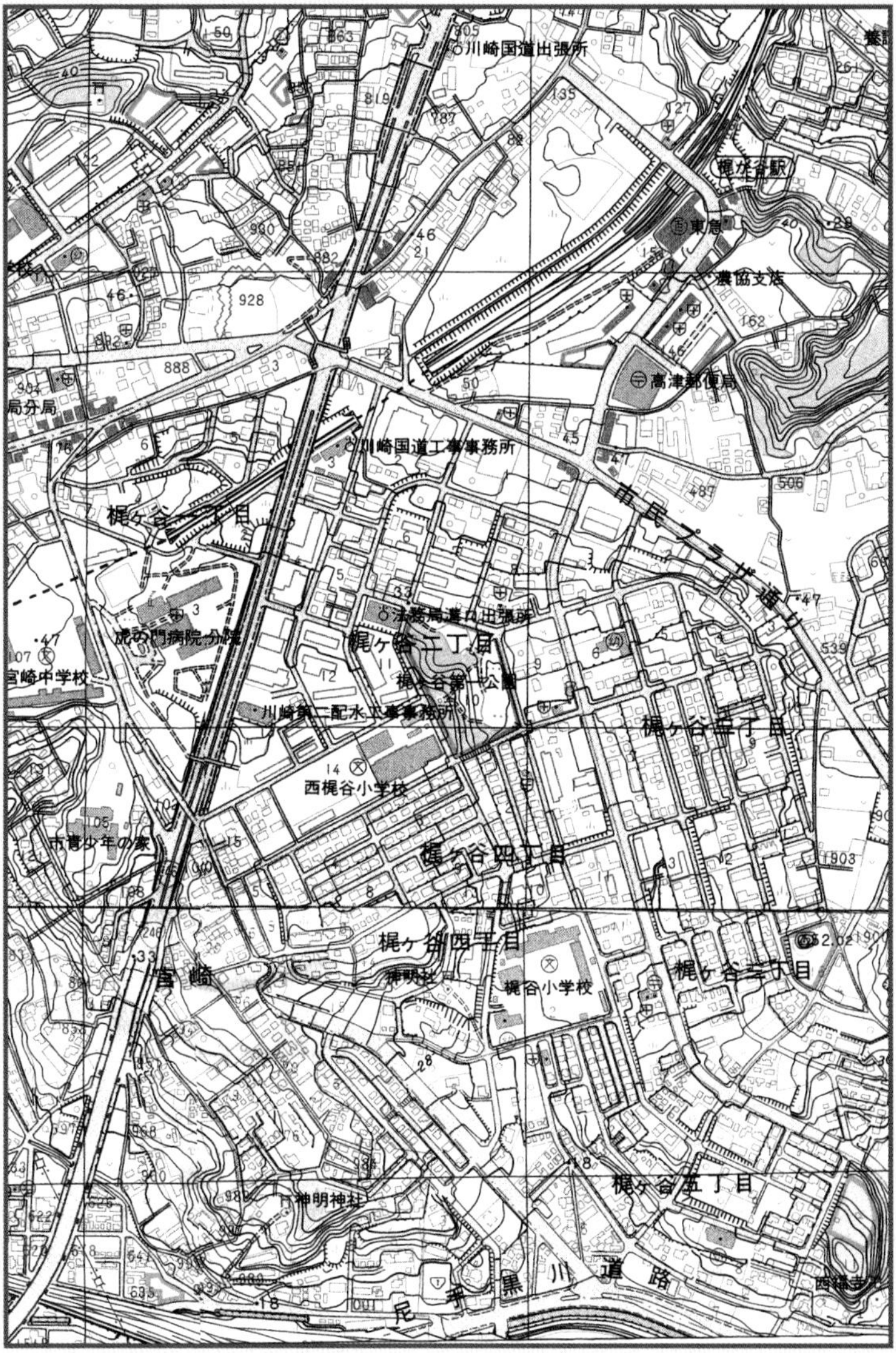

建設省国土地理院発行1/10000地形図

茅葺屋根の材料として貴重な資源だった〉云々

末長は、丘陵部から南武線を越えて坂戸を境とする。丘が長く連綿と続く地形が、地名由来説の一つとなっている。平地には二ヶ領用水の根方堀が幾筋にも分かれ水田地帯を形成していた。「池の谷」は丘陵の最頂部にあり、そこから湧く湧水が谷戸田を潤して、平地部で二ヶ領用水に注がれていた。水田だったところの多くは宅地化され、往時の面影は今やない。

◆五島慶太の多摩田園都市構想

駅の開業日は溝の口から長津田まで田園都市線が開通した昭和41年(1966)4月1日。今から半世紀以上も前のことだ。大井町線の延伸という形で申請された溝の口~中央林間の建設許可が下りたのは昭和35年(1960)9月。工事は2期に分けて行われることになり、溝の口~長津田間は第1期事業だった。

江戸時代は「大山詣」で賑わった大山街道は駅西側に走っているが、この地域には鉄道が引かれなかったこともあり、人々の往来のメインルートから外れ、東京都心から30キロ圏内という近距離に位置しながらも、交通利便性は低く、戦後まで静かな農村地帯であった。

大きな転機が訪れたのは戦後の1960年代。現在の川崎市宮前区から横浜市青葉区にかけての一帯において東急電鉄が中心となり、多摩田園都市の建設が始まった。その後、国道246号の改良、東名高速道路など道路交通網も発展。田園都市線沿線の商業施設・文化施設などの整備も進み、現在では田園都市線沿線は各種の住みたい街ランキングでも上位に入ることが多い、人気の住宅地となっている。

多摩田園都市構想は、昭和28年（1953）東急電鉄会長・五島慶太が発表した『城西南地区開発趣意書』に端を発している。大山街道の沿道一帯を対象地域とする開発計画であったことから、五島慶太は対象地域の土地所有者を渋谷の東急電鉄本社に招き、東京では将来の人口の過密が予測されることから「田園都市」建設の必要を説いた。建設地としては大山道沿いが最適として、計画への協力を要請。その席上で、城西南地区開発趣意書を提示したものだった。

その後、土地の買収とともに、関係省庁、川崎・横浜両市との調整などが行われる過程で、昭和31年（1956）に策定された国の首都圏整備計画に適応させるために、城西南地区開発計画は練り直されて「多摩川西南新都市計画」が決定。モデル地区の開発から進められたのが、後に多摩田

開業を約2年後に控えた沿線の開発風景。あちこちで急ピッチな作業が続けられた（写真は鷺沼付近）昭和39年6月　撮影：日暮昭彦

園都市と呼ばれる壮大なるニュータウン計画の序章となっている。

◆人口は2万人程度だった多摩田園都市地域

五島慶太は大正時代、渋沢栄一が設立した田園都市株式会社の事業を継承。「田園調布」「洗足田園都市」など宅地開発を手掛けた。その経験とノウハウから、多摩田園都市構想は戦前から温めていたといわれる。

戦後の日本は、敗戦ですべての外地を失い、四つの島に押し込まれた。GHQは「日本人の生活水準は昭和10年(1935)当時の水準にとどめ、自給自足に足る経済規模だけを残す」のを日本統治の方針とした。しかし、大陸と半島をめぐる情勢は、日本をいつまでも四等国にしておくことは、米国の東アジア戦略に与しなくなった。

昭和23年(1948)3月、朝鮮半島の分裂が決定的になった段階でGHQは日本経済安定十原則を策定。昭和25年6月に勃発した朝鮮戦争を境に日本経済は復興基調に入った。経済が復興するにつれて人口の東京一極集中は加速し、勤労者の住宅難は一層深刻化していた時代に打ち出されたのが多摩田園都市構想だった。

東京都町田市を間に挟み神奈川県川崎市、横浜市、大和市の合計4市にまたがる多摩田園都市の地域人口は昭和30年当時2万人前後だったが、現在は60万人を数えるという。

開発地域は最終的に4ブロックに分けられた。

・第1ブロック:川崎市土橋・馬絹・宮崎・有馬・梶ヶ谷・野川・菅生・上作延・長尾・末長・新作・千年(昭和31年当時の地名。以下同)

・第2ブロック：横浜市港北区元石川町・荏田町など
・第3ブロック：横浜市港北区恩田町・奈良町など
・第4ブロック：横浜市港北区長津田町、東京都町田市小川・鶴間、大和市公所・下鶴間
昭和34年（1959）、多摩田園都市建設はまず土地区画整理事業から始まり、併せて田園都市線の建設もスタート。やがて梶が谷駅も開業の運びとなった。

◆作延城と稲毛三郎重成

梶が谷駅の西側には上作延、下作延そして向ヶ丘の町が広がっている。いずれも古い歴史を持つ地であり、鎌倉時代の武将、稲毛三郎重成と縁の深い地である。

緑の丘陵に挟まれて、畑や水田が長く延びて広がっている地形から「作延」の地名は生まれたそうで、安土桃山時代の天正年間には「作延村」だったが、徳川家康が江戸に入国したあと上下二村に分かれた。〈高津〉の項で触れたが、緑が丘霊園の尾根上には作延城があったといわれる。

作延村の地には古くから作延郷があり、緑が丘霊園は玉川電鉄の津田興二が開発を手掛けた頃は七面山、現在は津田山と呼ばれる丘陵地にあるが、作延城は鎌倉幕府の御家人・稲毛三郎重成が枡形山城の支城として築城したと伝わっている。

霊園管理事務所の隣に城址碑と案内板が建てられている。案内板にある作延城の解説を要約すると
——

〈多摩川の右岸に沿って延びる多摩丘陵は、自然の要害をなし、中世の頃鎌倉を守る外側の防衛線として点々と山城が築かれた。その伝承されるものには、小沢城、枡形城、作延城などがあり、また源氏

の祈願所で頼朝の異母弟、阿野全成が院主となった威光寺（現在の妙楽寺＝川崎市多摩区長尾3丁目）も丘陵の一画を占めていた。

当地は、山城を構えるのにふさわしい地形であり、『新編武蔵風土記稿』は城山堀、矢倉塚、天守台などの地名をあげ、この付近を作延城の跡と推定している〉云々。

◆その昔は広大だった単独町名の向ヶ丘

「向丘」の地名の起こりは、多摩丘陵の別名といわれており、一つの地区を呼ぶ名称ではなかったといわれるが、上作延の南端で接する向ヶ丘（むかいがおか）は丁番を持たない単独町名という小さな町である。

往時の表記は「向丘」だが、その地名由来の如く、川崎市宮前区・高津区・多摩区にまたがる広範な地域の地名であり、その地域にあった荘園稲毛荘が、稲毛三郎重成の所領だった。

稲毛庄は現在の川崎市高津区から中原区にかけて広がっており、稲毛三郎重成は武蔵国で発生した武士集団秩父党の流れを組む一族と伝わる。

重成の叔母は頼朝の乳母だった関係もあり、源頼朝が治承4年（1180）挙兵すると、重成も頼朝軍に応じている。重成は戦功によって頼朝に重用されるようになり、稲毛荘を引きつづき所領。北条政子の妹を妻として、鎌倉幕府で確固たる地歩を築いている。

平安時代末期から鎌倉時代にかけての向ヶ丘（その頃は向丘＝むかおか＝と表記）は、こうして稲毛三郎重成が桝形城や作延城を中心に活躍する舞台となった。しかし、頼朝が没すると、妻の政子と父の北条時政が幕府の実権を握り、稲毛三郎重成は北条一派との抗争で敗死したというのが、稲毛三郎重成及び稲毛氏のあらましとなっている。源頼朝が1199年に没してからわずか6年後のことだ。

時代は下って明治22年（1889）市町村制が施行されたときに「橘樹郡向丘村」が誕生している。上作延・長尾・平・菅生の4ヵ村に、下作延村の飛池を加えて成立しているから、広い村域を持った村だったことがわかる。

向丘村は昭和13年、川崎市に編入し消滅。その後、土地区画整理事業のたびに村域を削られる変転を重ねて、丁番を持たない単独町名という小さな町になった。

下作延4丁目の大明王院は、地元では「身代わり不動」として知られている。

元禄年間に武蔵の国荏原郡に悪疫が流行した際、諸国を行脚していた祐天上人が不動尊を尊信するよう教え、土地の人々がこれを信仰したところ悪疫が去り、本尊の霊験あらたかなるに感謝して堂宇を建て神社に安置したというのが創建縁起となっている。現在は、厄除・交通安全祈願の身代り不動として、一年中参拝客で賑わっている。鮮やかな朱色の院殿が美しい真言宗醍醐派のお寺である。

12 宮崎台 多摩田園都市建設は野川台1丁目から始まった

◆開発で歴史も掘り起こされた

田園都市線も梶が谷駅を過ぎると、宮前区に入る。その最初の駅が宮崎台だ。

宮崎台駅の西側を武蔵野貨物線が走っているが、このエリアは地下を走っていることもあり、顔を覗かせるのは梶ヶ谷貨物ターミナルだ。梶ヶ谷は高津区から宮前区が分区した際、尻手黒川道路以南は宮前区に編入されたが、貨物ターミナルは宮前区の梶ヶ谷地区のほとんどを占めている。

武蔵野貨物線鶴見方面は梶ヶ谷貨物ターミナルからまた地下に潜るが、第三京浜と交差した先の東側、野川本町3丁目の高台に天台宗の寺院影向寺（ようこうじ）がある。本尊は薬師如来で、「稲毛薬師」とも称される。

中大兄皇子・中臣鎌足らの大化の改新（645年）によって国郡制が整えられと、武蔵国21郡が誕生している。武蔵国は埼玉県、東京都、神奈川県川崎市と横浜市の大部分を含んだ広大な国となり、その核をなしたのが国府の置かれた府中であり、多摩川の流れる多摩郡だが、神奈川県エリアには橘樹郡が設けられ、橘樹郡

昭和41年当時の宮崎台駅）　撮影：荻原二郎

の行政を担う郡衙は川崎市北部に置かれた。

影向寺には、創建当時の建造物は無く、遺物もほとんど残されていないが、国指定重要文化財・木造薬師如来両脇侍像や神奈川県指定重要文化財・薬師堂などの豊かな文化財を伝える関東地方屈指の古刹として知られていた。縁起によれば創建は奈良時代の天平12年（740）、聖武天皇の命を受けた僧行基によって開創されたと伝えられている。しかし、近年の発掘調査により創建は大化の改新後の7世紀後半にまで遡ることが確実とされている。

発掘調査の結果、奈良時代と推定される大型の掘立柱（ほったてばしら）建物跡・瓦塔（がとう）片・塔の基壇などが確認され、さらに出土した古瓦の様式から創建の年代は白鳳時代末期（7世紀末）にまで遡ることが確実視されている。また、薬師堂解体修理に伴う基壇部の発掘調査では、創建当時の堂宇が現在の薬師堂とほぼ同じ位置に建てられていたことも判明。金堂（本堂）の基壇は8世紀中頃から後半に構築され、15世紀前後頃に行われた改修を経て、現在の薬師堂と同一の基壇が江戸時代の元禄7年（1694）に築かれるまでに、少なくとも4回にわたって変遷していた事実も解明されている。

以上の調査成果から創建当時の影向寺は、この地を支配していた有力豪族の氏寺として出発したものと考えられるという。それが奈良時代の律令体制の中に組み込まれ、橘樹郡の郡寺として公的な性格をもつ寺院へと発展。塔などの伽藍が整うのはこの頃と推測されている。

多摩田園都市構想が具体化し、田園都市線沿線から拓けていくと歴史まで掘り起こされた影向寺一帯は東側に隣接している橘樹郡衙跡（千年伊勢山台遺跡）は地方官衙の成立から廃絶に至るまでの経過をたどることのできる貴重な遺跡として平成27年（2015）、川崎市初の国史跡に指定された。現在は「国史跡橘樹官衙遺跡群」として整備されている。

昭和41年当時の宮崎台駅周辺

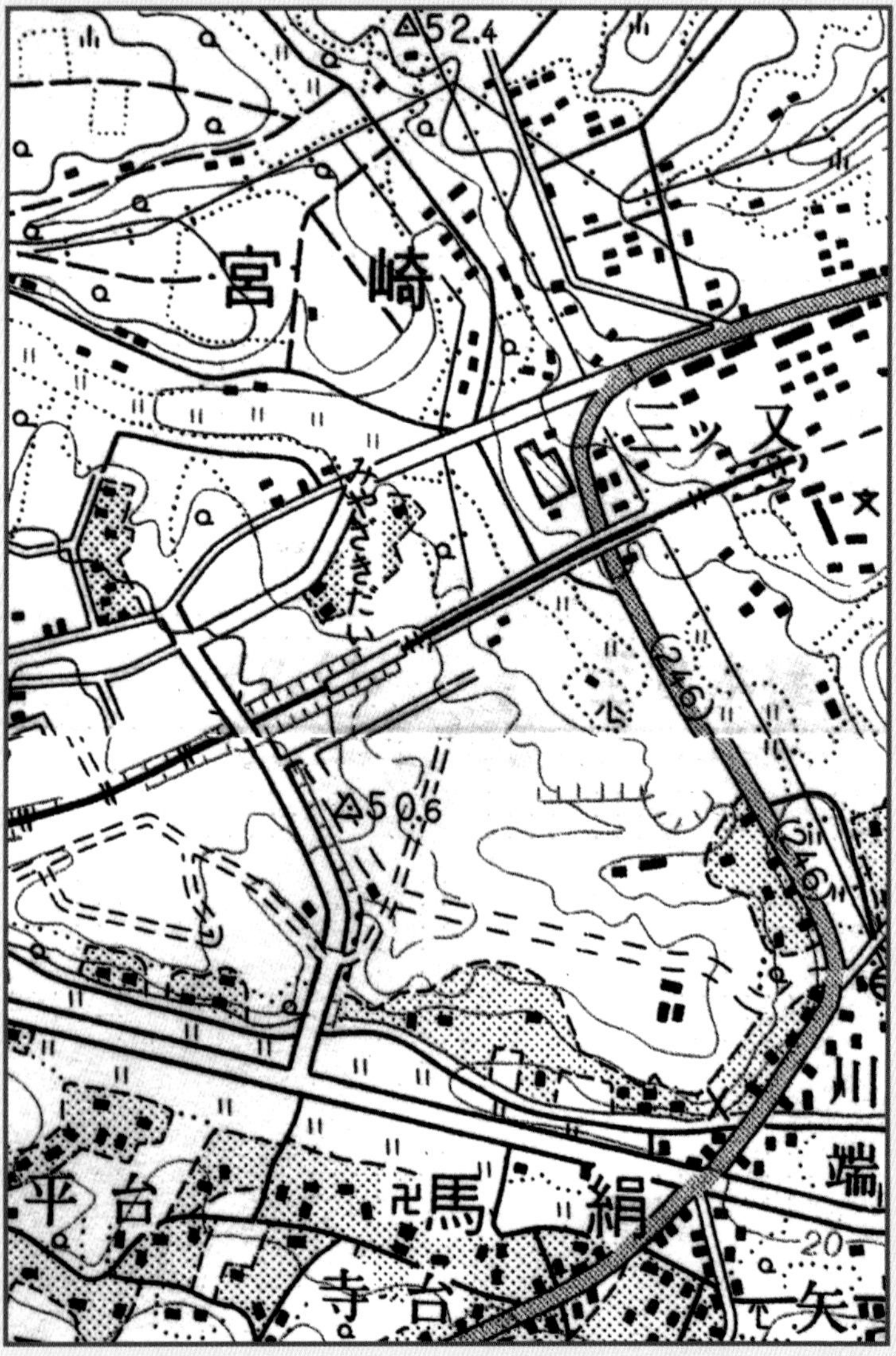

建設省国土地理院発行1/25000地形図

昭和59年当時の宮崎台駅周辺

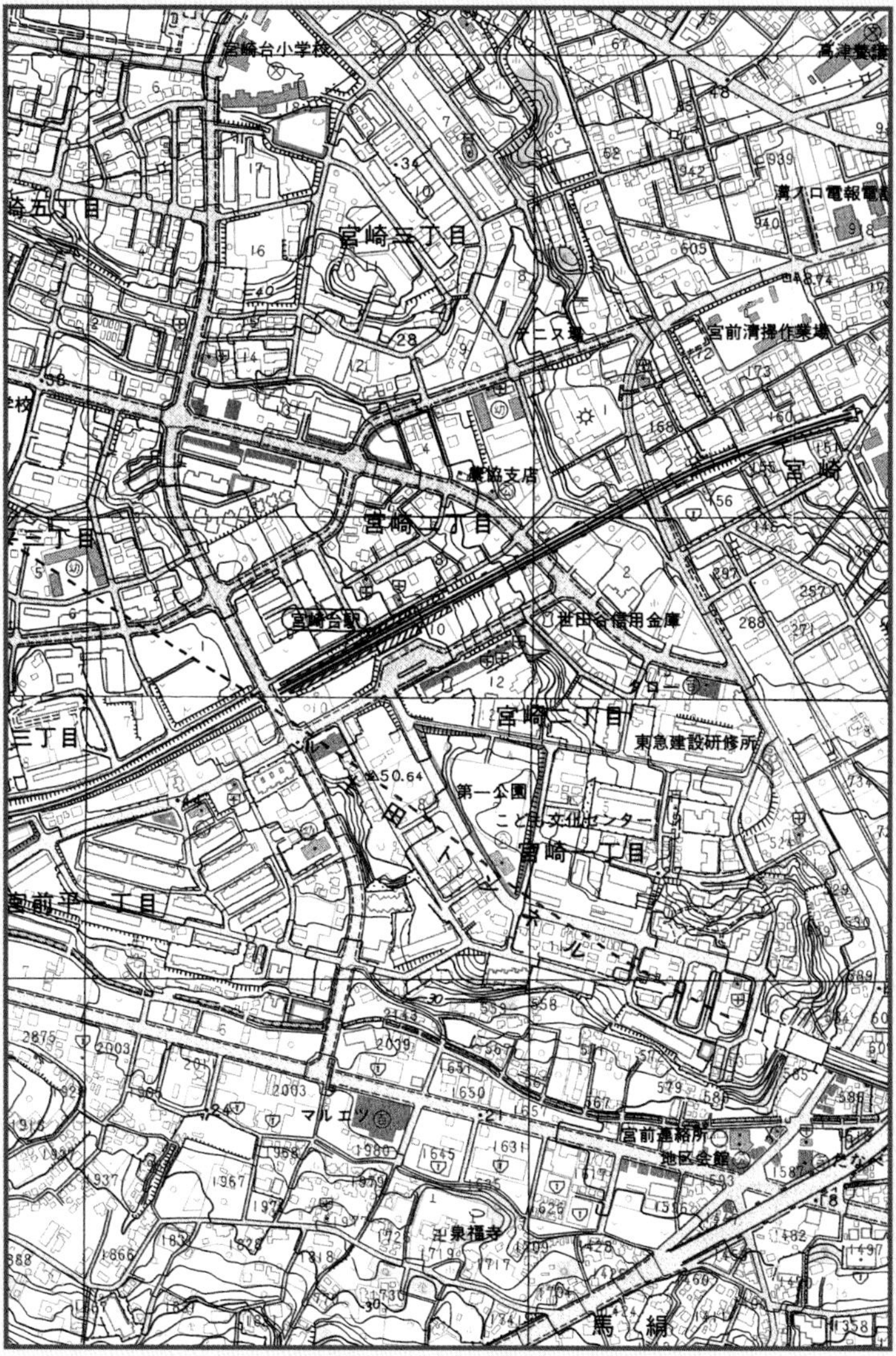

建設省国土地理院発行1/10000地形図

◆モデルケースの野川台1丁目はミニ田園調布

橘樹官衙遺跡群のある野川地区は東急が進めた多摩田園都市計画の中で、最初に開発を行うモデル地区として選ばれ、事業がスタートしたところだ。モデルケースとして早期に結果を挙げ、残りの事業地買収に弾みをつけるという狙いがあったので、東急が比較的まとまった土地を確保していた当地が選ばれ、また事業面積は20ヘクタールに満たない小粒なものとなっている。

梶ヶ谷の武蔵野線貨物ターミナルの南側、野川台1丁目の野川第一公園交差点周辺がモデル地区となったところだ。瀟洒な住宅地は放射線状道路に同心円状の道路が交差しており、田園調布の小型版に見えなくもない。昭和34年に起工、昭和36年に竣工している。

住宅地の開発とともに商店の設置、医療機関の誘致、幼稚園の開園など、生活施設の整備も進められるが、地区内には昭和37年、「東光ストア 野川売店」が開店している。東光ストアは東横百貨店(現・東急百貨店)系列のチェーンストアで、後に「東急ストア」となる。

東光ストア野川売店は現在の野川西団地入口交差点の角にあった。

野川モデル地区以降、野川地区の宅地開発が進み、県営や市営の住宅や団地が建ちはじめていった。

宮崎台駅南口前

宮崎台駅北口前

野川の地名は村の中央を流れる矢上川を野川と呼んでいたことによるらしい。古くよりこの川を境に北を上野川、南を下野川と呼んで村を大きく分けていた。

開発が進む前の野川は古い農村の姿が残っていた。低地や谷戸には水田、台地上には畑作、雑木林は炭林に。大正時代には養蚕が盛んだったが、戦後は代わって養鶏・養豚が盛んになった野川は明治初期、上野川村と下野川村が合併して野川村となり、明治10年（１８７７）の郡区町村編制法施行で橘樹郡野川村となった。

その後、大日本帝国憲法が発布された明治22年（１８８９）の市制町村制施行で、野川・梶ヶ谷・馬絹・土橋・有馬の５村が統合して宮前村誕生し、野川は大字となった。昭和13年（１９３８）宮前村が川崎市に編入し、大字野川は川崎市野川となる。昭和47年（１９７２）、川崎市の政令指定都市移行に伴う区制施行に伴い、高津区野川となって、昭和57年に高津区から宮前区が分区する際、基本的に第三京浜道路より西側の部分が宮前区に編入され、東側は高津区野川になったというのが、野川地区のあらましだ。

宮前区の野川地区は野川本町、西野川、南野川そして野川台の４町に分かれているが、このように分かりやすくなったのはつい最近のことだ。平成30年（２０１８）に住居表示が実施されるまでは明治時代さながらに「野川〇〇番地」と地番表示だった。

数百軒程度ならまだしも数千軒規模となれば、わかりづらいことこの上ない。飛番や欠番があり、隣近所で住所が大きく異なる住宅も多かった。加えて、分区の際に野川は宮前区と高津区に分けられたため、両区に「野川」があり、郵便や宅配、緊急車両の到着の遅れなど、日常生活に不便や支障が起きていた。また、同地区は10年で１３００世帯超が増加していることから、これ以上の混乱を避けるためにも住民から住居表示への変更を求める声があがっていた。

川崎市は平成27年に「野川地区住居表示検討委員会」を設置し、地元住民の代表者らと検討を重ねて宮前区の野川地区は4町に分けられすっきりしたのだった。

野川地区は人口の増加に商業施設を含めた地域インフラの整備は追いついておらず、宮前区野川の消費生活圏は武蔵小杉、溝口、鷺沼、港北ニュータウンで、自家用車やバスで買い物に出る住民が多いとのことだ。

◆「宮前」は女体権現社に由来

宮崎台駅には、田園都市線の高架下に東急電鉄が運営し、改札前からも入館できる「電車とバスの博物館」がある。以前は高津駅にあったが、博物館には東急バス関連の保存・展示もあり、それに加えて、電車やバスの運転を体験できるシミュレータが設置されている。平成28年のリニューアルに伴い、日本の国産飛行機YS-11のシミュレータは終了したのは残念だが、今も子供に人気の博物館だ。

1日平均乗降人員は5万人を数え、田園都市線の各駅停車のみ停まる駅としては、隣の宮前平に次いで多い賑やかな駅になっている。

昭和35年（1960）に免許された際の仮称駅名は「宮崎」だっ

改札から直結する電車とバスの博物館

た。当時の地名を採ったもので、田園都市線開業前年の昭和40年に「宮崎台」に正式決定した。多摩丘陵上に位置し、起伏に富んだ宮前区の地形を加味して「宮崎台」としたようだ。

宮崎は1丁目から6丁目まであるが、公立宮崎小学校は宮崎町内ではなく馬絹1丁目にある。宮崎という地名は、この小学校の歴史と深く関わっている。

宮崎小学校の前身である宮前（みやさき）尋常高等小学校は、明治6年（1873）創立の盛隆学校と明治8年創立の鳴鶴学校の流れを汲む古い歴史を持つ。昭和13年（1938）に宮前村が川崎市に編入される際、現在の川崎区にある宮前（みやまえ）小学校との混同を避けるため、宮崎（みやざき）尋常高等小学校と改称し、昭和22年には、川崎市立宮崎小学校となっている。

宮前（みやさき）を宮崎（みやざき）とした学校名を後から追うように、昭和26年に戦時中に軍用地として接収されていた宮前村内の土地が返還されたとき、その土地には「宮崎」という名前が付けられたのが、宮崎の地名由来となって。

馬絹神社

宮崎台駅の南側に広がる馬絹地区も野川地区とほぼ同時期に住所表示が行われた。矢上川をはさんで丘陵と平地を持つ古くから拓けた大きな村だった馬絹も現在は1丁目から6丁目に整理された。

馬絹の地名は、馬を放牧した「牧」だったところから来ているとも、武士の集団が馬に乗って大山街道を通り、その馬に掛けた絹のピカピカと光り輝く衣装のあでやかさから馬絹と呼ぶようになった、あるいはまたその昔、身に薄絹をまとった美女が馬に乗ってきて杜の中へ消えていった云々の艶っぽい由来説もある。

馬絹5丁目に馬絹神社がある。この神社の祭神は伊邪那美命で、その昔は女躰権現社と呼ばれた神社だ。薄絹をまとった美女を祀ったことから、その名がついたという色っぽい伝承がある。

女躰権現社は明治時代に入ると、八幡社、熊野社三島社、白山社の四つの神社が合併して「神明神社」と改称。その後昭和61年(1986)の春に大規模な改築が行われた際、「馬絹神社」と改められた。境内には、源頼朝の袖掛松と伝える「千本松」の枯れた根の一部が残されている。本殿右奥には富士塚に通じる山道があり、富士講碑・二十三夜塔・地神塔などが立てられている。

「宮前」の地名は女躰権現社に由来している。明治22年、野川・梶ヶ谷・馬絹・土橋・有馬の5村と溝口村の飛地が合併したとき、女躰権現社の前から梶ヶ谷にかけて大字馬絹字宮ノ前があり、ほぼ村の中央に位置するところから村役場を置いて「宮ノ前」を「宮前」に改めて村名としたといわれる。

女躰権現社改め馬絹神社につづく裏山には、「馬絹古墳公園」がある。貴重な装飾古墳として評価される「馬絹古墳」発掘後に公園として整備された。

古墳は全長が33メートル、周溝は幅が3・5メートル、深さが1・5メートルの規模を持つ円墳。石室は奥室・中室・前室からなる複式構造であり、玄室左側壁には図柄不明の装飾文様が描かれている。

盗掘を受け副葬遺物は残っていなかったことから築造年代は不明だが、7世紀後半代のものと推測され、埋葬されていた人物はこの地域の有力な豪族と見られている。

馬絹古墳は、神奈川県の史跡として指定されており、奈良の高松塚や茨城の虎塚と同じく貴重な装飾古墳として評価されている。

◆溝口演習場と怪談お化け灯籠

馬絹は江戸時代に入ると草花づくりが盛んとなる。丘陵に自生する草花を籠に入れて売りに出たことから始まったが、やがて花梅・花桃・桜など枝物といわれる花木類づくりでも江戸で評判をとるほどに発展した。戦前までは露地栽培の草花づくりも川崎市内では最高の生産を誇るようになった。

しかし、戦時色が濃密になってくると陸軍の溝口演習場用地として買収されることになった。昭和16年（１９４１）東京・赤坂で編成された陸軍東部62部隊が、新兵の訓練と東京近郊地に駐屯する部隊の演習場としたエリアは、馬絹ばかりでなく上作延・下作延から向ヶ丘・菅生地域等々、宮前区の中心部と高津区及び横浜市青葉区にまたがる広大なものだった。

東部62部隊は歩兵を中心に機関銃・連射砲・速射砲各中隊で編成されており、部隊本部は現在の川崎市立宮崎中学校（宮前区宮崎）体育館のところに望楼つきの2階建てで建設されている。宮崎中学校に隣接する「川崎市立青少年の家」は、昭和末期まで残されていた将校集会所の跡地に建てられたものだ。団体宿泊研修の出来る「青少年の家」のキャンプファイヤーエリアの庭には、怪談噺がまつわる「お化け灯籠」が残されている。

昭和17年に赤坂の兵営から移設された灯籠は人間の背丈をはるかに上回る大きさもさることなが

ら、夜な夜な赤坂・六本木周辺に出没するという噂の立ったのが「お化け灯籠」と称されるようになったらしい。

　戦前の赤坂・六本木は繁華街ではなく軍隊の街で、強い風が吹けば土埃が舞うようなところだった。とはいえ、帝都の都心部に違いなく、そこから部隊は川崎の丘陵地帯に移転してきた。山林と畑ばかりの風景に、赤坂・六本木を懐かしがる者がいても不思議ではない。そうした軟弱な空気を抑えるために、将校集会所そばに巨大灯籠を設置し、半分埋めたことが、後に件の怪談噺が出来た理由だろう。

　溝口演習場は終戦後、米軍に接収管理された後、昭和26年（1951）に返還され、地元農家に払い下げられている。

◆馬絹の「花供養塔」と古刹泉福寺

　馬絹地区は、現在では馬絹花卉部会として、20軒ほどの生産者が頑張っている。春から秋は露地の切花や枝物を出荷し、冬は関東ローム層の地質を利用し

泉福寺

た横穴式の「室」での花桃・花梅・桜・ハクレン・レンギョウなどの蒸し物を中心に出荷している。花を大事にしている風土は馬絹2丁目、尻手黒川道路南側の平栄山泉福寺に見られる。お寺の境内には花供養塔が昭和38年（1963）建立され、夏季には花供養祭が行われるほどだ。

泉福寺は天台宗の寺院。創建年は不詳だが江戸時代に編まれた『新編武蔵風土記稿』に「村の中央にあり。多磨郡深大寺村深大寺の末なり。開基を義天法印と云、其寂年を傳へず、本尊不動は長一尺五寸の立像なり」云々と記述されている。

古刹泉福寺には、川崎市に重要歴史記念物となっている板面着色絵馬の泉福寺薬師会図と泉福寺境内相撲図が所蔵されている。

絵馬の起源は古く、神に生きた馬を献上したことに由来するといわれる。中世になって生きた馬の代わりに、土製の馬や木製の馬形を奉納する絵馬が登場するようになると、神社だけでなく寺院にも奉納されるようになり、江戸時代には絵馬は広く一般にも普及している。

泉福寺薬師会図は、墨書銘によって幕末の嘉永7年（1854）に制作されたもので、大きさは縦70センチほど、横110センチほどの横長の絵馬に、泉福寺境内の大銀杏と薬師堂内の薬師如来像のほか、多くの参詣者で賑わっている様子が描かれている。

泉福寺境内相撲図は、安政4年（1857）春川という絵師が描いたもので、願主は都倉氏という人物であることが墨書で記されており、絵馬には、当時境内で催されたと思われる奉納相撲の情景が描かれている。

古い絵馬は、当時の風物や庶民の信仰の様子を伝える貴重な資料だが、泉福寺の境内には、絵馬に描かれている大銀杏が現在も残っている。

13 宮前平 東京圏の街として発展した川崎市の地域生活拠点

◆宮前区民の年収は県下でも上位

川崎市は南北に長い地理的な特徴、広域的に展開する市民の行動や産業経済活動、交通網の整備状況、地域の特性などから、「川崎駅・臨海部周辺エリア」「川崎・小杉駅周辺エリア」「中部エリア」「北部エリア」の四つに分けてまちづくりを進めている。

そのうち高津～溝の口～宮前平～鷺沼の田園都市線沿線は「中部エリア」に入り、宮前平駅周辺は鷺沼とセットで、溝口駅周辺地区同様に川崎市の地域生活拠点となっている。

多摩田園都市構想に川崎市は当初、ベッドタウン化を懸念したと伝わるが、都心から30キロ圏で、昭和41年（1966）に田園都市線が開通し、昭和43年の東名高速道路の開通とそれに伴う東名川崎インターチェンジの開設などにより飛躍的に交通網が発達。また、川崎市の東西軸となる尻手黒川道路が昭和45年、宮前平駅南側に開通したのも見逃せない。鉄道に道路と、交通網が発展すれば東京圏に組み込まれるのは自然の成り行きだろう。

ことに、宮前区はその傾向が顕著だった。昭和41年に大井町線（現在

昭和54年当時の宮前平駅　撮影：山田虎雄

の東急田園都市線）が溝の口駅から長津田駅まで延伸し、区内に宮崎台、宮前平、鷺沼の3駅が誕生すると、大規模住宅団地の開発も相次ぎ、急速に人口が増加。高津区宮前町のままでは住民の行政サービスに応えられなくなり、昭和57年（１９８２）7月1日、高津区から分区して宮前区となった。

　宮前区の人口は川崎7区で1～2位を競っているほどだ。現在の人口は23万４０００人前後だが、高津区から分区した昭和57年は15万人弱だったから5割も増加したことになる。川崎市の将来人口推計では、令和17年（２０３５）年の 23万８０００万人をピークとして人口減少へ転換することが見込まれている。

尻手黒川道路

宮前平駅南口

宮前平駅南口前

昭和41年当時の宮前平駅周辺

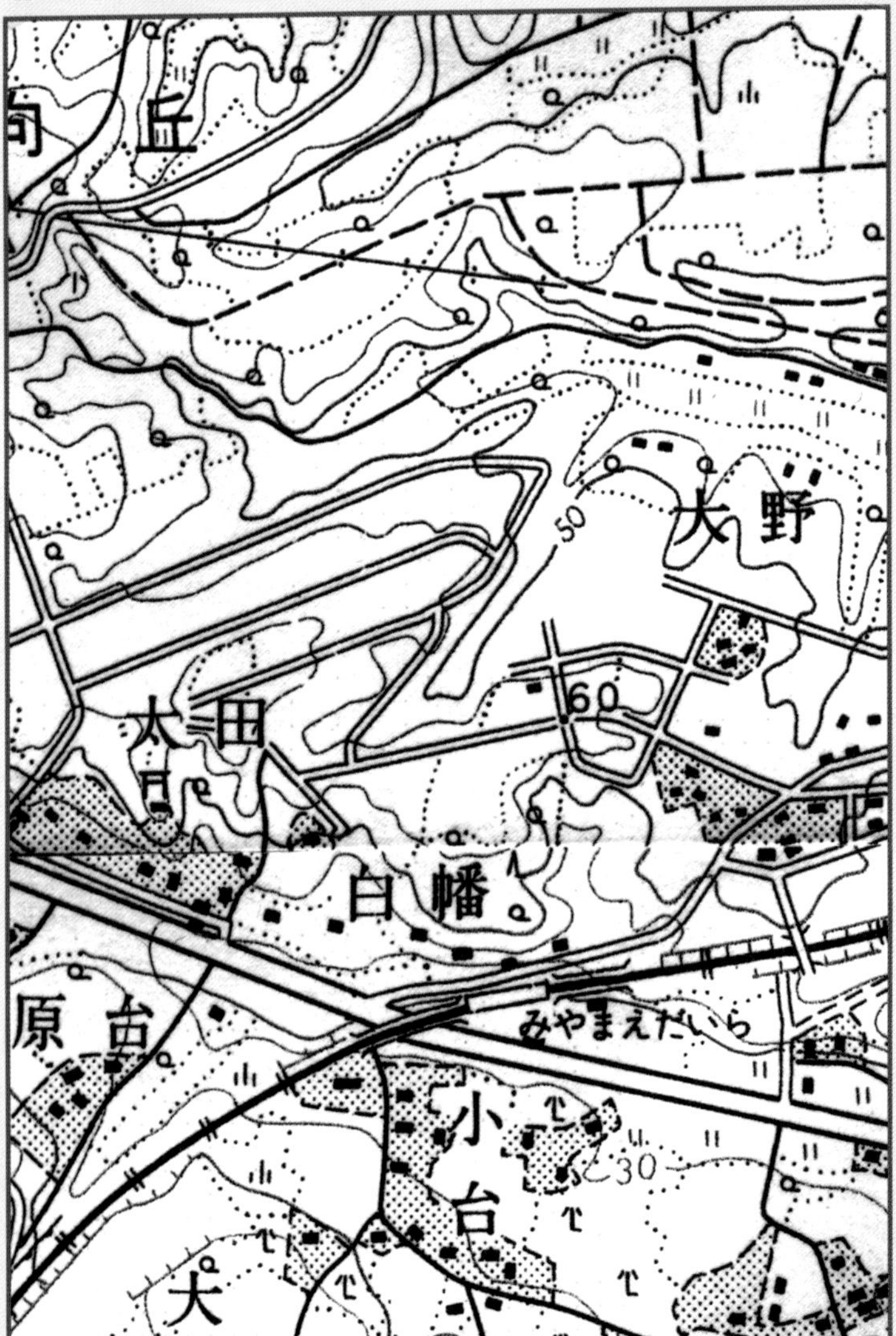

建設省国土地理院発行1/25000地形図

昭和59年当時の宮前平駅周辺

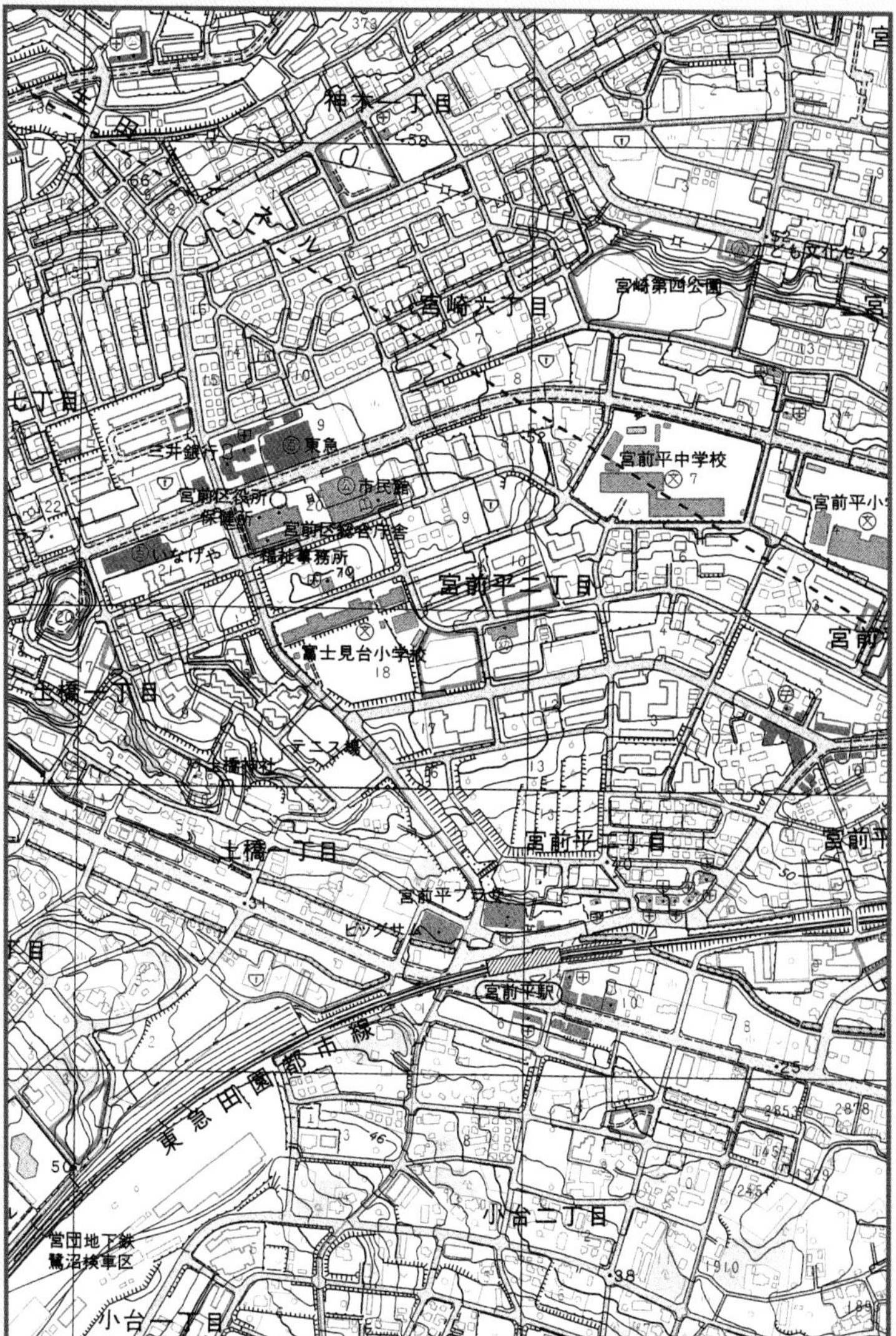

建設省国土地理院発行1/10000地形図

昼間人口と夜間人口との差は市内で最も大きく、典型的なベッドタウンの特徴を表している。住民の多くは東京都内へ通勤・通学を行っており、23万人の人口を有しながら高校が県立川崎北校の1校しかないことがそれを物語っている。聞くところによれば、宮前区民の平均年収は県下でもベストテンに入っているとのことだ。

◆多摩田園都市建設の最初と最後になった宮前区

宮前区は多摩田園都市開発の最初と最後になっている。最初の土地区画整理事業の開始は昭和34年（1959）野川地区から始まった。平成12年（2000）に開発がすすめられた犬蔵地区に至るまで、実に40年以上に渡ったのが多摩田園都市の建設だった。その間、土地区画整理事業は合計55地区、総面積は3204ヘクタールに及ぶ壮大なまちづくりだったのが、多摩田園都市だった。

田園都市線宮前平〜鷺沼間の南側に広がる小台は、昭和50年（1975）春、小台土地区画整理事業が完了したとき、町名を戴くことになったとなった街だ。

小台の地名は、古くからあった。もともとは馬絹村の一部で、江戸時代には旗本川勝丹波守の知行地で、宮前平駅北側の丘陵上にある宮前平八

北口の台地にある宮前平八幡神社。明治43年に馬絹神社と合祀されたが、後に現在地に移された

幡神社（宮前平3丁目）には、「川勝」銘のある杓が保存されている。

宮前平八幡神社の創建年代は不詳ながら、古くより馬絹と土橋の共有地に鎮座していたといい、明治43年（1910）馬絹神社に合祀されたものの、その後、現在地に戻されたという。「新編武蔵風土記稿」によれば石段の中央が土橋村と馬絹村の境だったとある。

大山街道も宮崎台駅以南は開発の波にさらされて、往時の道筋があやふやになっているところが少なくないが、この八幡神社の石段下道路が江戸時代の大山街道の道筋だった。宮前平八幡神社の石段下にある庚申塔は正徳4年（1714）の銘が刻まれており、社殿には馬絹小台地区の御神体が祀られている。

◆緑の丘陵に文化財を秘めていた土橋・けやき平

田園都市線をはさんで小台の北側に1丁目から6丁目まで展開する土橋（つちはし）は、多摩丘陵の平坦な台地に囲まれ、矢上川の沖積地を中心に広がっている地域。古くは「太田郷」と呼ばれており、縄文時代の土器や集落跡などの遺跡が発掘されているなど、往古の昔から人が暮らし営んでいた地域であり、源頼朝に関わる伝承も残されている。

鎌倉開府後、源頼朝がこの地を通り過ぎるとき、山間から流れる矢上川を見て橋を架けることを命じた。家臣たちは丘陵の樹木を切り倒して丸太をつくり、土を運んで丸太を覆った土の橋が「土橋」の由来で、「長さ一間・幅四尺」の小さな土橋はその後、村の名前になった云々。

江戸時代から明治時代中期まで土橋村が成立していたが、明治22年（1889）に有馬村・馬絹村・野川村・梶ヶ谷村及び溝口村の飛地と合併して宮前村の字となった。

往時は農地と山林原野が7割を占めていたという土橋は明治時代には筍や栗の栽培が盛んなところで、大正の終わり頃には神田の市場にも出荷する筍の名産地となった。戦前に溝口演習場用地として接収される前は、1日にトラック3台分の筍が出荷される筍の里だったといわれる。

土橋に隣接し、東名高速に沿って細長く広がる「けやき平」は、昭和60年(1985)に実施された住居表示によって新しく誕生した町名となっている。

1970年代初頭に建設された全55棟、総戸数は千戸を超える大規模分譲団地の宮前平グリーンハイツ自治会が中心になり、新しい住居表示をめぐって話し合いが重ねられ、街路樹のケヤキ並木と旧平村の一部であったことにちなんで名づけられた。

けやき平の地域は、平瀬川流域にあって東名高速道路の東側に接しており、丘陵と谷戸が複雑に入り組んでいる。東名高速道路が建設されるとき、丘陵台地の東斜面に「平遺跡」があるところから、昭和41年(1966)緊急発掘調査が行われた。調査によって弥生時代後期の竪穴住居跡6基が発掘された。ブルドーザによって削られ、すでに破壊されたものもあったが、台付甕や壺形土器などの破片が出土した。

その10年後に市立平小学校が建設された際も記録保存を目的に「南平遺跡」の発掘調査が行われている。東名高速道路の東京料金所を望む標高65メートルの舌状台地から、弥生時代後期の竪穴式住居跡一基が発掘され、土器片と石器片が出土している。土器片は甕形土器で縄文早期のものであり、石器片は黒曜石製のハート形をした石鏃であった。

発掘調査の結果から、弥生時代後期の集落が平瀬川流域で1〜2軒を単位として構成され、可耕地が狭いために血縁的一族が分散して暮らしていたと推測されている。

◆住居表示で誕生した「南平台」と「白幡台」

東名高速をはさんでけやき平西側の「南平台」も、昭和60年の住居表示で誕生した新しい町名である。戦前、日本陸軍が溝口演習場用地として隣接の白幡台をふくめた一帯を軍用地として接収。戦後の昭和26年に返還されたとき、旧平村から分離して南平となっていたが、住居表示で台地のある地形も取り入れようと、南平に「台」を加えることで南平台が誕生している。

その頃は雑木林の丘陵に民家もなく、わずかな畑と水田があったところだが、川崎市が昭和34年（1959）から市営住宅の建設を開始。鉄筋コンクリート造の中高層住宅が誕生し、宅地造成も進められた。その宅地造成が始まったとき、丘陵上の白幡台小学校から白幡台1丁目から2丁目にかけた一画から、縄文中期の竪穴式住居跡が発掘された。多摩丘陵の典型的な集落跡として「初山遺跡」と名づけられた。

「白幡台」は、東名高速道路東京料金所に近い西側の高台にある。川崎市住宅供給公社が宅地造成し、戸建住宅と集合住宅が誕生した昭和46年（1971）に新しい町名となった春のことである。

白幡台一帯は「初山遺跡」のあったところだが、江戸時代には平村の「天台」と下菅生村の「初山」にあたる地域であった。「天台寺」と呼ぶ古寺があったところから、地名は生まれたと伝えられている。「白幡台」はこの天台の「台」と白幡八幡大神の「白幡」から取った町名になっている。

地名に深くかかわる「白幡八幡大神」は、社殿によると源頼義が奥羽征伐の勝利を祈願し、無事に使命を果たせたことを謝して康平4年（1061）に奉祀したのが起こりという。その後、頼義を特に崇拝すべき源氏の祖先としていた源頼朝によって建久3年（1192）に「源栄山八幡宮」の名で再建されたと伝えられている。

「白幡八幡大神」と呼ばれるようになったのは明治に入って明治に入って郷社となってからで、宅地造成のために移されて現在地に社殿が建てられたのは昭和48年（1973）。祭神は応神天皇・玉依姫命・神功皇后の三柱を祀ってある。

この源氏ゆかりの神社には、昭和59年に川崎市重要習俗技芸に指定されている「禰宜舞」（ねぎまい）が伝承されている。

毎年7月と9月の例大祭日の年2回、行われる神楽の禰宜舞は慶長5年（1600）、徳川家康が関ケ原の戦いに出陣するさい、勝利を祈願してこの神社の神主に舞わせたのが始まりだといわれる。舞は一人舞で、締め太鼓一つだけを伴奏にして、円を描くように廻る。神官は、まず面を付けないで四方祓（よもはら）いを舞い、続いて面と衣装、持ち物を取り替えて猿田彦命（さるたひこのみこと）、天鈿女命（あめのうずめのみこと）、天児屋根命（あめのこやねのみこと）、彦火火出見命（ひこほほでみのみこと）、大山祇命（おおやまずみのみこと）の5柱の神々に扮して舞う。彦火火出見命の舞の時には四方を弓で射る悪魔払いがあり、最後は神に供えた団子を撒いて終わる。

禰宜舞は、神官家口伝による一子相伝の舞となっている。

◆等覚院縁起が由来の「神木」

宮前区役所北側の「神木」の町名は、神木本町1丁目の天台宗寺院神木山等覚院長徳寺の縁起に由来しているようだ。

縁起に曰く――日本武尊、東夷征伐のおり、疲労困憊し激しき渇きを覚えたり。時、たまたま鶴の舞い降りるを見給えたり。鶴は水辺を好むものなれば、探ねて、その冷水を飲む。疲労忽ち癒えて、英気まことに漲りたりと。武尊は、深く神助の霊水ならんと感じ、一本の木を植えたりと云う。代々その木を神木と崇めたり。後に智証大師円珍（814〜91）その神木を以って、当本尊不動明王を刻みたりと云う。通称、この地を神木と云うは、以上の因縁によるものなり云々――

比叡山延暦寺の末寺と伝わる等覚院の広い境内には、数百株を数える躑躅（つつじ）が群生。新緑の時季の艶やかな花景色から、地元では「つつじ寺」として知られる等覚院をふくむ丘陵一帯は、江戸時代には長尾村の一角にあった。尾根道を分岐点に、南の方を「神木長尾」といい、北の方を「河内長尾」「谷長尾」と呼んでいた。明治時代に入って長尾村は、平・菅生・上作延の各村と合併し、向丘村大字長尾に。昭和になって南部の丘陵地帯が一部軍用地（溝口演習場）として接収されたが、返還後は向丘字神木となった。区制の施行で高津区長尾から、分区

等覚院長徳寺

して宮前区が誕生したとき、「神木本町」となった。「本町」をつけたのは、すでに区画整理事業で「神木」の町名が先に使われていたためという。

神木で彫ったと伝承される本尊不動明王は秘仏とされて厨子は開帳されないが、江戸時代の地誌『新編武蔵風土記稿』は、1尺5寸（約45センチ）の不動明王立像と伝えている。

この秘仏本尊が納められる厨子の前に、市の重要歴史記念物に指定されている木造薬師如来坐像が安置されている。この像は、もと江戸茅場町にある智泉院の本尊として祀られていたものという。

近年解体修理が行われて詳しい構造が明らかになったことから、室町時代に入ってからの造立と判明している。また、本堂は幕末の安政年間、仁王門は明治初期に再建されている。

◆幻の宮前メロン

「宮前区」の区名は昭和57年、高津区から分区の際に区名を一般公募。圧倒的に多かった「宮前区」に決まったという。

宮前区は川崎市の北西部、多摩丘陵の一角に位置し、区内には平瀬川、平瀬川支川、矢上川、有馬川の4つの河川が流れている。これらの川に挟まれて、丘陵、坂、谷戸などで構成された起伏に富んだ地形が特徴になっている。

多摩丘陵の斜面緑地や農地をはじめ、豊かな自然環境を有しているものの、開発等により農地や山林などの緑地の総量は減少し続

「幻」と言われるほど貴重な宮前メロンの出荷

けているが、宮前区は川崎市内で最も広く生産緑地が残る区である。

川崎市の特産品である宮前メロンは、トマト栽培の裏作として昭和52年から栽培が始まり、57年には川崎農産物ブランドに登録され、その際に「宮前メロン」のブランド名がついた。

美しい網目としっとりとした甘さが特長の宮前メロンは、出荷時期が概ね6月下旬ということもあり、お中元や贈答品にも大人気となった。とはいえ、1本のツルから1個だけしか生産しないアールス系のマスクメロンであることから生産個数に量は望めない。それでも最盛期には7軒の農家が頑張って年間1万6000個が生産していた。しかし、生産者の高齢化や後継者不足などで現在は2軒のみとなり、生産個数は最盛期の3分の1に減少した。地元で消費されるのが精いっぱいだったが、近年はネット通販で予約販売するようになったことから、地元でも「幻のメロン」になりつつある。

14 鷺沼　次の半世紀への駅前づくり

◆駅前再開発でタワービル2棟建設計画

川崎市の都市計画では、鷺沼駅周辺地区は宮前平駅とあわせて、川崎市の地域生活拠点として位置づけ、民間活力を活かした駅前広場の再整備等で駅を中心に商業、都市型住宅、文化・交流など多様な都市機能の集積及び交通結節機能の強化をまちづくりの方針にしている。

鷺沼駅は急行停車駅であり、1日平均乗降人員は6万3000人を数える。しかし、駅前の商業施設は東急ストアが運営する4階建てのショッピングセンター「フレルさぎ沼」が目立つ程度であり、賑わいを呼び込む大型商業施設とは呼べない。加えて狭小な交通広場や駅周辺の低未利用地の点在等が繁華の妨げになっており、以前から地域生活拠点にふさわしい整備が求められていた。

川崎市は平成27年6月、東急電鉄との包括連携協定を締結。その後、鷺沼駅周辺再編整備に向けた検討を経て鷺沼駅前地区再開発準備組合が設立され、平成31年3月に「鷺沼駅周辺再編整備に

昭和41年当時の鷺沼駅前　撮影：山田虎雄

伴う公共機能に関する基本方針」を策定。令和2年7月には都市計画素案説明会の開催に至ったものだ。

計画素案では地上駅である鷺沼駅を横断する「さぎ沼北大通り」の南側を駅前街区、北側を北街区として、駅前街区には地上37階、地下2階、高さ146メートル、北街区には地上20階、地下2階、高さ92メートルのタワービルを建設。両ビルで合計530戸の共同住宅が計画されている。

川崎市は再開発に合わせて、宮前区役所と市民館、図書館などを移転する方針を示しており、駅前街区のビルの3階～5階部分に市民館、図書館、ホールが入る計画となっている。北街区のビルの2階～5階部分には宮前区役所が移転する予定だ。

鷺沼駅付近で田園都市線起工式が行われたのは昭和38年(1963)。東急田園都市線溝の口～長津田間が路線延長され、祝賀電車が走ったのは起工式から3年後の昭和41年4月1日のことだ。当日は朝からあいにくの冷たい雨が降り、祝賀行事の彩りは心なしか寂しかったが「記念すべき日にふさわしく沿線は熱気にあふれていた」と東急電鉄の記録に残っている。

延長開業当時、鷺沼駅～長津田駅間はわずか2両編成の運行だった。鷺沼以遠は地用客少なく、二子玉川からやってきた4両

鷺沼駅前には18を数える路線バスが集中

鷺沼駅前の大型マンション

昭和41年当時の鷺沼駅周辺

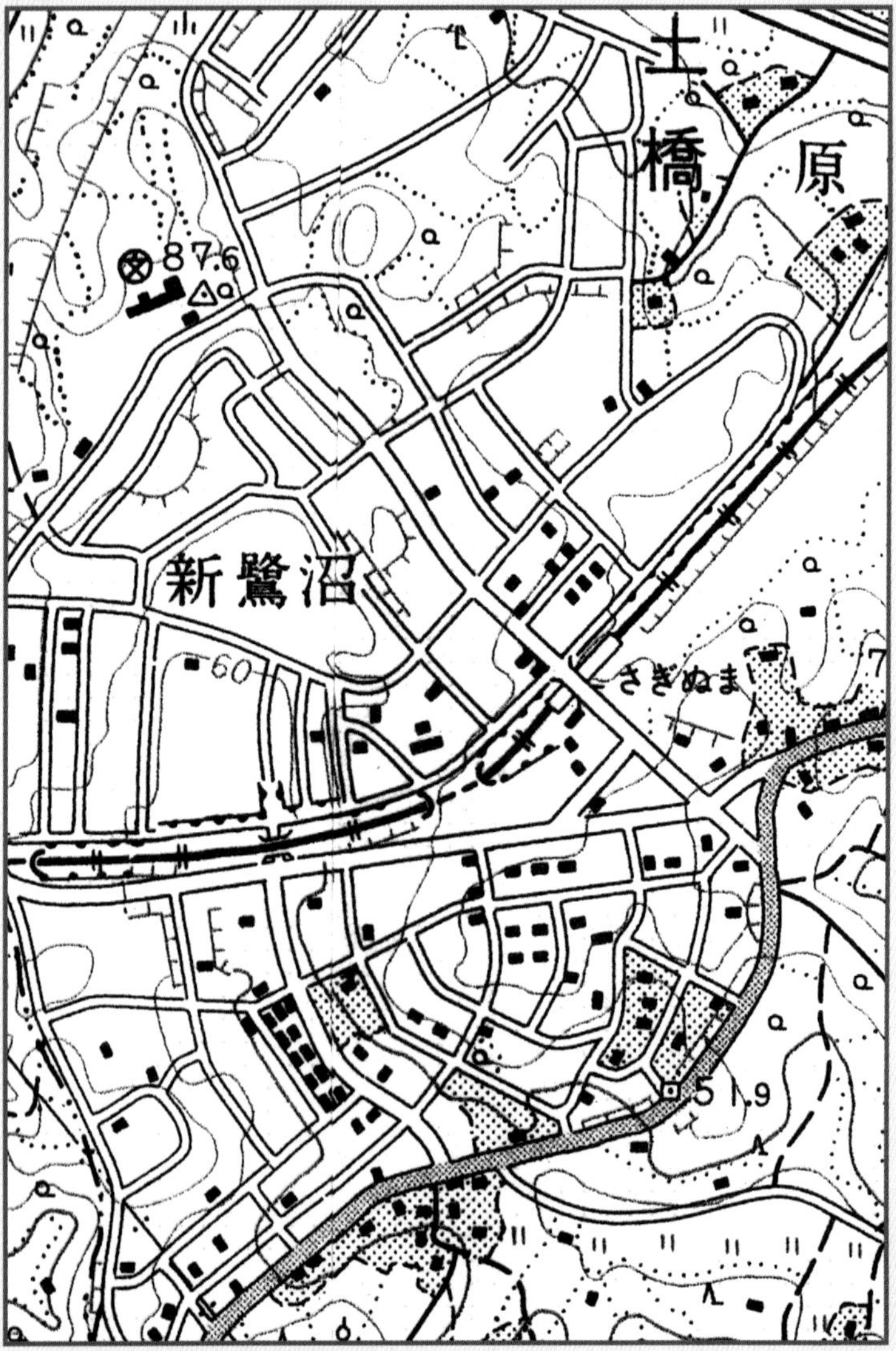

建設省国土地理院発行1/25000地形図

昭和59年当時の鷺沼駅周辺

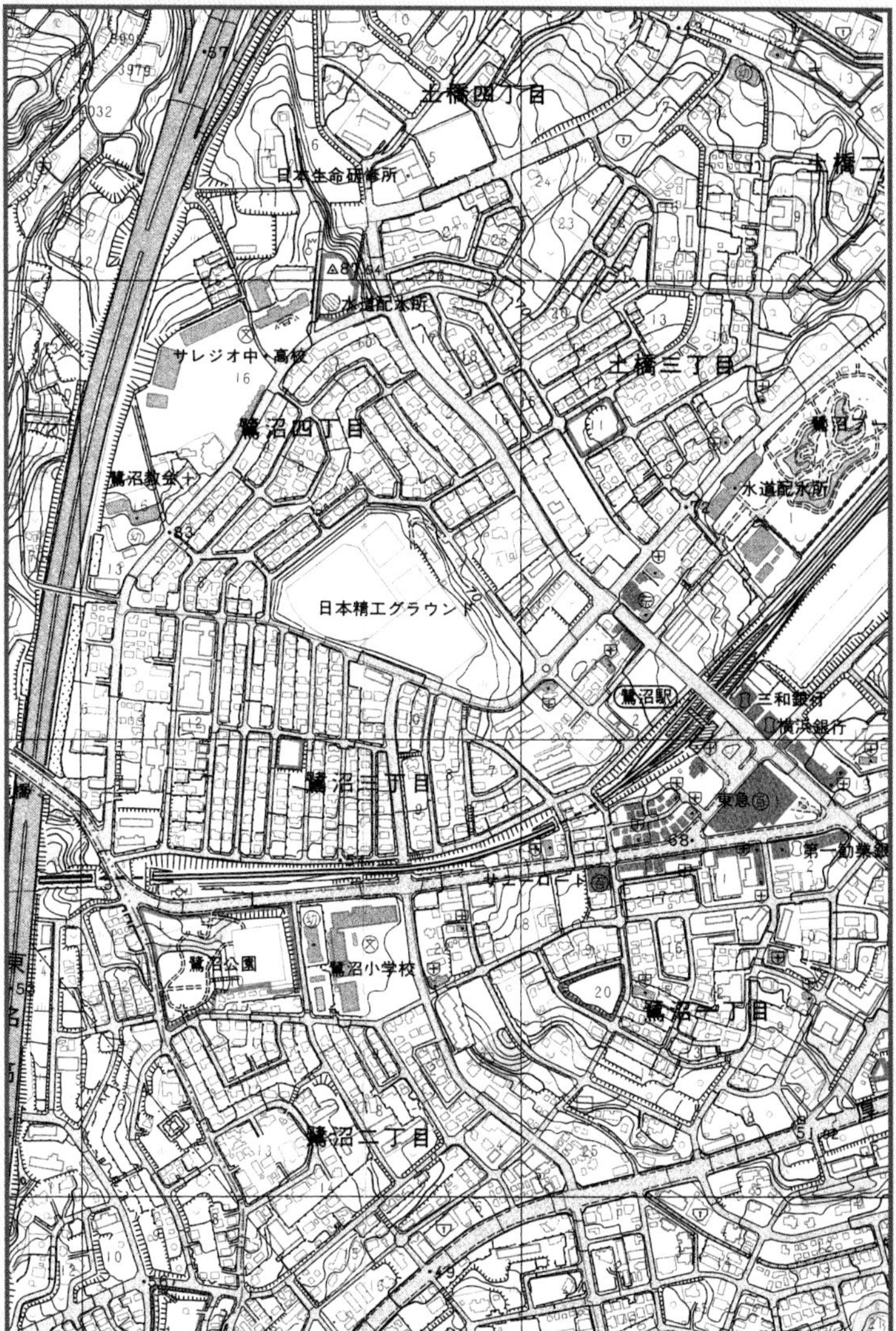

建設省国土地理院発行1/10000地形図

編成はここで切り離してわざわざ2両編成にしたものだ。それから半世紀余。再開発には「反対」の声もつきものだが、鷺沼ばかりでなく沿線の各都市は、街の顔である駅前の次の半世紀を考える時期に来ているともいえる。

鷺沼駅には車両基地があるが、東急ではなく東京地下鉄（東京メトロ）の車両基地で、半蔵門線の車両が所属している。もともとは田園都市線開通と同時に開設された東急所有の検車区だったが、相互乗り入れ相手の半蔵門線が線内に車両基地を設けることができなかったため、東急が昭和54年に長津田検車区へ機能を移転し、跡地を東京メトロ（当時は帝都高速度交通営団＝営団地下鉄）が譲り受けている。

◆スムーズだった用地買収

「鷺沼」は、多摩田園都市の有馬第一地区(69ヘクタール)の土地区画整理事業で誕生した町である。区画整理がなされる前の字は、以下のようになっていた。

・鷺沼1丁目：有馬字北耕地、有馬字鷺沼耕地、宮崎字新鷺沼の各一部
・鷺沼2丁目：有馬字鷺沼耕地、宮崎字新鷺沼の各一部
・鷺沼3丁目：宮崎字新鷺沼、向ケ丘の各一部
・鷺沼4丁目：宮崎字新鷺沼、向ケ丘の各一部

開発前は農地と山林からなる丘陵地であった。古い時代には「鷺沼」という沼があったといわれ、鷺沼谷（さぎぬまやと）と呼ばれる谷戸が長く伸びていた。鷺沼の地名は有馬村にあった「鷺沼耕地」という小字に由来するという。丘陵に挟まれて、低湿地帯が長く伸び、自然湧水を利用して水田耕作

が行われていた。

多摩田園都市建設では、昭和28年（１９５３）から用地買収がスタートしているが、有馬村の一部であった宮前区域での用地買収はスムーズに運んだ。戦時中の軍用地（溝口演習場）は戦後には解放され、元の耕作者へと売り渡されたものの、税負担の問題もあって、帰農した旧軍人へと渡った土地も多かった。武士の商法ではないが、帰農した旧軍人による農地開発はうまくいかずに未開墾地も多かったからだ。農地法（軍からの払い下げ用地や未開墾地の処分年限）をクリアすれば、川崎市も鉄道建設と連携した宅地開発に消極的になる理由はなかった。

鷺沼駅北側にある日本精工の運動場は、昭和37年（１９６２）有馬第一土地区画整理事業の事業計画が決定されて間もなく、まだ鉄道も通っていない時期に社宅用地として分譲されたものが、その後グラウンドに変わったものだ。

「太陽と緑が豊かな多摩田園都市」をキャッチフレーズに分譲建売住宅の売出しが始まると、鷺沼駅前の旧国道２４６号線沿いには、「東急鷺沼アパート」と名づけられた店舗つき高層分譲住宅がつくられるなど、急速なまちづくりに応じてバス路線網も広がり、鷺沼駅前広場の整備とともに大型店舗の建設計画が浮上。昭和53年（１９７８）年9月、東急ストア鷺沼店にかわって「さぎ沼とうきゅう」の看板をかかげたショッピングセンターが開業した。田園都市線の沿線で、当時は最大規模を誇る大

郊外では日常生活にバスが欠かせない

型店舗の進出として話題を呼んだ「さぎ沼とうきゅう」の後身が今度の再開発計画に入っている「フレルさぎ沼」である。

◆有馬は縄文時代から人の営み

宮前区内を西から東へ流れる3本の川――平瀬川・矢上川・有馬川は合流しながら、やがて多摩川・鶴見川となって東京湾に至るが、3川のうち最も南側を流れる有馬川沿いの、横浜市境に接する地域――現在の有馬1～9丁目、東有馬1～5丁目、鷺沼1～4丁目の大部分は、かつては「有馬村」だった。今では住宅地となった有馬地区は住居表示が行われて町名番地もついてわかりやすくなったが、田園都市線が走り出した昭和40年代は有馬東耕地、西耕地、南耕地、北耕地の時代で、農家も広いエリアにわずかに点在する程度だった。

「ありま」は「有馬」「有間」「在間」などと表記され、地名の由来も、川が丘陵の間を縫って流れる地形から「有間」あるいは「在間」という地名が生まれたとする説、古代の朝廷用馬を生産する「馬牧」にちなんで「有馬」としたとする説など、諸説あるようだ。

古くから人々の営みあったことは、有馬川に沿って数多くの遺跡が発見されていることでも明らかで、縄文前期の竪穴式住居跡や火葬墓と骨蔵器などが出土している。

江戸時代の有馬は深い泥田で稲作には苦労したが、台地では畑作が行われ、炭焼きの里としても知られていた。クリやタケノコにスイカも出荷され、養蚕も盛んであったという。

大正時代に入って梅や桃など、馬絹と同様に花卉栽培も始まり、養蚕にかわって野菜づくりと牛や豚、鶏の飼育も行われるようになった農村だったが、戦時中には多くの土地が溝口演習場用地として買収された。戦後には軍用地も返還されたが、その直後に多摩田園都市計画が始まり、農地のほとんどが宅地へと変貌を遂げていったというのが、有馬のあらましとなっている。

◆犬蔵「美しの森公園」と菅生神社の初山獅子舞

犬蔵1丁目と2・3丁目の境を走る尻手黒川道路は、川崎市の東西軸として重要な幹線だが、昔は清水谷戸（しみずやと）と呼ばれる谷間だったという。矢上川の最上流域にあたるこの一帯は、豊かな湧き水に恵まれていたことが想像される。

犬蔵2丁目にある「宮前美しの森公園」は平成18年（2006）に開園した川崎市では最も新しい公園になっている。園の北西部には、井戸から汲み上げた地下水が池へと注ぐ清流があり、今も残る谷戸の風景とともに自然豊かな景観をつくり出している。風車と太陽電池兼用式の照明灯や、透水性のアスファルト舗装など環境面に配慮しているため、貴重な動植物も生息している入園フリーの公園になっている。

宮前区は、多摩田園都市計画で最初と最後を飾っている。野川第一公園周辺の一画が多摩田園都市のモデル地区として最初に手掛けられた事業になっているが、宮前美しの森公園は多摩田園都市計画による最後の土地区画整理事業で誕生している。

宮前区内では多摩田園都市計画スタートした昭和30年代以降、野川地区、有馬地区、土橋地区、宮崎地区等々で土地区画整理事業が開始され、丘陵地は宅地に変わり本格的な都市化が進展した。

犬蔵地区でも山林や農地の用地買収が進められてきた。ところが、区画整理事業の地元合意が生まれないまま二十年の経過し、農家の一部から土地の返還を求める運動が起こった。買収された土地が利用されずに放置されているのは契約違反だとして契約の破棄通告をしたのである。犬蔵地区の区画整理事業が世紀をまたいで2000年代初頭にまでずれこんだ背景にはこうした経緯があった。

犬蔵地区は1丁目から3丁目まであるが、江戸時代に下菅生村犬倉と呼ばれていた地域に当たっている。

「犬蔵」は珍しい地名といえるが、その由来には二説ある。一つは、昔は付近の谷間に狼が生息していたからという狼由来説。犬蔵の「犬」は山犬すなわち狼のこと、「クラ」は断崖や岩場を表し、犬蔵交差点から南西に深く入り込んだ谷戸の奥を、昔は「狼谷戸」と呼んでいたという。

もう一つは、犬蔵地区の鎮守であった御嶽社（みたけしゃ）のお使い神「オイヌさま」由来説だ。江戸時代、御嶽社を信仰する御嶽講の講中には、黒い山犬が刷られた護符が配られたと伝わる。犬蔵にあった御嶽社は昭和43年（1968）に菅生神社（菅生2丁目）に合祀されている。

菅生神社は〈宮前平〉の項で触れた白旗八幡大神か

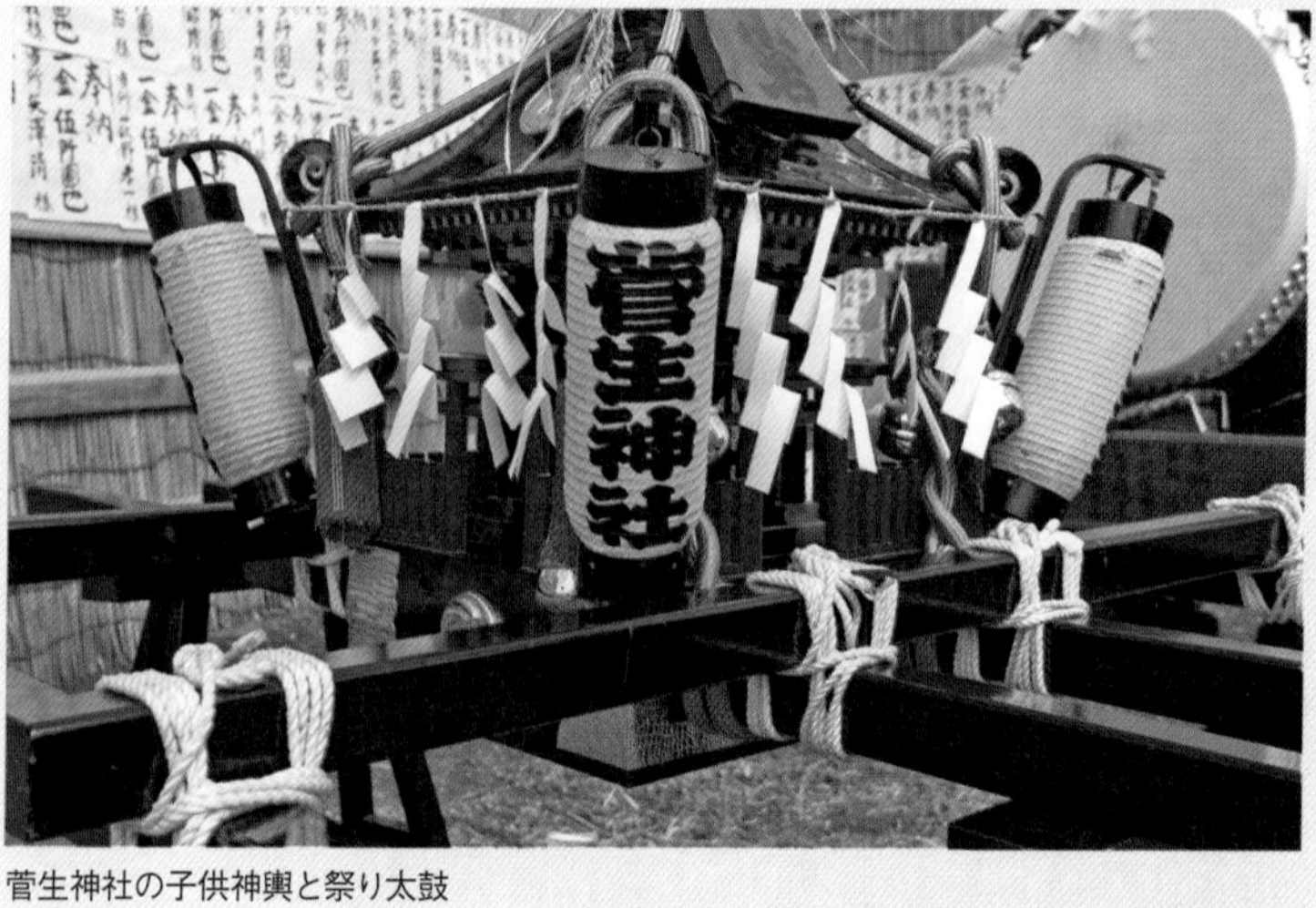

菅生神社の子供神輿と祭り太鼓

ら天福元年（1233）に分霊を奉斎した云々が縁起となっている。下菅生村字蔵敷の鎮守社で、明治43年に御嶽社その他10社を合併して菅生神社と改称している。

菅生神社に伝承され、毎年10月に行われる「初山獅子舞」は神奈川県の指定無形民俗文化財となっている。保存されている3組の獅子頭には江戸時代初期と推定されるものもあることから、江戸時代の初め頃には舞われていたものと推測されている。

初山の獅子舞は「剣獅子」「玉獅子」「巻獅子」と天狗面を付けた「幣負（へいおい）」の4人で舞われるが、地面を這うように低い姿勢で舞う動きは古い形式を伝えるものと言われる。

「菅生」は既に16世紀には存在した記録のある古い地名で、現在の宮前区西部と多摩区南東部、麻生区東百合丘の一部を含んだ広い地域だった。江戸時代に入ると、菅生郷は上と下の菅生村に分かれ、明治時代には菅生村の誕生となり、範囲は変化したが、地名は現代まで脈々とつながっている。

菅（すげ）が多く生えている場所だったことから「菅生」という名前が付いたと考えられている。菅は山や水辺に自生するカヤツリ草科の植物の総称で、葉の幅が広いものは菅笠などに、幅の狭いものは蓑の材料になった。今は見かけること少ないが、菅笠や蓑は時代劇でお馴染みだ。

15 たまプラーザ 次世代に繋ぐまちづくりに着手

◆多摩田園都市の代表的な街「美しが丘」

田園都市線も鷺沼を出ると川崎市を離れて、横浜市に入る。その最初の駅となる青葉区のたまプラーザ駅は賑やかだ。1日平均乗降客数は8万3000人を数える。駅と直結した大規模商業施設「たまプラーザテラス」に加えて東急百貨店にイトーヨーカドーもある。郊外駅でお馴染みの駅前交通広場は地下ターミナルに集約され、多方面への路線バスが発着する各バス乗り場の天井部分には発着系統の案内板があり、初めて訪れたものもわかりやすい。

「たまプラーザ」という駅名は、駅開業当時の東京急行電鉄社長であった五島昇の発案という。暫定駅名は、周囲の町名に合わせた「元石川駅」だった。田園都市線の駅名を決定するにあたり、特に語呂がよくて親しみやすく、他に類似のものがないことと、駅の所在地と関連があり、駅勢圏のシンボルとなるものが考慮されて決定したと聞く。

多摩田園都市の代表的な街としてあげられるが、たまプラーザ

昭和41年当時のたまプラーザ駅前　撮影：荻原二郎

駅北側に広がる「美しが丘」だ。

美しが丘は1丁目から3丁目がまず誕生している。4〜5丁目は昭和47年に元石川町の一部から新設されている。

1丁目はたまプラーザ団地でほぼ占められ、団地の外周には一戸建て住宅が広がる。たまプラーザ団地は日本住宅公団(現・UR都市機構)により建設され、昭和43年(1968)に完成・入居となった、総戸数1250戸余を数える大規模団地だ。

団地の敷地内には木々に覆われた広い遊歩道が設けられており、この遊歩道は東急百貨店に直結し、百貨店と反対方向は途中で道が2本に分かれ、各々2丁目、3丁目へ延びている。2丁目、3丁目には車道が途中で遊歩道に変わる「クルドサック」と呼ばれる道路が多くなっている。この地区では歩道と車道を完全に分離し、住宅地内の車道は通り抜けができない袋小路状にし

たまプラーザ東急デパート

駅から美しが丘1丁目に向かう道

昭和41年当時のたまプラーザ駅周辺

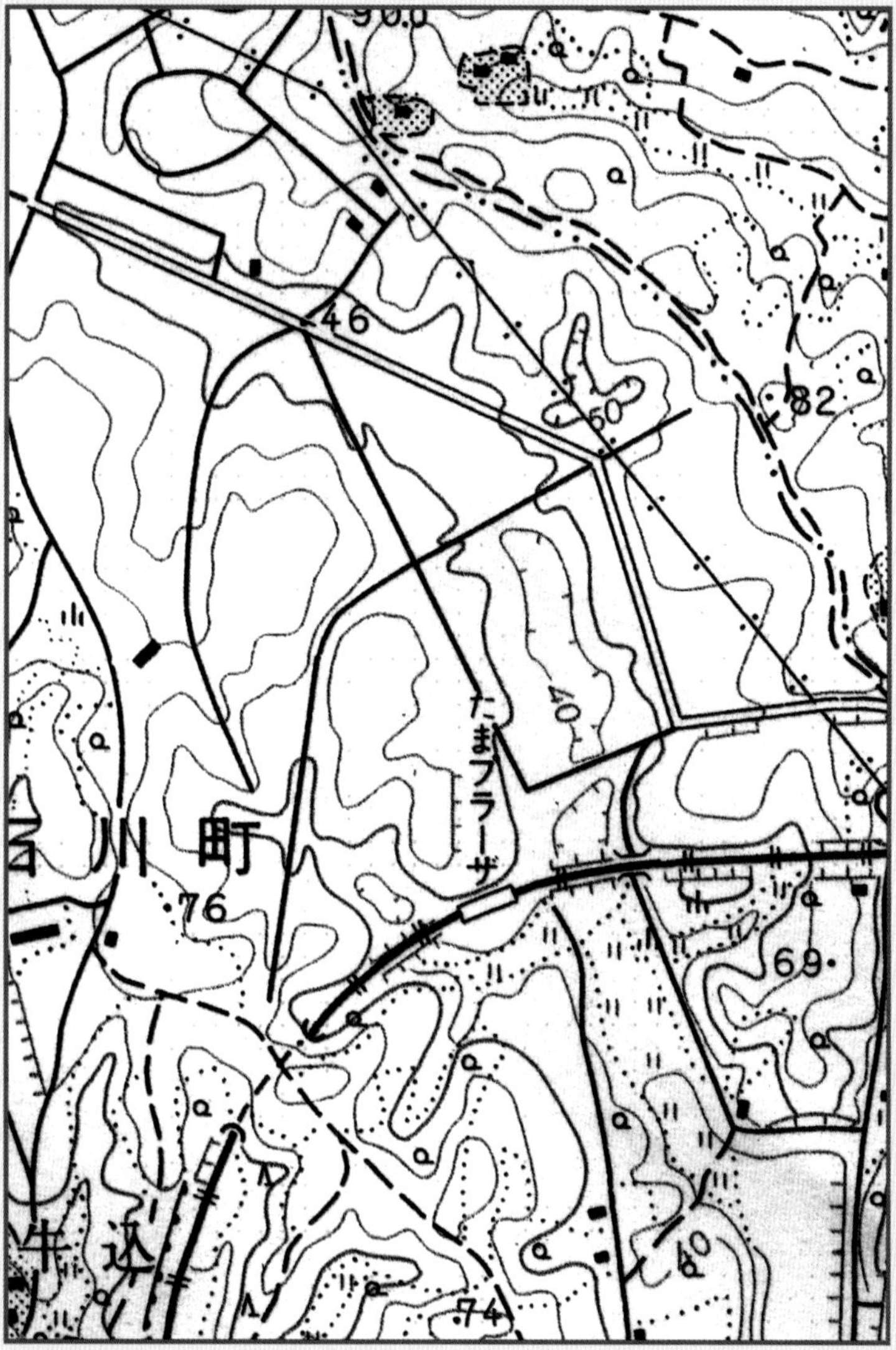

建設省国土地理院発行1/25000地形図

昭和59年当時のたまプラーザ駅周辺

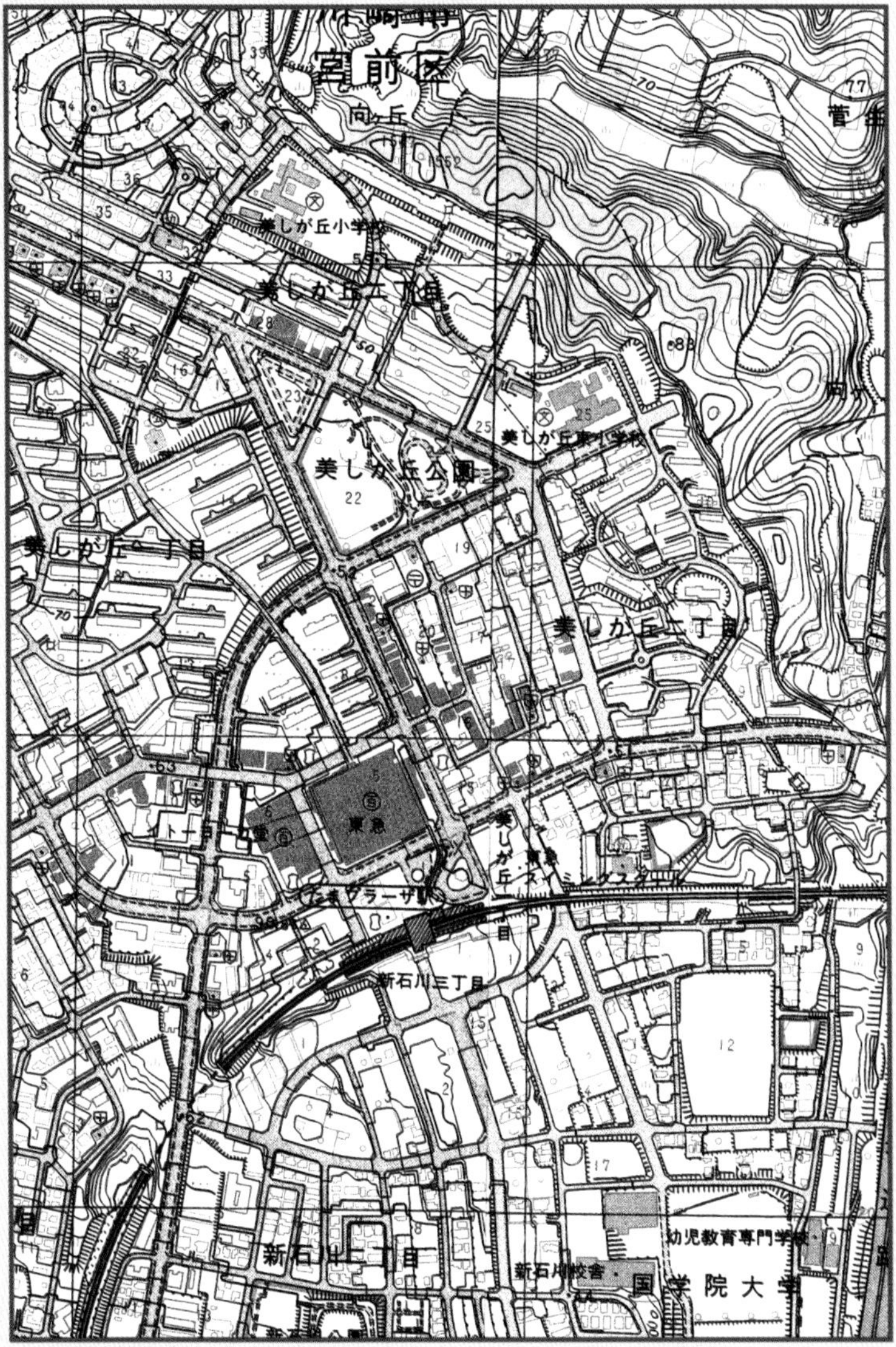

建設省国土地理院発行1/10000地形図

たものだ。そのため、遊歩道の手前では自動車がUターンできるように車道がサークル状になっている。

他の郊外住宅地ではみられない特徴は、区画整理事業に歩車道完全分離が採り入れられたことによる。歩行者専用道路と広い車道との交点にはコンクリートのアーチ橋が設けられたほか、一部街区には自動車の通り抜けができない行き止まり道路が設けられたのは、自動車の利便性を確保しつつ、良好な住環境を維持する新しい試みは、高級住宅地のイメージをアピールした。

◆昭和元禄時代に誕生

美しが丘の街は、多摩田園都市「元石川第一地区」の開発で誕生した。元石川第一地区では昭和38年(1963)から昭和44年まで土地区画整理事業が行われた。昭和38年は前回の東京オリンピックの前年にあたり、昭和40年代初頭は列島が「昭和元禄」と浮かれた時代になっている。昭和35年に、時の首相池田勇人が月給倍増十年計画は公約通り進み、庶民の財布に少しばかりの余裕が出てきたことから、大量生産・大量消費の社会となったのが昭和元禄時代であり、高度成長期の真っ只中であった。

土地区画整理事業が終わると、元石川町は古い上着を脱ぎ棄てるように「美しが丘1丁目」「美しが丘2丁目」「美しが丘3丁目」と町名が変更された。

新住民の消費活動に当初は東光ストアが設けられたが、昭和57年には駅前に「たまプラーザ東急ショッピングセンター」が開業した。「グレードの高い都会的センスのあるSC(ショッピングセンター)」をキャッチフレーズにした東急ショッピングセンターは「たまプラーザ東急百貨店」(現・東急百貨店たまプラーザ店)を核店舗とし、70店の専門店が誘致してのオープンだった。

東急ショッピングセンターはその後、平成17年から行われた「たまプラーザ駅周辺開発計画」でリニューアル。平成22年にグランドオープンしたのが冒頭に触れた「たまプラーザテラス」だ。

この間、昭和44年に港北区から緑区が分離・新設された際に美しが丘は緑区の所属となり、さらに平成6年（1994）に港北区と緑区の再編が行われて新設された青葉区の所属となった。

「美しが丘西」は「美しが丘」よりぐっと遅く、平成元年の土地区画整理事業の施行に伴い、元石川町の一部から新設されている。町名は町区域が「美しが丘」の西側にあたることからの町名となっている。

◆交通事情は未開の地だった青葉区

田園都市線は川崎市域を離れると、国道246号線と付かず離れずしながら横浜市の北端部になる青葉区を北東から南西へ斜めに縦断。長津田駅で緑区をかすめると町田市に入り、終着の大和市中央林間駅へと向かう。この間、青葉区に入る駅はたまプラーザ、あざみ野、江田、市が尾、藤が丘、青葉台、田奈と7駅を数える。

多摩田園都市構想は昭和28年（1953）当時の東急会長・五島慶太が未開発だったこの地域を一大田園都市とする構想を掲げた「城西南地区開発趣意書」に端を発しているが、土地区画整理事業に着手した昭和30年代、多摩田園都市建設予定地における農地と山林の割合は農地4割、山林6割。未開発そのままだった。美しが丘の街も、その頃は丘陵地に雑木林が広がる山林だった。

横浜市北部は都心から30キロ圏内にありながらこれだけ開発が遅れたのは、ひとえに交通網が貧弱だったことに尽きる。大部分が舗装されていずに道路幅も5メートルに満たない大山街道をバスが1日数本走っているだけという戦前並みのありさまだった。

多摩田園都市構想に地元は賛否こもごもだったが、横浜市は賛意を示した。計画地区は交通不便な奥地にあるため、これらの地域を自然発展にゆだねれば非常に長い年月を要するばかりでなく、虫食い乱開発によってスラム街を生み出しかねないと、大資本による開発を意義付けている。港北区は「多摩田園都市構想は一大センセーションを巻き起こした」云々とまで区政概要で評した。

昭和38年（1963）飛鳥田一雄が横浜市長に就任すると、多摩田園都市関連の行政サービス等を巡って東急と横浜市がぎくしゃくする時期もあった。飛鳥田一雄はその後、社会党で国政に転じ、平成2年（1990）に現在の青葉区が地盤で、自身も緑区、青葉区民であった高秀秀信が市長に就任以降は、横浜市と東急との協力関係は維持されている。

◆次世代につなぐ郊外のまちづくり

平成30年（2018）10月、たまプラーザ駅近くに新築されたマンション「ドレッセWISEたまプラーザ」の1階と2階部分に、地域交流の拠点が設けられた。同施設にはオープンスペース・シェアワークスペース・保育園・コミュニティカフェなどが入居するほか、郊外での雇用を生み出すべく設立された東急電鉄の子会社「セラン」の事務局や屋内・屋外2つのフリースペースも設けられた。

フリースペースは多世代のコミュニティの交流促進や地域の活動の場の提供などの役割を担う。また、テナントやマンション管理組合、東急電鉄などからなるエリアマネジメント法人も立ち上がった。フリースペースにはそのスタッフも常駐し、コミュニティ形成の拠点となっている。

横浜市は平成25年に「次世代郊外まちづくり基本構想2013～東急田園都市線沿線モデル地区におけるまちづくりビジョン～」を策定している。これは横浜市と東急電鉄が協働した中で、こうした地域交流施設をマンションの一部として造った背景ともなっている。

横浜市と東急は平成23年（2011）「郊外の住宅地とコミュニティのあり方研究会」を立ち上げ、有識者を交えた討議を重ね、郊外住宅地の現状や課題の把握、解決策や郊外部のまちづくりの方向性を検討した。そして翌年4月に「既存のまち」の暮らしやコミュニティを重視しつつ、新たな発想でこれからの郊外住宅地を再生する「次世代郊外まちづくり」の取り組みに合意し、包括協定を締結。産・学・官・民が連携してまちづくりに取り組んでいくためのビジョンの提示を目的に、横浜市と東急電鉄による研究会や、次世代郊外まちづくりワークショップを中心としたモデル地区での様々な取組み、そして各暮らしのインフラ検討部会での検討成果を、横浜市と東急電鉄が主体となって取りまとめたものが基本構想としてまとまったものだ。

基本理念として次の4項目を挙げている。

○人、暮らし、コミュニティを最重要視した「既存のまち」の持続と再生
○まちづくりの施策、事業の推進を通じた人口減少社会、高齢社会における諸分野の課題解決
○建物や都市機能の更新、再生と、郊外住宅地を持続させていくための「仕組みづくり」の双方を一体化したまちづくり

たまプラーザ商店会のアーチ

○「産・官・学・民」の連携、協働による実践
理念実現するための重点施策を列記すると――
・多世代が支えあう元気で豊かなコミュニティの創出する
・地域の経済モデルの創出
・まちぐるみの保育・子育てネットワークの実現
・在宅医療を軸とした医療・介護連携の地域包括ケアシステム「あおばモデル」の実現
・新しい地域の移動のあり方の提示
・既存のまちの公的資源の有効活用
・既存のまちの再生の仕組みを創出する～大規模団地や企業社宅等の再生～
・戸建住宅地の持続の仕組みと暮らしの機能の創出
・「環境」「エネルギー」「情報プラットホーム」の構築
・担い手となる組織を創り出し、まちづくりの主体としていく

◆「金曜日の妻たち」の時代は遠い昔に…

多摩田園都市のような郊外住宅地の多くは、地域の担い手が都心部へ通勤することを前提として住宅地が形成されている。こうした街では住民同士が顔を合わせる機会は少なくなりがちで、人々の交流が生まれにくい。加えて開発から60年余が経った。住民の世代も交代している。

平成24年(2012)に、美しが丘1丁目・2丁目・3丁目の6500世帯を対象に行われたアンケートでは「街づくりの担い手となる意向」について「どちらかといえば、やりたくない」が48%、「やり

たくない」が21％と、約7割が「街づくりの担い手」となることに対してマイナスな回答をしたという。また、地域との交流機会に関しても約3割が「必要ない」「どちらかと言えば必要ない」と回答している。

核家族化が進行した結果、隣近所でさえ挨拶程度となり、コミュニティの希薄化は郊外住宅地ばかりでなく、都心部でも同様だ。加えて、高齢化と人口減少の進行という現実もある。

横浜市の高齢化率は平成31年（2019）1月現在で25％。多摩田園都市の主要行政区である市青葉区は人口31万人で22％弱となっている。しかし、平成22年は15％、平成27年には19％だった。青葉区も確実に高齢化が進んでいる。このうち、美しが丘を平成31年の数字で見ると1丁目は24％台半ば、2丁目は9％台半ば、3丁目は30％と、地区によって住民10人のうち3人が65歳以上となっている。

美しが丘は坂道の多い街だ。起伏の多い丘陵地帯に住む高齢者には生活の不自由も生じているだろう。

同じような問題を抱えているのは、たまプラーザばかりでなく、多摩田園都市全体にいえることだろう。ニューファミリーがもてはやされ、テレビドラマ『金曜日の妻たちへ』で田園都市線が舞台になった1980年代は遠い昔に去り、街が生まれてから半世紀余。街というものは本来、自然発生的に集落ができ、やがて村となり町となって住む人が増えていったものだ。多摩田園都市ばかりでなく、郊外の開発住宅地はまず容れ物を作って人を呼び込んで成った街だ。そこでコミュニティづくりを行い、街の明確な将来像を示す難しさは並大抵のことではあるまい。横浜市と東急の取り組みの成果が注目されている。

16 あざみ野

青葉区の都市像の象徴

◆1日平均10万人以上が利用する駅だけど・・・

あざみ野駅は田園都市線と横浜市営地下鉄のブルーラインが乗り入れ、接続駅となっているが、田園都市線の1日平均乗降人員は13万6000人を超え、田園都市線内の駅では三軒茶屋駅に次ぐ第4位になるほど。ラッシュ時には都心並みの混雑ぶりだ。一方、横浜市営地下鉄も1日平均乗降人員は8万人と日吉駅に次ぐ第6位にランクインしている。

青葉区の人口は現在30万人以上を数えるが、両路線合わせると1日平均21万人を超える乗降人員をカウントすることは、1日10万人以上の人が乗ったり降りたり利用している計算になる。青葉区民の3分の1があざみ野駅を利用していることになる。

青葉区は横浜市全体と比較して、年少人口比率と生産年齢人口比率は高く、若い世代や、働き世代、子育て世代の人が多く暮らしているところだが、青葉区の昼夜間人口比率（夜間人口100人あたりの昼間人口の割合）は76％強で横浜市18区中最も低く、青葉区在住の通勤・通学

昭和52年当時のあざみ野駅前　撮影：山田虎雄

者の37％が東京都内に出かけている。そうした青葉区の都市像の象徴があざみ野駅ということになる。

しかし、あざみ野駅を最寄り駅として利用している青葉区民は、通勤通学以外ではお隣のたまプラーザ駅まで出かけているという調査結果が出ている。

横浜市が令和2年3月にまとめた「田園都市線駅周辺のまちづくりプラン」に「最寄り駅別の目的別利用駅」という項目がある。青葉区の令和元年度区民意識調査をもとに、「買い物」「会食」「娯楽」「文化・スポーツ」「通院」の目的別に最も利用する駅を見たものだ。

それによると、あざみ野駅利用の住民は「文化・スポーツ」「通院」では地元を利用するが「買い物」「会食」「娯楽」に関してはたまプラーザ駅まで出かけている。こうした傾向は江田、市が尾でも同じになっている。ちなみに市が尾以遠の藤が丘、青葉台、田奈は「文化・スポーツ」も青葉台に集中しており、青葉区内の田園都市線沿線住民のお楽しみお出かけタイムはたまプラーザと青葉台の両駅に二極化していることが窺える。

あざみ野駅前に商業施設がないわけではない。駅構内及び東口、西口の3カ所で東急が「エトモ」を展開しているし、西口には商店会もある。しかし、通勤通学の時間帯を除けば、静かな駅前空間になっている。

横浜市営地下鉄ブルーライン

西口は交通広場になっている

昭和41年当時のあざみ野駅周辺

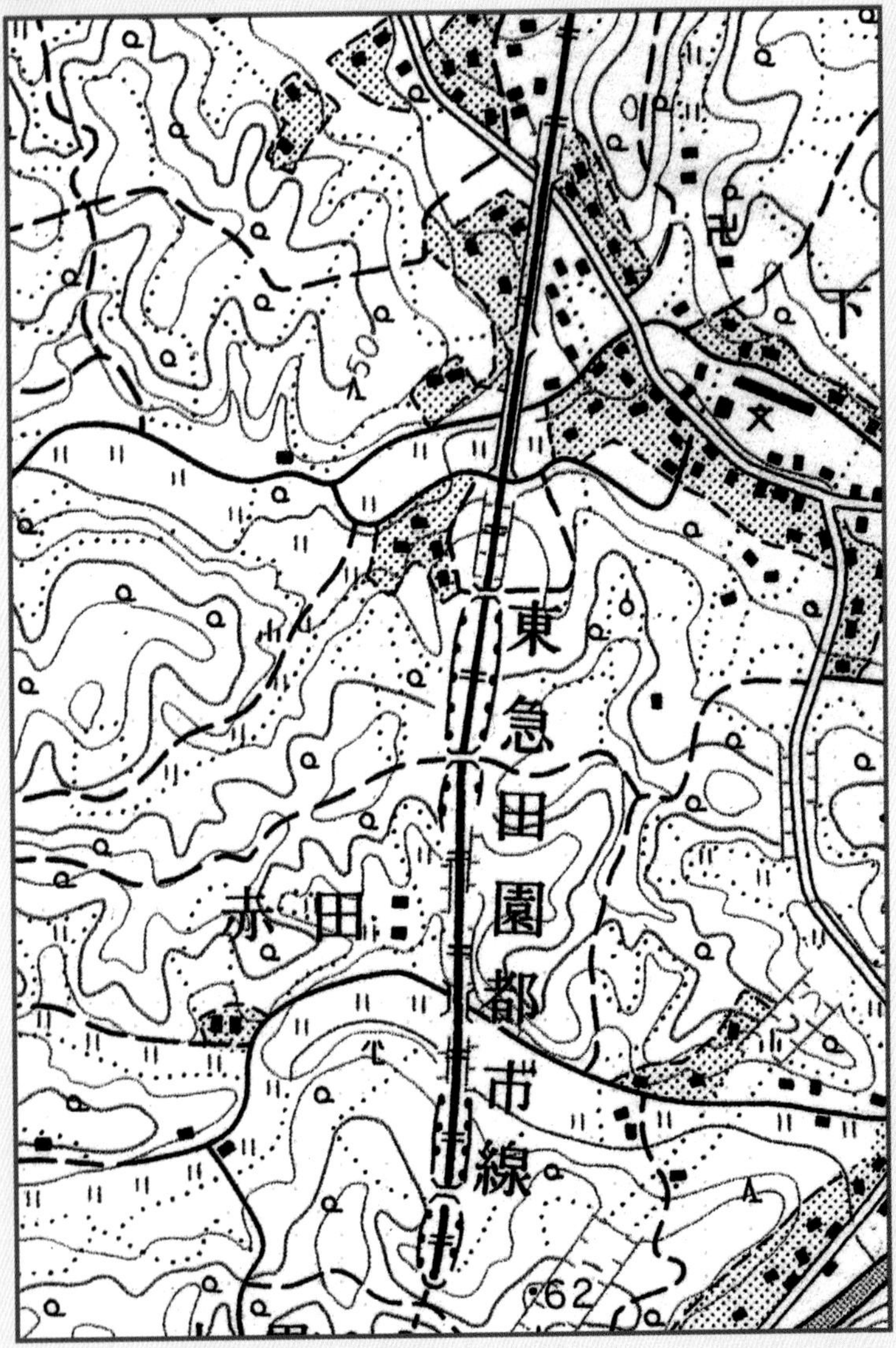

建設省国土地理院発行1/25000地形図

昭和59年当時のあざみ野駅周辺

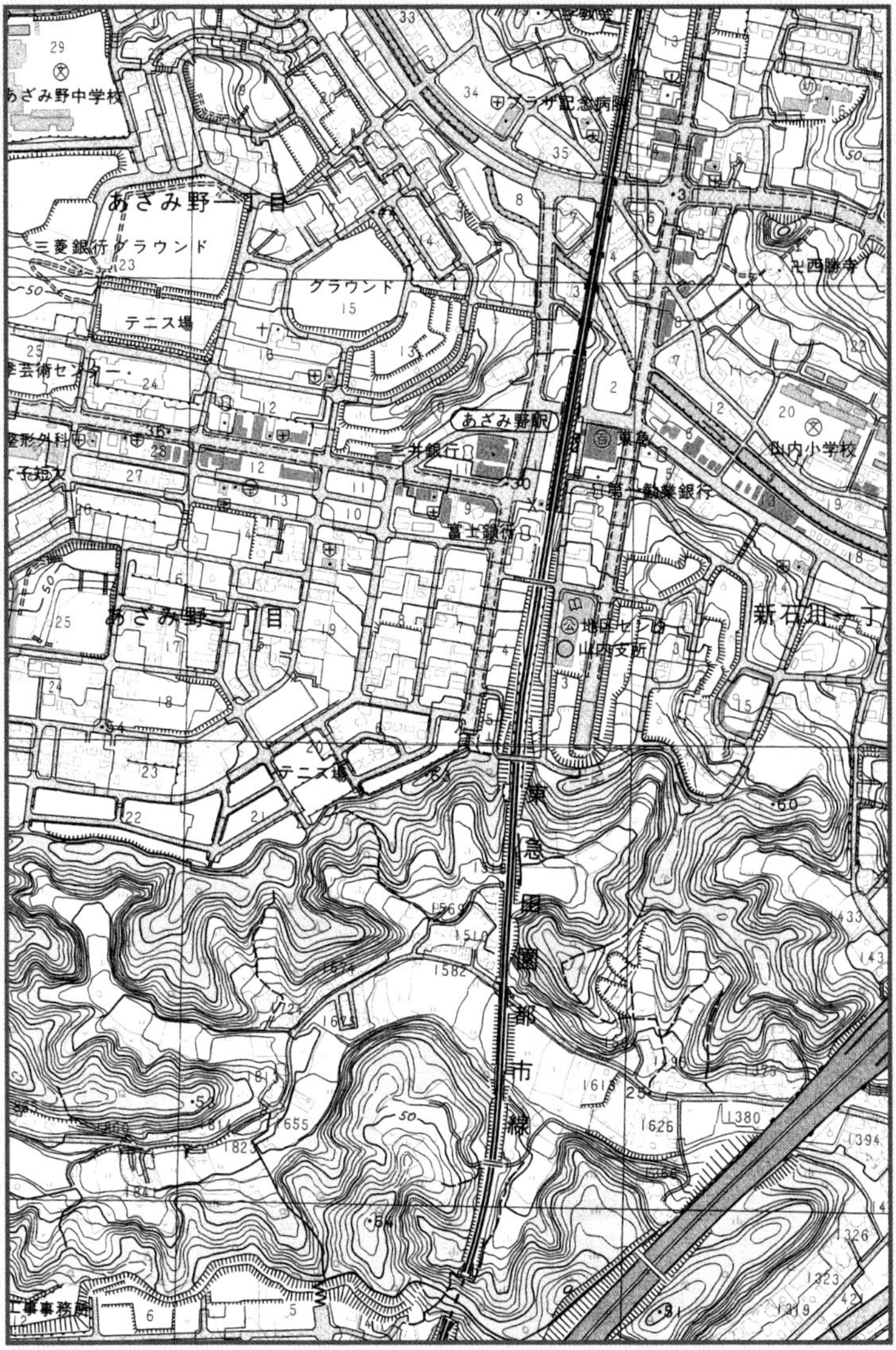

建設省国土地理院発行1/10000地形図

前出の「まちづくりプラン」で、横浜市はあざみ野の今後の課題として「鉄道の交通結節点の街として、多くの人が魅力的と感じるような、良好な駅前空間の景観形成を図る」としているが、高速鉄道3号線こと横浜市営地下鉄ブルーラインの延伸も具体化した。消費活動にわざわざたまプラーザ駅まで出かけなくて済む、地元住民に満足感を与える賑やかな拠点形成が急がれる。

◆新駅予定地も決まった地下鉄ブルーラインの延伸

あざみ野駅から小田急線新百合ヶ丘駅まで、横浜市営地下鉄ブルーラインの延伸区間開業は令和12年を目標年度にしている。途中駅として計画している4駅の予定地は、あざみ野団地のある嶮山付近、同じく団地を抱えるすすき野付近、室内温水プールやトレーニングルームなどスポーツ施設のあるヨネッティー王禅寺付近、そして新百合丘南口付近となっている。このうち横浜市域は嶮山付近とすすき野付近の2カ所で、残り2駅は川崎市域になっている。

新駅ができれば、これまでバス利用であざみ野駅に出るか、あるいはマイカー利用かだったあざみ野団地やすすき野団地の交通利便性は飛躍的に向上することになる。

「まちづくりプラン」でも高速鉄道3号線の延伸を見据えて、あざみ野の駅前空間は「業務機能の拡充を図るとともに、くつろげる場所の確保など、街に立ち寄ってみたくなる魅力を高め、商業機能は周辺の駅とのバランスを取って、買い物等の利便性の向上を推進する」としている。

あざみ野駅の開業は昭和52年(1977)と、たまプラーザ駅などより10年以上遅いが、そもそも開業前から地下鉄ブルーラインと密接にかかわっている。

◆田園都市線との接続駅問題で紛糾

横浜市営地下鉄ブルーラインは、多摩田園都市に触発された当時横浜市長だった飛鳥田一雄の肝いりで都筑区に誕生した港北ニュータウンの基幹交通路線として計画された路線だ。田園都市線との接続については、昭和46年(1971)6月に作成された港北ニュータウン基本計画では具体的な接続駅を決定していなかった。

東急はたまプラーザ駅が最も良い接続駅と考えていた。快速(当時)の停車駅で、駅周辺に東急の所有地が多数あることから接続駅設置に便宜を図ることができるからだ。しかし横浜市交通局は、東名高速道路及び国道246号線との交差が容易で、将来小田急線方面に延伸するのに都合が良く、路線延長が短くなり工事費が安くなるという理由から、東急がたまプラーザ〜江田間に計画していた新駅(あざみ野駅)とする結論を出した。駅間距離が長いことから設けることになったものだ。

東急側は将来的に急行停車を予定していた、たまプラーザ駅を接続駅とすることを再度横浜市側に要望したが、市の負担で東京方面へのアクセス性向上を図るのは営業的にも好ましくないなど、「?」と思われる理由で、新駅を接続駅とする方針を変えなかったことから話し合いは紛糾。運輸省は路線免許の交付を保留したほどだ。

この間、あざみ野駅は開業したが、昭和56年(1981)に美しが丘連合自治会が、東急と横浜市に対して、横浜市営地下鉄3号線の接続駅をたまプラーザ駅とするように1万人の署名を集めて要望したが、革新系が多数派だった横浜市議会はこれを却下。結局、東急が折れる形で昭和59年(1984)あざみ野駅が接続駅となった。

平成5年（1993）3月、地下鉄3号線が新横浜駅からあざみ野駅まで延長開業し、港北ニュータウンから東京都区内への通勤・通学客や、新横浜駅で東海道新幹線を利用する東急沿線の遠距離利用客があざみ野駅で乗り換えられるようになったが、田園都市線の急行や快速はいずれもあざみ野駅を通過したままだった。あざみ野駅の利用客は増加を続け、急行停車駅に匹敵するほどになったが、渋谷方面から急行や快速を利用した乗客は緩急接続駅の鷺沼駅あるいはたまプラーザ駅での乗り換えが必要で、住民はあざみ野駅急行停車を強く要望。東急は、青葉台駅以西からの所要時間増加を避けるために藤が丘駅での急行待避設備などを整備。あざみ野駅への急行停車が実現したのは平成14年（2002）3月のダイヤ改正時であった。

◆土地の歴史を伝承する山内小学校

昭和41年（1966）に田園都市線溝の口駅～長津田駅間が開業した時点で、既に沿線人口は土地区画整理事業が始まっていない地域も含めて4万7000人に達していた。田園都市線開業前は、開発区域の住民は路線バスで東横線、横浜線、小田急線の駅に連絡していた交通不便時代だったが、田園都市線開業とともに初期の土地区画整理事業が相次いで完了。多摩田園都市への入居が本格化していった。

「あざみ野」は早渕川の土手に群生して咲いていた「野あざみ」に由来しているという。多摩田園都市の土地区画整理事業の施行に伴い、昭和51年（1976）に元石川町、大場町、美しが丘5丁目の各一部から新設された町が誕生した際、地元の要望で早渕川の野あざみをイメージして「あざみ野」の町名がつけられ、駅名も町名に準じたものになった。

「あざみ野南」は平成4年（1992）の土地区画整理事業の施行に伴い、荏田町・新石川町1丁目・

元石川町・あざみ野2丁目・荏田北2丁目〜3丁目の各一部から新設されている。町名は地元の要望により「あざみ野」の南に位置することから「あざみ野南」になっている。

駅東口の新石川1丁目に山内小学校がある。創立は明治6年（1873）古い歴史を持つ横浜市立の公立小学校で、校名の「山内」はかつて駅周辺が山内村だったことに由来している。

田園都市線が横浜市域に入ってくるたまプラーザ、あざみ野両駅周辺はかつて山内村だった。山内村となる前は、昔から「石川」と呼ばれた地域で、明治22年（1889）に石川村は荏田村と合併し、黒須田村飛地と合わせて「神奈川県都筑郡山内村」となっている。

横浜は明治22年に市制に移行しているが、時代が流れて昭和14年（1939）、横浜市の市域拡張により、現在の青葉区の区域にあたる都筑郡の山内村、中里村、田奈村が横浜市に編入されて港北区元石川町となった。

昭和44年（1969）に港北区から緑区が分離して緑区元石川となり、多摩田園都市による宅地開発で人口が急増した昭和51年、緑区元石川は「あざみ野」「新石川」など新しい町名を生みながら新石川、荏子田、大場町等々に区割りされている。緑区誕生当時の青葉区域の人口は5万人程度だったが、青葉区となった平成6年当時の人口は24万6000人近くを数えるまでに増加していた。昭和40年代後半から平成にかけて宅地開発が加速したことが窺える。

新石川1丁目に驚神社がある。「驚」はそのまま「おどろき」と読むが、古くから石川の鎮守だった神社だ。創建は不詳だが、奈良時代に造られたとの伝承があり、石川地域は馬の牧場である「牧」があったことから、「馬を敬う」の二字を合成して「驚」となったともいう。

驚神社の周辺も緑が少なくなり、市街地の神社と変わったが、長い参道が往時を偲ばせる。

17 江田 半世紀前に300m級タワーマンション計画もあった

◆今も盛業、荏田宿の「現金屋呉服店」

地名に用いられている「荏」が当用漢字ではなかったことから駅名表示は「江田」となった駅から東名高速をくぐり、国道246号に出て東京方向に歩いて10分ほど、荏田町の信号で右手の道に入り、真福寺下の交差点を過ぎると「スクールショップ現金屋」が目に入る。学校制服や衣料品などを扱うお店だが、創業は江戸前期の延宝5年(1677)大山街道「荏田宿」で呉服店を開いたのが商いの初めだった。当時の屋号「現金屋呉服店」を受け継いでいる超老舗である。

江戸っ子の大山詣にはスタイルがあった。講を組んだお仲間同士で、まず大川(隅田川)で身を清めると、白の行衣(行者などが着ける白衣)に菅笠、手甲、脚半姿となって、日差しや雨露をしのぐ着茣蓙を背負い、「六根清浄」の念仏を唱えながら道中を行くのが大山詣だった。

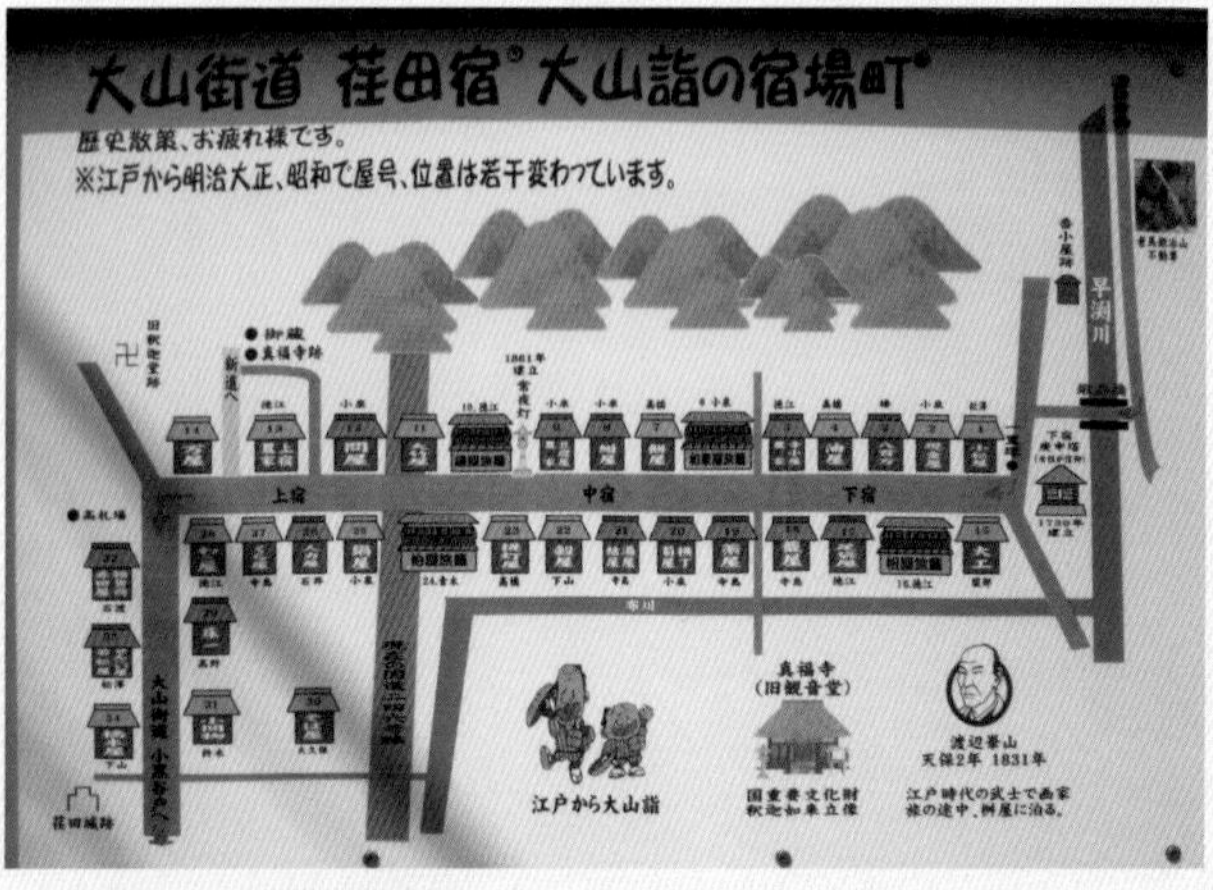

大山街道の荏田宿場街案内板

お江戸を発った大山詣も、川崎市宮前区有馬を過ぎると、尾根道の入口から横浜市内に入る。尾根の最頂部からは富士山や大山を含む丹沢山系が一望でき、立場茶屋で一服してから尾根道を下り、早淵川を渡るとそこはもう荏田宿だった。

お江戸日本橋を朝発ちして、夕方にたどり着くのが荏田宿だったが、江戸後期の画家にして思想家でもあった渡辺崋山も荏田宿に投宿している。天保2年（1831）弟子を連れて相模を訪れた際に記した紀行文『游相（ゆうそう）日記』に、江戸から大山道を歩き、「一泊目に荏田宿の旅籠枡屋に一夜の宿を求めた」と記している。「此地は有馬坂下にて、山多田少し」と荏田宿付近の風景にも触れている。

江戸から7里（有馬から1里）、長津田宿へ2里。附近の道幅は3間。下宿・中宿・上宿に分かれていた荏田宿は、江戸初期から長津田宿と共に宿駅として繁栄。文久年間（1861〜63）の記録では、荏田宿には、先の現金屋呉服店など旅籠、油屋、提灯屋、豆腐屋、足袋屋、薬舗等々など35軒が軒を連ねていた。

「スクールショップ現金屋」の現在地は、往時より80メートルほど南に移転している。「現金屋呉服店」があった場所は、現在「JA横浜荏田支店」となっている。

国道246号荏田町の交差点から東京方面に少し行ったところに「荏田」の交差点がある。この交差点を左に行けば旧大山道に出る。右に行くと早渕川に出るが、早渕川の少し手前のJA横浜荏田支店が、往時は現金屋呉服店があったところだ。

荏田の交差点を途中にして、旧大山道から荏田の交差点を渡り、早渕川手前で道が南北二股に分かれるところまで東西に延びた道筋が、往時の荏田宿だった。荏田宿は旧大山道から上宿・中宿・下宿で構成され、現金屋呉服店は下宿に入って2軒目だった。

昭和41年当時の江田駅周辺

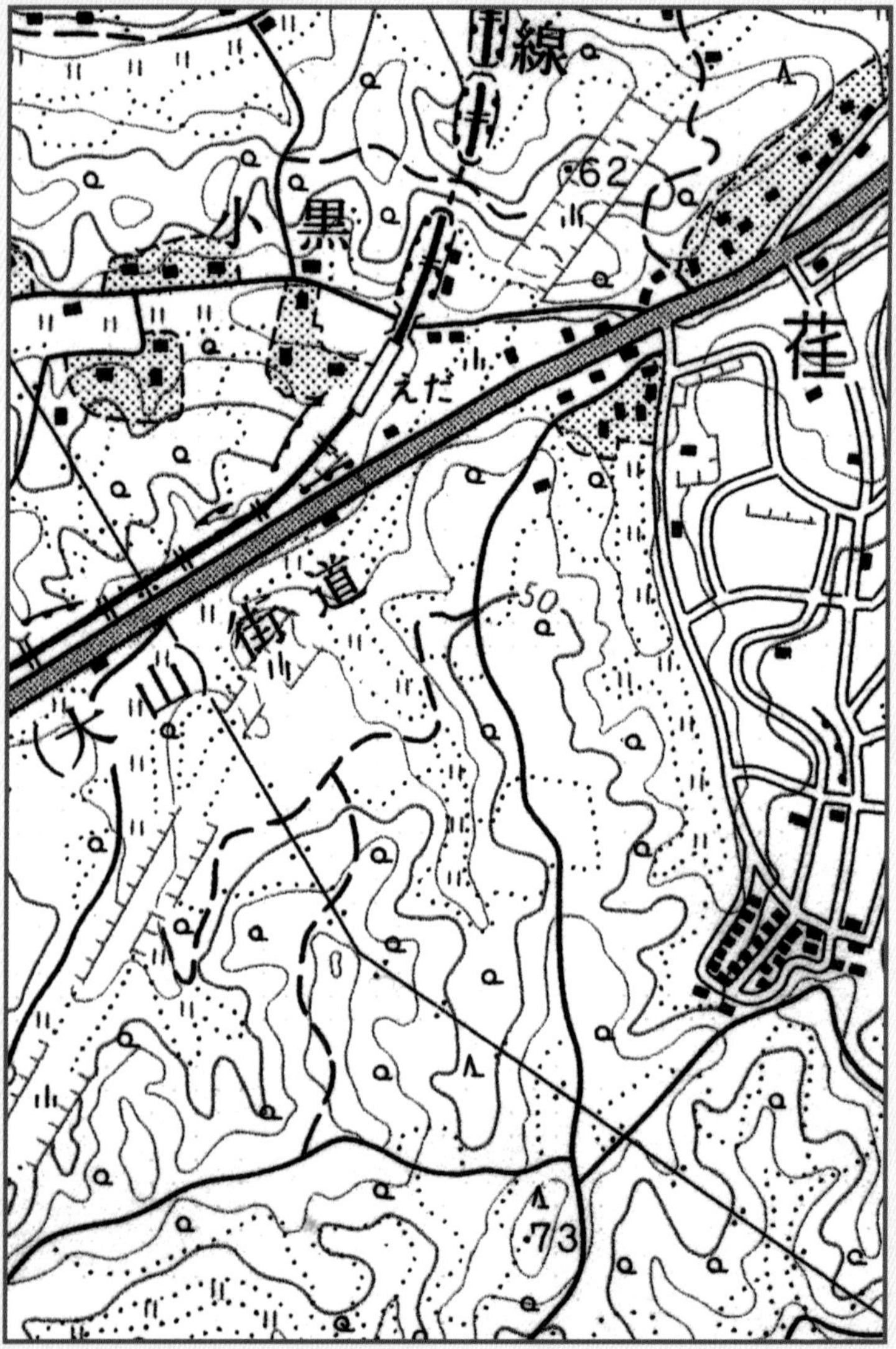

建設省国土地理院発行1/25000地形図

昭和59年当時の江田駅周辺

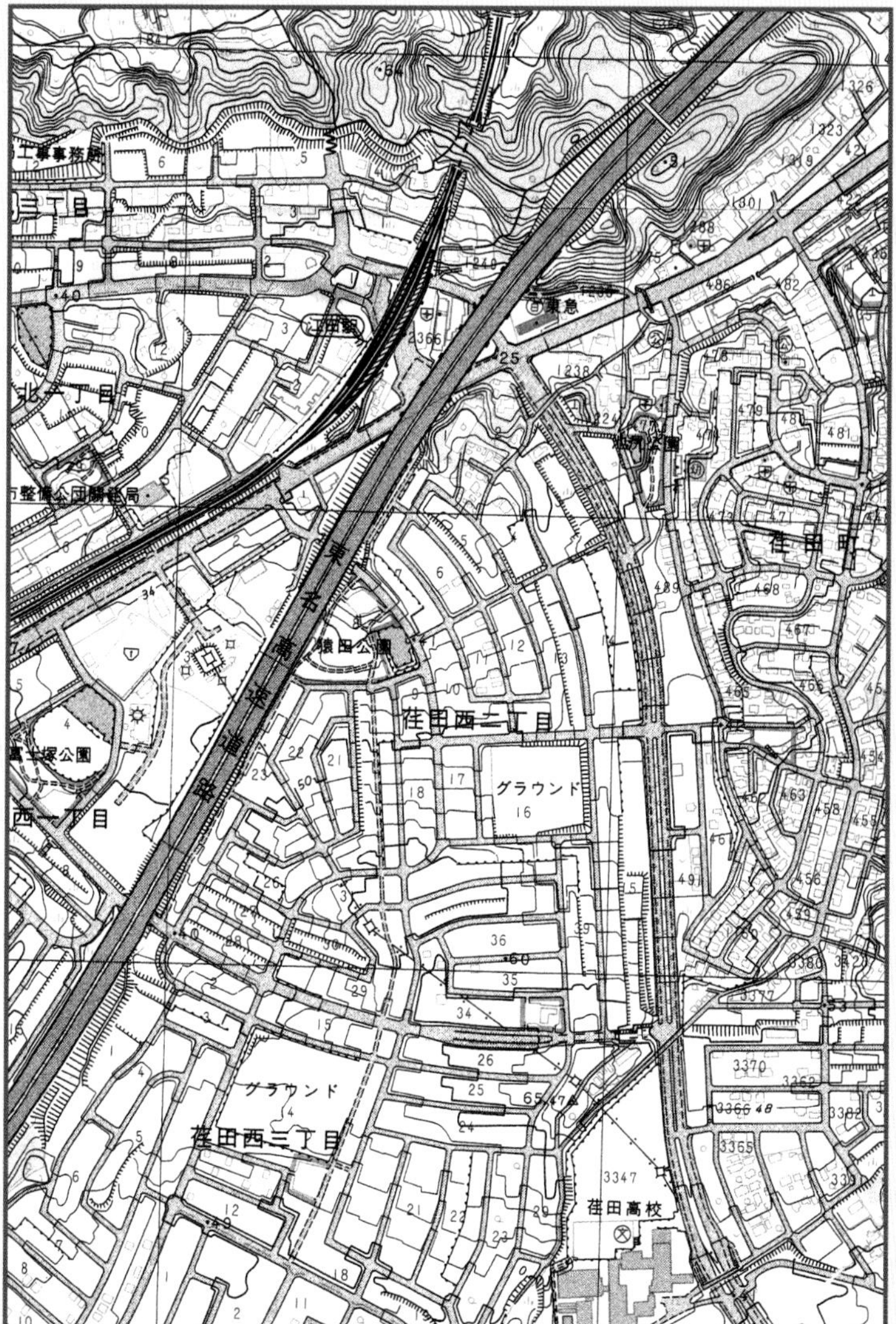

建設省国土地理院発行1/10000地形図

二股分岐点から北に行く道が往時の大山街道で、分岐点には庚申塔が立ち、その先には番小屋が設けられていた。庚申塔は今も残されており、寛政5年（1793）に建立されている。供物は草履5足、草鞋1足、千羽鶴3束――。

荏田宿は明治27年（1894）の大火で焼失。かつての宿場街は住宅地となり、往時の面影を残すものはないが、平成28年（2016）に荏田宿の旧宿場町エリア内2か所に江戸時代の屋号や宿場町全体の様子などを載せた案内看板が設置された。地元の荏田宿保存会が作成したもので、旧大山道のセブンイレブン横浜荏田町店がある交差点付近と、JA横浜荏田支店横に設置されている。

◆荏田の歴史を物語る荏田城と郡衙跡

スクールショップ現金屋への道筋で触れた「真福寺下」は、真福寺が荏田宿の北側にあったことに由来している。

真福寺は大正年間に廃寺になっており、創建年など仔細は不明だが、江戸時代初期にはあったと推測されている。

『新編武蔵風土記稿』には、当時の境内には薬師如来坐像を安置する客殿、釈迦立像を祀る釈迦堂、稲荷天神の合社があった云々と記述されている。真福寺廃寺で観音堂に真福寺の薬師如来と釈迦如来立像、千手観音立像とともに合祀。現在地の観音堂は現在の真言宗豊山派養老山真福寺となった。観音堂は寛政元年（1789）造立という。

保存されている釈迦堂本尊・釈迦像は鎌倉期の作で国指定重文に、平安期作と見られる十一面千手観音菩薩は県重文に指定されている。その他、200点を超える絵馬も保存されている。

かつての荏田宿の西側には小田原北条時代に廃城したと伝わる荏田城の遺構が残されている。

旧大山道と東名高速に挟まれた一画で、国道246号線側から見れば「新荏田団地入口」信号の北側、東名高速側から見れば深坪橋と呼ばれる跨道橋の南側になる。鬱蒼とした竹林のある私有地で、地主さんの意向で柵が設けられており、立入禁止となっている。

荏田城は平安時代、源義経に仕えた荏田源三広基（弘基）の居城説、あるいは武蔵七党の一つである綴党（つづきとう）の荏田氏を築城主とする説もあって、仔細は不明だ。戦国時代には小田原北条の支城の一つとなったが、天正18年（1590）豊臣秀吉の小田原攻めで落城した小田原北条氏の滅亡とともに廃城となったと推測されている。

荏田城の遺構がのこる私有地の竹林

荏田城は早渕川支流の布川とその支流の赤田川に挟まれた舌状台地に築かれ、全長160メートル幅70メートルほどの小規模の平城。主郭と西郭からなる連郭式の縄張りであり、2つの郭はそれぞれ空堀で囲まれて土橋でつながっていた。

東名高速の建設工事で西側の斜面が削られたが、遺構が残されている立入禁止の私有地には郭を囲む空堀や土塁と、郭をつなぐ幅3メートル弱の土橋が残されているとのことだ。

川崎市のほぼ全域を含んでいた武蔵国橘樹郡は横浜市の北東部にも及んでいたが、青葉区や都筑区などが位置する横浜市北東部は都築郡だった。

荏田駅の南側、荏田西2丁目に東名高速と隣接した荏田猿田公園がある。

「荏田西」は昭和58年(1983)の土地区画整理事業の施行に伴い、荏田町・市ケ尾町の一部から新設した町。古くは都筑郡荏田村で、明治22年(1889)の市町村制施行の際、元石川村・黒須田村飛地と合併して都筑郡山内村大字荏田となり、昭和14年(1939)の横浜市へ編入の際、荏田町となる。平成6年の行政区再編成に伴い、緑区から編入。町名は町区域が荏田町の西側に位置することと、「荏田」を町名に残したいという地元の要望で誕生している。

「荏田北」は昭和53年の土地区画整理事業の施行に伴い、荏田町の一部から新設。江田駅の北側に位置することから「荏田北」と名付けている。

話が少し脇道にそれたが、一見なんの変哲もない都市公園の荏田猿田公園は、東名高速の建設工事中に発見・発掘された長者原遺跡を整備して公園にしたものだ。

長者原遺跡は8世紀に成立した都築郡衙跡とされ、郡庁舎・正倉の遺構などが発見されている。この遺跡は国道246号(旧大山街道)に面しており、この道が古東海道であったと考えられている。

荏田駅前

東名高速と国道246号が交差する江田駅前

遺跡は東名高速道路の建設工事中に見つかったことから郡衙跡の大部分は完全に破壊された後だったが、東名高速は埋もれた歴史を掘り起こすことになった。

◆「まっすぐ、広く」国道246号線改良工事

田園都市線が走る青葉区〜緑区の横浜市北部で初めて乗合馬車が走ったのが、荏田町だった。大正6年(1917)荏田〜溝口間を走り出した新しい交通機関である乗合馬車の利用者は1日20人ほどだった。

その頃、帝都東京はすでに電車と自動車の時代。その波がやがて荏田の地に押し寄せた。大正10年に厚木〜溝口間をフォード社製の6人乗りバスが1日4往復するようになって、乗合馬車はまもなくバス会社に吸収される。しかし、戦時中にはガソリン不足で乗合馬車は復活。昭和22年にバスの運行が再開されるまで、乗合馬車は頑張った。

そんな時代もあった荏田の街も、今は江田駅東口前には国道246号が走っており、駅前で東名高速道路と都市計画道路である市道新横浜元石川線も交差している。

多摩田園都市では、土地区画整理事業と並行して道路の整備も進んだ。大山道は昭和31年(1956)に「国道246号」となるが、荏田町内では曲がりくねった砂利道の部分も多かった。その後、周辺の土地区画整理事業と並行して国道246号の改良工事が行われ、昭和39年に横浜市港北区元石川町(現・青葉区新石川町)から町田市小川に至る延長10キロの4車線道路が開通。それから4年後の昭和43年に改良事業は完了している。

国道246号線の改良を巡って、東急、横浜市、推進派地元住民、反対派地元住民、建設省の間で意

見の相違があった。東急と横浜市は拡幅推進派で、反対派地元住民及び建設省と対立したこともあったのが、国道246号の改良事業だった。

東名高速道路も周辺の土地区画整理事業と並行して事業が進められ、昭和43年に東京〜厚木間が開通している。

江田駅前は鉄道と高速道路、国道そして都市計画道路と主要交通網が一箇所に集まった結合地点にあたる。横浜市は、首都圏でも稀なこの立地を生かすべく、駅周辺施設の建替え等の機会を捉えながら、東西駅前の歩行者の安全性の確保に向けた検討等を行い、安全で快適な駅前づくりを進める計画のようだ。

◆半世紀前の荏田タワーマンション計画

今から50年以上も前になる昭和41年(1966)、駅前タワーマンション計画があった。

東急電鉄が田園都市線の開業に合わせて高さ330メートルのタワービル建設計画を発表して、地元の荏田ばかりか世間を仰天させた。前年に着工した霞が関ビルは「日本初の超高層ビル」と大いに騒がれたが、それでも150メートルの高さだ。その時代に300メートル超のタワービル建設計画だから、眉に唾を塗った向きも少なくなかったろう。

多摩田園都市の中心複合施設として江田駅前に計画され「ペアシティタワー」と名称されたタワービルのキャッチコピーは「330m　世界で最高の住居　あすの住まいのシンボルです」――

ペアシティタワーの入居予定戸数は1700戸。1階には500店近いショッピングセンターを設け、屋上にはプールもある憩いの場を設け、ヘリポートも計画されていた。

今でこそタワーマンションは珍しくないが、誰も想像もしなかってであろう半世紀前に発表された江田駅前タワーマンションは、東急電鉄が「ペアシティ計画」と名づけた新しいまちづくり構想の一端だった。米カリフォルニア州におけるニュータウン「オレンジ・シティ」を模したもので、田園都市線が走る東京・川崎・横浜・大和の各都市がペアを組み、新しいまちづくりを奨めようとしたものだ。

田園都市線の駅前を中心に拠点施設として百貨店が進出し、東急のバス路線網が周辺地域を結び、東急のCATVケーブル網など市民サービスのネットワーク化を図ろうという気宇壮大なものだった。

都市の発展のネットワーク化を図ろうした東急開発ビジョン研究会が策定したペアシティ計画は、その後の多摩田園都市建設に汲みこまれたが、半世紀も前のタワーマンション計画は時代の先取りが過ぎたこともあって幻に終わってしまったものの、現在のタワーマンション時代を予見していたかのような計画だった。

18 市が尾　小さな集落地が青葉区の行政中心地に

◆港北区市ヶ尾から青葉区市ヶ尾への50年

駅西口前に圧倒的な存在感で建つ東急ドエル市ヶ尾プラーザビル――南東向き中心に全住戸が配置されている総戸数180戸近い12階建て大型マンションは、市が尾駅開業から3年後に入居が始まっている。

田園都市線溝の口～長津田間が開業した昭和41年（1965）は、世界の音楽シーンを変えたビートルズが来日した年だ。東京・九段の武道館は超満員の熱気の中で失神者も相次ぐ熱狂ぶりをその日のテレビは早速ニュースで流した。

敗戦国日本の戦後復興を世界に知らしめた東京オリンピックを終えて迎えた昭和40年代は、高度成長期の中で列島が「昭和元禄」と浮かれた時代だった。オリンピックの翌年1月には日本航空がJALパックを売り出した。2月にはベトナム戦争で米軍が北爆を開始。東西冷戦時代の象徴だったベトナム戦争が泥沼化していた時期に「日本語でも心配ありません」「支払いはお帰りになってから月賦でどうぞ」――こんなキャッチフレーズで始まった5種7

昭和50年代の市が尾駅前　撮影：山田虎雄

コースのパッケージツアーは大ヒットし、海外旅行時代の幕開けとなった。

翌41年には週刊新潮が東京八重洲口に日本初のホストクラブが誕生したことを伝え、昭和42年10月には「ミニの女王」ツイッギーが来日。3週間にわたってのファッションショーで、日本にも爆発的なミニスカートブームを巻き起こした。一方、全学連は「止めてくれるなおっかさん」とゲバ棒を振り回す青春を選択していた。

そのころの市が尾駅周辺を地図で見ると、市が尾駅は丘陵を切り開いた一画にぽつんと記され、鶴見川右岸には水田が広がり、現在の横浜上麻生線の道筋に中里、竹之下と地区に小さな集落が点在していたに過ぎなかったのが、港北区市ヶ尾の時代だった。

港北区と言っても海があるわけではない。「ミナト横浜の北にあるから」と洒落た地名が付いたが、幕末の開港以来発展に次ぐ発展を続けてきた横浜で未開地に等しかった横浜市北部も多摩田園都市の建設が始まり、鉄道も走り出すと農地や山林は急速に宅地化されていった。昭和44年には人口増で緑区として港北区から分離。平成6年(1994)には、さらに急激な人口増に対応するため港北区と緑区を再編し、青葉区と都筑区が誕生した。

市が尾駅開業当時は駅前から国道246号を走る車も見えたものが、まもなく市ヶ尾プラーザビルが建ち、住宅も増え、商業施設もオープンなど駅前景観も激変。この間の半世紀余りで、開業

駅開業当初からの駅前大型マンションには、ショッピングセンターも併設されている

昭和41年当時の市が尾駅周辺

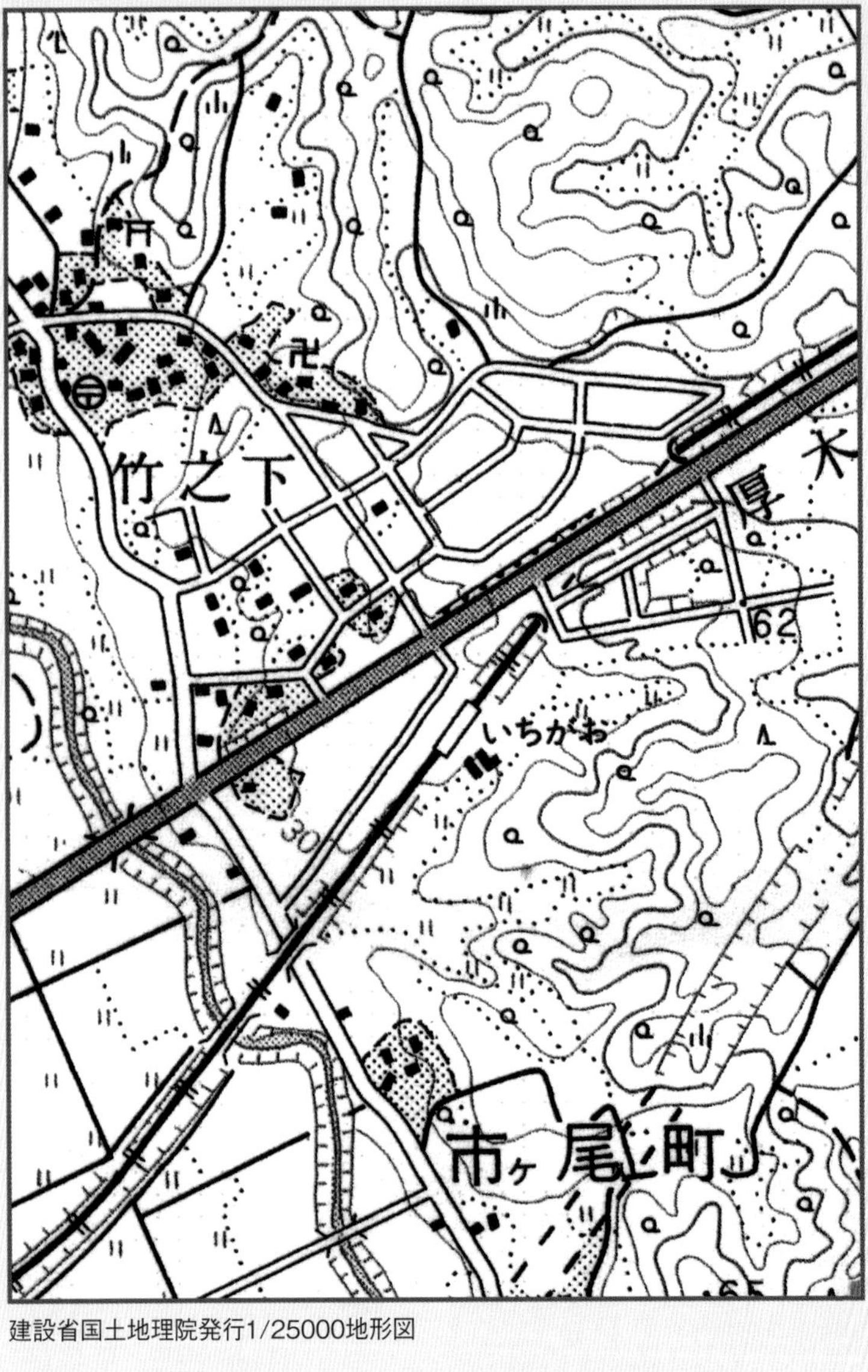

建設省国土地理院発行1/25000地形図

昭和59年当時の市が尾駅周辺

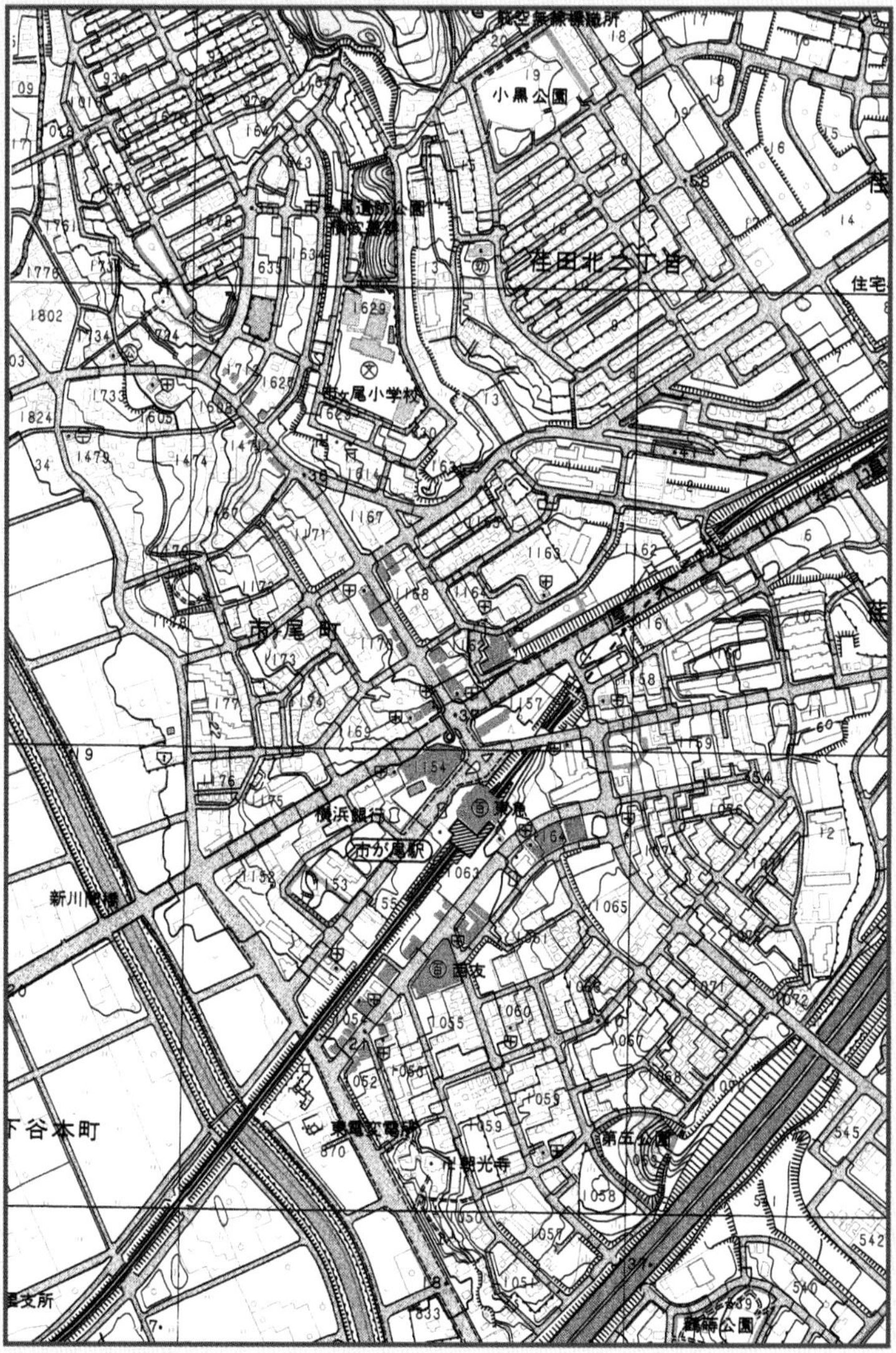

建設省国土地理院発行1/10000地形図

当初は数えるほどしか利用客のいなかった市が尾駅の1日平均乗降人員は今や4万3000人を数え、市が尾の街は青葉区総合庁舎や警察・消防署が集まる行政の中心地となり、緑豊かな住宅都市となった。

青葉区の人口は現在31万人。港北区の35万人に次いで横浜18区で2位となる人口を抱えるほどに発展したのが、青葉区の50年だった。

「平成27年国勢調査」（総務省統計局）等をもとにしたという株式会社ゼンリンによる「青葉区の家計データ」によれば、青葉区の平均年収は699万円で、神奈川県の58市町村の中で2位。全国の平均年収からは196万円上回っているとのことだ。

市が尾駅周辺はもとより青葉区が未開発地帯だった50年前、市ヶ尾が青葉区の行政中枢地となり、青葉区民の平均年収が神奈川県でトップを競うようになるなど、誰も想像しなかっただろう。

◆鉄町に桐蔭学園開校

市ヶ尾のある青葉区は昭和40年以降の土地区画整理事業で、そのほとんどが新興住宅地らしい新し

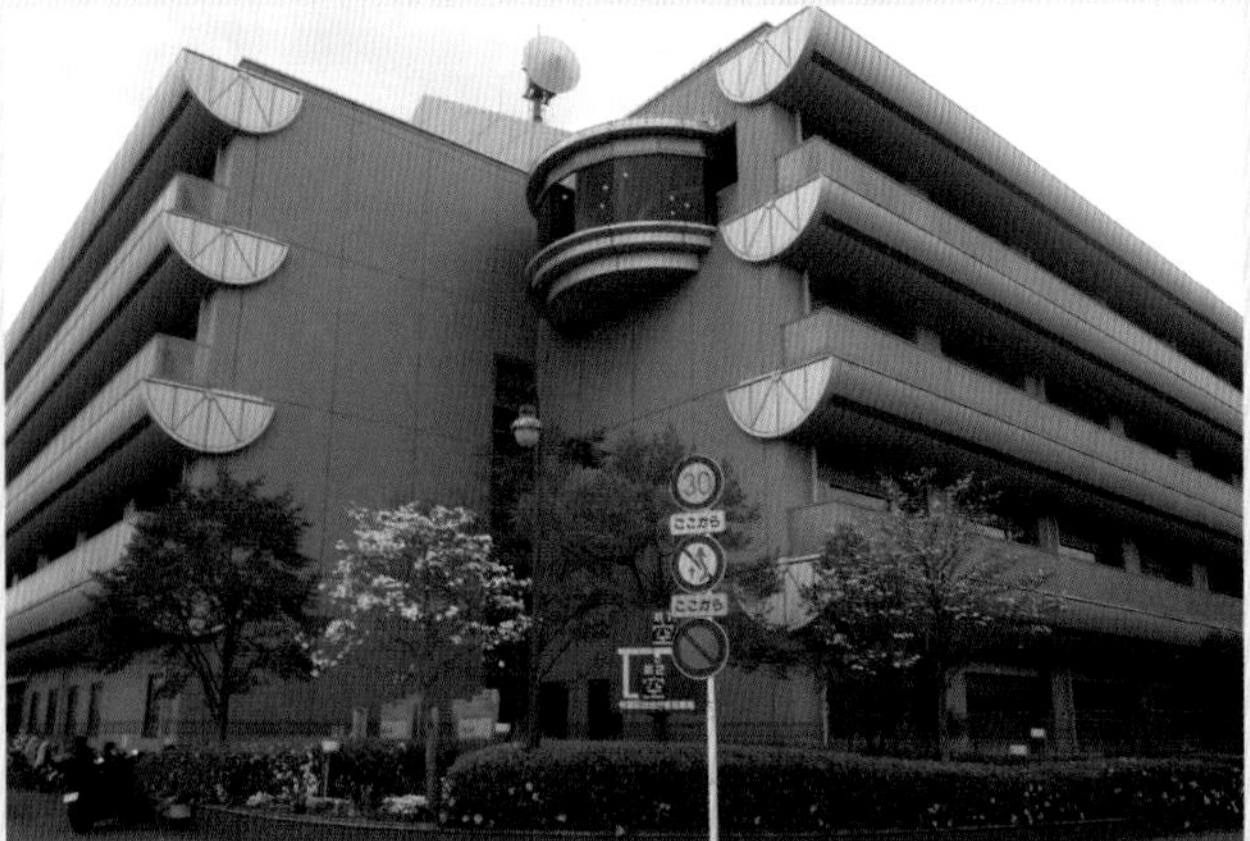
横浜市青葉区の総合庁舎

い地名に変わっている中で、市ヶ尾は古くからある地名となっている。

市ヶ尾周辺は、古くは「市郷」と呼ばれていたのが転じて市ヶ尾になったという。明治22年(1889)の市町村制施行の際、寺家村・鴨志田村・成合村・上谷本村・下谷本村・鉄村・黒須田村・大場村・北八朔村・西八朔村・小山村・青砥村・下麻生村飛地と合併して中里村大字市ケ尾となり、その後都筑郡市ケ尾村となって昭和14年の横浜市の市域拡大でに伴い、港北区市ヶ尾町となった。

市が尾駅の北に、町域の南を鶴見川に、東をその支流黒須田川に囲まれるようにして、「鉄」を「くろがね」と読む鉄町がある。

多摩田園都市の宅地開発と並行するように周辺でもさまざまな開発が行われたが、市が尾駅周辺ではこの鉄町が最も早かった。昭和39年に学校法人桐蔭学園がこの地に設立されているのだ。

当時の三菱化成工業社長、柴田周吉氏による工業高等専門学校建設計画に東急は昭和37年(1962)上鉄(かみくろがね)地区の土地を譲渡している。東急による上鉄地区の土地買収は、開発初期の昭和34年に完了していたが、鉄道ルートが確定後、遠隔地となることから開発計画からは外れていた。しかし、沿線開発に役立てようと譲渡したものだ。用地を提供して文教施設を呼び込み、沿線開発と鉄道利用客の増加を図る手法の有効性は、東急電鉄は既に東横線日吉の慶応キャンパス、大井町線大岡山の東工大キャンパス等々で経験していることだ。

開校当時の校舎のあった場所は、現在は「桐蔭横浜大学」の中央棟となっているが、桐蔭学園は今や「桐蔭学園中学校・高等学校・中等教育学校」も展開。県内有数の進学校となっている。野球・サッカー・柔道などスポーツでも有名校であるのは知られているところだ。

◆佐藤春夫『田園の憂鬱』と中里村大字鉄

鉄町は古くは都筑郡上鉄村、中鉄村、下鉄村といい、後に鉄村となって、明治22年の市町村制施行の際、寺家村・鴨志田村・成合村・上谷本村・下谷本村・黒須田村・大場村・市ケ尾村・北八朔村・西八朔村・小山村・青砥村・下麻生村飛地と合併して中里村大字鉄となる。昭和14年の横浜市へ編入の際、都筑郡中里村大字鉄から新設した町だが、「鉄」の地名由来は諸説あってはっきりしない。「鉄(くろがね)の語源は黒金あるいは畔曲(くろがね)で、畔道が直角に曲がっているところから畔曲(くろがね)=鉄(くろがね)になった」等々、ストンと腑に落ちるような由来はないようだ。

鉄町が都築郡中里村大字鉄だった大正中期、佐藤春夫はこの地に住んで代表作の一つ『田園の憂鬱』を書きあげている。副題に〈或は病める薔薇〉とつけているように、東京から逃れた田園生活での、自らの憂鬱で病的な心情や心象風景が描いたものだが、その頃の鉄地区を描写した一節がある。

〈――小さな丘は、目のとどくかぎり、此処にも起伏して、それが形造るつまらぬ風景の間を縫うて、一筋の平坦な街道が東から西へ、また別の街道が北から南へ通じて居るあたりに、その道に沿うて一つの草深い農村があり、幾つかの卑下つた草屋根があつた。それはTとYとHとの大きな都市をすぐ六七里の隣にして、譬へば三つの劇い旋風の境目に出来た真空のやうに、世紀からは置きつ放しにされ、世界からは忘れられ、文明からは押流されて、しよんぼりと置かれて居るのであつた〉

文中、Tは東京、Yは横浜、Hは八王子を指している。

佐藤春夫は当時20代半ばで、同棲していた芸術座の女優と犬2匹、猫1匹をつれて大正5年(1916)から9年にかけての約4年間、隠居家を借りて暮らした。『田園の憂鬱』を脱稿したのは大正8年だった。

佐藤春夫は俗に門弟三千人といわれ、その門人もまた井伏鱒二、太宰治、檀一雄、吉行淳之介、稲垣足穂、龍胆寺雄、柴田錬三郎、中村真一郎、五味康祐、遠藤周作、安岡章太郎、古山高麗雄など、一流の作家になった者が多かった。面倒見のよい文士人生を送った佐藤春夫が文壇の外で世間を騒がしたのが、昭和5年（1930）の細君譲渡事件。谷崎潤一郎の妻・千代を譲り受けたもので、谷崎と千代の離婚成立後、3人連名の挨拶状を知人に送り、「細君譲渡事件」として新聞などでも報道された。今なら女性蔑視だ云々と大スキャンダルになるだろうが、倫理観が自由だった時代の文壇エピソードとなっている。

◆保存された市ヶ尾横穴古墳群と消滅した朝光寺原古墳

市ヶ尾の街を流れる鶴見川流域は、佐藤春夫の小説ではないが横浜市北部でも有数の田園地帯だった。市ヶ尾では明治から大正時代は農家の副業として養蚕も盛んだった。昭和から戦後にかけてはキュウリやトマト、ナスなど菜物の蔬菜栽培を行っていた。

現在も鶴見川右岸には畑作農地が広がっているが、休耕地も少なくない。市街化調整区域に入っているが第一種低層住宅専用地域となっているところもあり、いずれは戸建て住宅が建つようになるのだろう。

青葉区に恵みをもたらしてきた鶴見川は、地元では昔から谷本川と呼ばれており、上谷本、下谷本など鶴見川の古名に由来した町名や施

新川間橋から鶴見川上流を臨む

設名など少なくない。

青葉区は古墳時代の遺跡が数多く発見・発掘されているが、鶴見川流域でも横穴古墳群が発見されている。

鶴見川左岸の丘陵地帯に位置し、鶴見川に向けて南向きに開いた谷戸地の崖面を掘って造営された市ヶ尾横穴古墳群は昭和8年(1933)に発見されている。12基ある北側のA群と、7基ある南側のB群に分かれており、6世紀後半から7世紀後半にかけての古墳時代末期に造られた有力な農民の墓と考えられている。墓群の内外からは須恵器や土師器などの副葬品も見つかっている。

遺跡は昭和32年に神奈川県の史跡に指定され、その後、古墳群の周辺は「市ヶ尾遺跡公園」として整備され、古代の人々の営みの名残を今に伝えている。公園内は墓群に沿うように散策路が整備されている。公園は市ヶ尾小学校に隣接している。

朝光寺原遺跡は、市が尾駅東口の田園都市線と東名高速道路に挟まれた一帯にあった。開発される前は雑木林の台地が広がっていたが、昭和42の発掘調査でその台地上から縄文・弥生・古墳・奈良時代以降の各種の遺構・遺物が多数発見された。遺跡の西側に曹洞宗寺院朝光寺があったことから朝光寺原遺跡と名付けられている。

朝光寺原遺跡からは弥生時代中期では、環濠集落と呼ばれる溝に囲まれたムラとその墓地が関東地方で初めて明らかとなり、竪穴住

旧大山街道に架かる川間橋。その昔、三文の渡り賃を取ったことから三文橋と呼ばれた

居跡59軒・方形周溝墓18基が発掘された。弥生時代後期の竪穴住居跡からまとまって出土した櫛目状の工具でつけられた文様をもつ土器は、「朝光寺原式」とした新しい型式が設定されている。古墳時代では、5世紀後半から6世紀前半にかけて谷本川流域を支配した武人的性格の強い首長の墓と考えられる3基の円墳が発掘された。

発掘調査は本来、数年単位で行われるものだが、横浜市の宅地開発による土地区画整理事業開始が迫っていたことから、横浜市北部埋蔵文化財調査委員会の調査団による発掘調査は第1次、第2次調査合わせて数か月という超短期間の発掘調査に終わっている。それでも3基の円墳から眉庇付甲・三角板鋲留短甲・鉄剣・鉄鉾・鉄刀・鉄鏃などの武具類や馬具、臼玉・勾玉などの玉類が発見された。

これらの遺物から、1号墳は5世紀の後半、2号墳は6世紀前後、3号墳は6世紀前半に造られたものと推測されている。この古墳群の出土遺物は質・量ともに卓越した内容を持つもので、中でも眉庇付甲・三角板鋲留短甲は関東地方でも出土例は少なく、神奈川県下では唯一の発見例となっている。

土地の歴史を知る上で遺跡は貴重な文化財であり、本来なら保存されるべきだった。民間による事業だったら開発計画は大幅に遅くなるものだが、横浜市が急ぐ宅地開発事業の波に呑み込まれ、遺跡は跡形もなく消滅している。

遺跡に近い市ヶ尾町公園に設けられた朝光寺原遺跡に関する解説板のみが、往昔この土地で人々営みがあったことを伝えている。

川間橋から旧大山街道の柿の木台方面を臨む

19 藤が丘
北口駅前再開発で高層ビル化

◆藤が丘北口駅前再開発計画

新居を構えるとき、あるいは移転を考えるとき、どんな街を選ぶか、その選択ポイントは人それぞれだが、東京都心部を外れた郊外となると、医療環境も気になる。その点、便利な駅前に昭和大学藤が丘病院及び救命医療センターも付随した総合病院のある藤が丘は、住む人に安心感を与えてくれる街といえる。現に藤が丘駅を最寄り駅とする区民を対象に実施した区民意識調査(令和元年度)では「病院・診療所」「自然環境」の満足度が高くなっている。

一方、「送迎用の駐停車スペース」「駐輪場の位置や量」「まちなかで座れる場所や落ち着ける場所」「日用品以外の買物」「落ち着いて読書や勉強等が出来る場所」への不満は高くなっている。

横浜市は昭和大学藤が丘病院を「地域の中核的な病院」と位置づけ、その玄関口にふさわしい駅前空間を実現するため、土地の高度利用を検討しながら、駅前広場・商業施設・公園・病院からなる一体的な空間形成により、魅力ある駅前の再整備を推進していく方針だ。

昭和50年代の藤が丘駅前　撮影：山田虎雄

再開発される藤が丘駅前

「藤が丘駅前地区再整備基本計画(素案)」から要約抜粋すると――

【公園・病院街区】

・昭和大学藤が丘病院は築44年と老朽化が進んでいることから、病院機能の継続や高度医療に対応するため、土地の高度利用(容積率400%・高さ60mを上限)を図るとともに、街区内道路の再整備により、公園敷地と病院敷地を大街区化し、都市公園を再配置

・賑わい・交流に寄与するよう谷本公園周辺プロムナードに面した建物低層部や公園に面する位置に生活利便施設の導入

・駐車場、公共駐輪場、生活利便施設等を整備し、昇降機能や病院敷地内の広場に通行機能を確保するなど、公園や駐輪場と駅方面とのバリアフリー動線の確保

【駅前街区】

・交通広場は、既存の交通機能を継続的に確保

・藤が丘ショッピングセンターは築52年と建物の老朽化が目立ち、「買い物が不便」等の声が上がっているが、土地の高度利用(容積率400%・高さ45mを上限)に併せて、建物低層部に生活利便施設を配置するとともに、居住機能の確保を図るため、建替えを検討

藤が丘駅前地区再整備基本計画本計画は、上位計画である都市計画マスタープランや「青葉区まちづくり指針」「田園都市線駅周辺のま

かつては池の中にあった駅前のモニュメント

藤が丘ショッピングセンター

昭和41年当時の藤が丘駅周辺

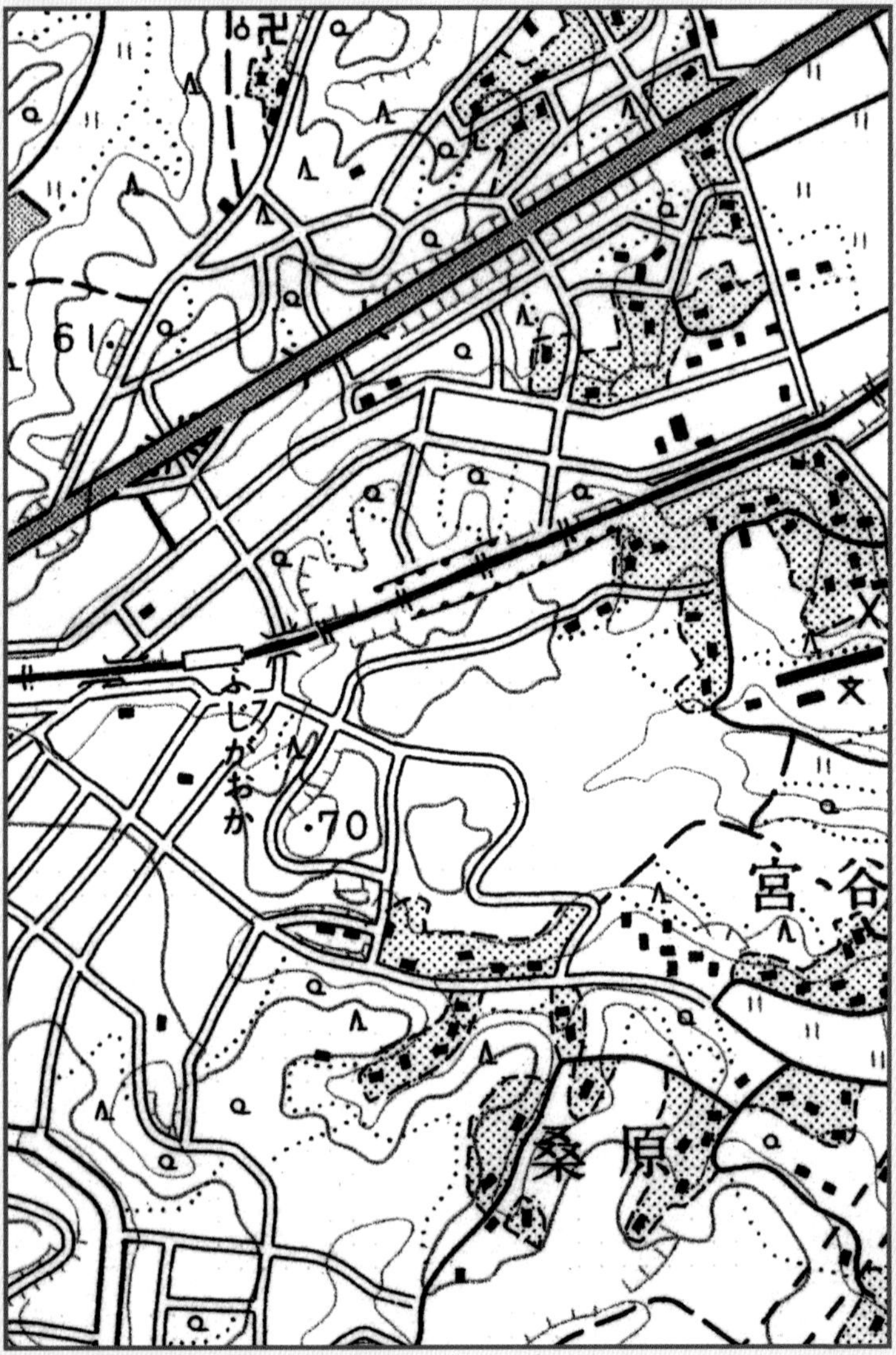

建設省国土地理院発行1/25000地形図

昭和59年当時の藤が丘駅周辺

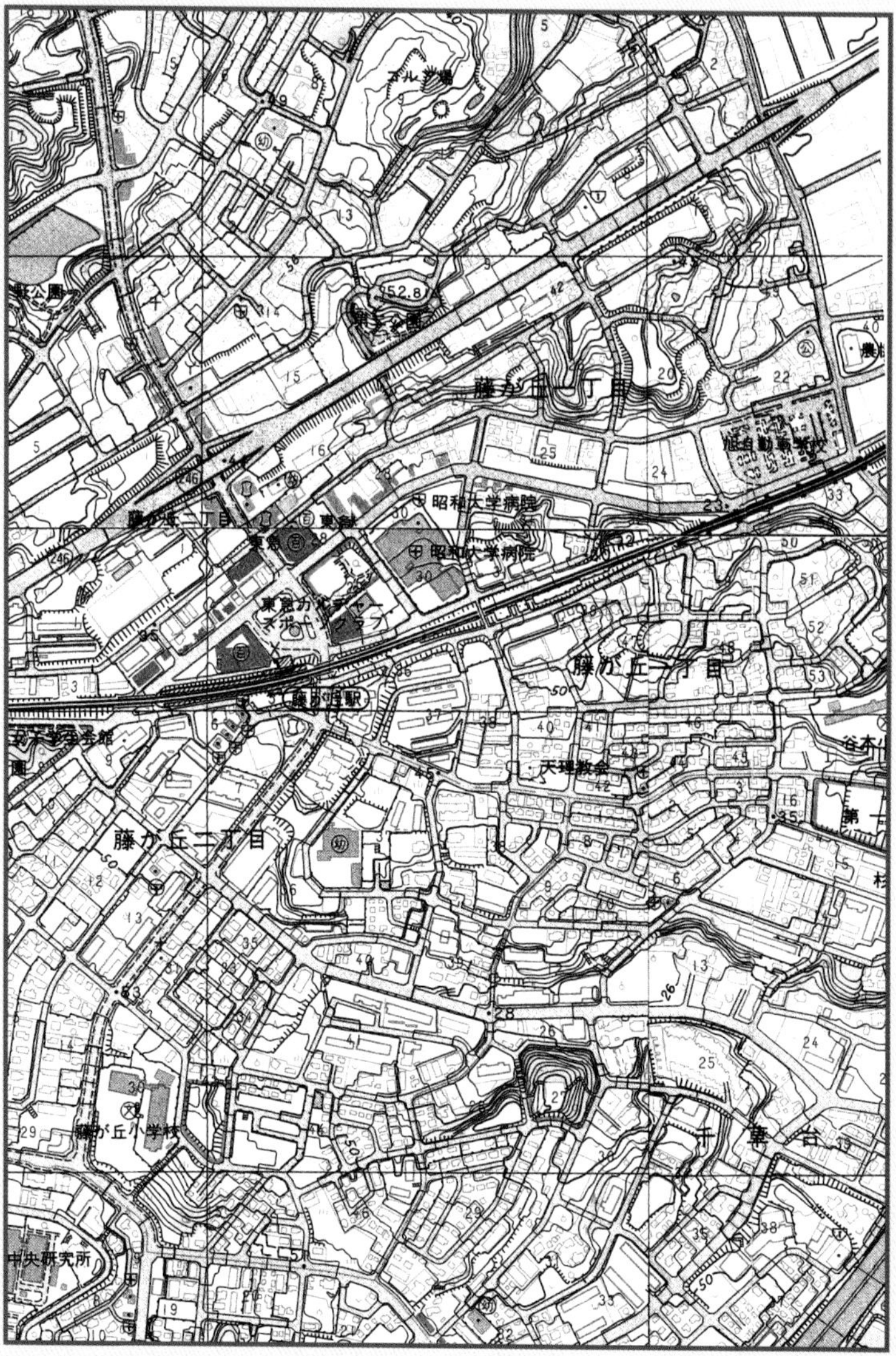

建設省国土地理院発行1/10000地形図

ちづくりプラン」を受けたものだ。藤が丘駅北側の区域について、再整備の目標や考え方を地域、事業者、行政の3者が共有し、協力して「駅前施設・病院・公園」が一体となった新たなまちづくりに取り組むための方針となっている。

◆つつじケ丘が一番早かった植物町名

藤が丘駅前のモニュメントは駅の開業記念で設置されたもので、かつては池の中にあり、噴水となっていたものだ。藤が丘駅の所在地は藤が丘2丁目になるが、駅が開業してからも数年間は駅前に空き地が目立っていたが、いまではビルが建ち並び、駅前の銀杏並木など街路樹も増え、緑豊かな駅前となった。

藤が丘駅は開業前の仮称駅名は「谷本（やもと）」であった。これは駅設置予定地の地名である下谷本町に由来するが、東急電鉄は開業前年の昭和40年（1965）9月、「藤が丘」に正式決定。付近に富士塚があることや、野生の藤が生い茂っていたのがその理由という。

藤が丘駅前マンション

「藤が丘」の町名は、駅名を貰ったものになっている。昭和41年の土地区画整理事業の施行に伴い、上谷本町・下谷本町・西八朔町・北八朔町・恩田町の各一部から新設した町だが、「町の名も新しいものに」という地元の要望で多摩田園都市にふさわしい駅名をそのまま町名にしたものだ。

多摩田園都市事業で新しく誕生した町の多い青葉区には、藤が丘ばかりでなく青葉区の誕生前から植物に因んだ町名がつけられた町が少なくない。ことに藤が丘〜青葉台間にそれが目立つ。それらの町を誕生した順に列記すると、両駅間に広がる田園都市線沿線の街の成り立ちが見えてくる。最初に誕生したのは青葉台駅南側の「つつじケ丘」だ。

多摩田園都市で最初に開発が行われたのは川崎市宮前区の「野川第一地区」だが、それに続いて開発が行われたのがつつじケ丘に当たる「恩田第一地区」だった。

昭和38年（1963）鉄道駅予定地と隣接した地区内に、建売公庫住宅など低層住宅地区と公園及び小学校を持つ街区を形成したことに加え、国道246号線との立体交差及び地区内道路とのインターチェンジの設置が行われた。さらに、この地区では地形の変更を最小限度に抑える設計が採用されたため、谷戸田（港北区恩田町）に面した丘陵であったこの地区は、坂の多い街区となった。

つつじケ丘は土地区画整理事業で恩田町の一部から新設された。古くは都筑郡恩田村であった。明治22年の市町村制施行の際、奈良村・長津田村と合併して田奈村大字恩田となり、昭和14年の横浜市へ編入の際、恩田町となる。平成6年の行政区再編成に伴い、緑区から編入。町名は緑が多く、花が美しく、町づくりにふさわしい名称として「つつじ」を選んだという。

つつじケ丘以降、藤が丘、梅が丘といった植物由来の町名が増えていく。

◆植物町名の来由来歴と人口46人の横浜市で一番小さい町

多摩田園都市では、土地区画整理事業の施工に伴って新しい町が誕生していくが、同事業の年次を追っていくと、田園都市線の南北でポツンぽつんと点在しながら、現在の地域社会が形成されていったことが浮かび上がってくる。以下、梅が丘以降を順にあげていく。なお、町名の頭に付けた〇は田園都市線の南側、□は北側の町を示している。町名下のカッコ内は土地区画整理事業が行われた年次を示す。
○梅が丘（昭和41年）藤が丘と同時期、西八朔町・北八朔町の各一部から新設した町。この二つの町は古くは都筑郡中里村であった。昭和14年、市域拡大による横浜市へ編入の際、西八朔町・北八朔町を設けている。梅が丘の町名は、同時期に誕生した町が藤が丘としたことから、藤と並んで日本古来の梅を町の名に入れたようである。
□青葉台（昭和42年）駅前の街だが、恩田町の一部から新設した町。古くは都筑郡恩田村であった。明治22年の市町村制施行の際、奈良村・長津田村と合併して、田奈村大字恩田となり、昭和14年の横浜市へ編入の際、恩田町となる。町名は昭和41年開通した東急田園都市線の「青葉台駅」の駅名を地域要望により採った。開発を行う前この付近は、松・檜・杉などが多く、四季を通じて緑と太陽の豊かな町とする計画で青葉台としたという。
□桜台（昭和42年）恩田町・成合町の各一部から新設した町。古くは都筑郡田奈村・中里村の一部であった。昭和14年の横浜市へ編入の際、恩田町及び成合町の一部を構成。平成6年の行政区再編成に伴い、緑区から編入。町名は「花が美しく、古来、人に好まれた縁起の良い木」として桜を選び、「桜台」と名付けた。
□松風台（昭和42年）「まつかぜだい」と読むが、町の地形を地図で見ると町東部は放射線道路に同心円状の道路が交差しており、田園調布に似た区画整理が行われている。恩田町の一部から新設した町。古くは都筑郡恩田村であった。明治22年の市町村制施行の際、奈良村・長津田村と合併して田奈村大字恩田となる。町名は字だった時代の長峰に松の大木が多かったことから「松風台」と名付けられた。

□榎が丘(昭和42年)恩田町の一部から新設した町。古くは都筑郡恩田村であった。明治22年の市町村制施行の際、奈良村・長津田村と合併して田奈村大字恩田となり、昭和14年の横浜市へ編入の際、恩田町となっている。町名は字名の「榎田」「榎久保」から「榎」の字を採って「榎が丘」と名付けた。

○千草台(昭和43年)下谷本町の一部から新設した町。古くは都筑郡下谷本村であった。明治22年の市町村制施行の際、寺家村・鴨志田村・成合村・上谷本村・鉄村・黒須田村・大場村・市ケ尾村・北八朔村・西八朔村・小山村・青砥村・下麻生村飛地と合併して中里村大字下谷となり、昭和14年の横浜市へ編入の際、下谷本町となる。緑区から編入。町名は植物名から採った町名の一つとして名付けられている。

○さつきが丘(昭和45年)恩田町・西八朔町の各一部から新設した町。古くは都筑郡田奈村、中里村の一部であった。昭和14年の横浜市へ編入の際、恩田町と西八朔町となる。町名はこの地域一帯の開発計画を立てる時、美しく静かな住宅地のイメージを表すように植物名を冠して統一するように計画されたので、隣接区域の「梅が丘」「つつじが丘」に対応して名付けた。

□たちばな台(昭和46年)上谷本町・鴨志田町・成合町・恩田町の各一部から新設した町。古くは都筑郡田奈村、中里村の内であった。平成6年の行政区再編成に伴い、緑区から編入。町名は隣接する町が桜台であることから、「右近の橘、左近の桜」の故事に因み、古くから人々に好まれている芳しい、縁起の良い木であることから「たちばな台」と名付けた。

桜台及びたちばな台は土地区画整理事業で成合(なりあい)町の一部を区割りされているが、成合町は町の区域が削られたおかげで、横浜市内で最も面積の小さな町となった。

成合町は古くは都筑郡成合村で、明治22年の市町村制施行の際、寺家村・鴨志田村・上谷本村・下谷本町・鉄村・黒須田村・大場村・市ケ尾村・北八朔村・西八朔村・小山村・青砥村・下麻生村飛地と合併して中里村大字成合となり、昭和14年の横浜市へ編入の際、都筑郡中里村大字成合から成合町となり、広い区域を有した町だった。しかし、昭和40年代からの土地区画整理事業で町域を削られたため、町の面積は120平方メートル！　人口はわずか46人！（令和2年5月時点）

青葉台からほぼ北側、谷本川西方に位置し、横浜市環状4号沿いの鴨志田東交差点と常盤橋際交差点の間、及びその西北に飛地が存在し、いずれも鴨志田町に囲まれている。東側の飛び地は環状4号の道路沿いであり、西側の飛び地は主に小工場が立地するが、気の毒を絵にかいたような町となった。

□もえぎ野（昭和46年）上谷本町・下谷本町の各一部から新設した町。古くは都筑郡上谷本村・下谷本村であった。明治22年の市町村制施行の際、寺家村・鴨志田村・成合村・鉄村・黒須田村・大場村・市ケ尾村・北八朔村・西八朔村・小山村・青砥村・下麻生村飛地と合併して中里村大字上谷本・下谷本となり、昭和14年の横浜市へ編入の際、上谷本町・下谷本町となる。

「谷本」の地名は、鶴見川が大きな支流である恩田川と合流するまでの流れを谷本川と呼んでいたことから生まれた歴史ある地名だが、沿線では新しく誕生した町がこぞって植物に因んだ町名をつけていたことから、その流れに準じたようだ。

□柿の木台（昭和49年）もえぎ野と同じく、上谷本町・下谷本町から新設した町。町名はこの辺りに柿の木が多かったことに由来。

□みたけ台（昭和50年）上谷本町の一部から新設した町。古くは都筑郡上谷本村であった。明治22年の市町村制施行の際、寺家村・鴨志田村・成合村・下谷本町・鉄村・黒須田村・大場村・市ケ尾村・

北八朔村・西八朔村・小山村・青砥村・下麻生村飛地と合併して中里村大字上谷本となり、昭和14年の横浜市へ編入の際、上谷本町となる。この地域に竹が多かったことから「みたけ台」の町名がつけられた。

□桂台（昭和57年）恩田町・鴨志田町の各一部から新設した町。古くは都筑郡恩田村であった。町名は「この地域が比較的小高い、なだらかな台地で眺望に優れ、自然にも恵まれて、四季の味わい深い土地である」ことと「古来、月の意味を表し美しいこと、立派なものを表現する場合の形容に使われた木」として「桂」の字を採り、「桂台」と名付けられている。

◆区名は一般公募で決まる

以上、昭和40年代から50年代にかけて誕生した植物町名を見てきたが、その流れを作ったのはやはり区名にあるのだろう。

青葉区は平成6年、横浜市の行政区再編で誕生しているが、分区が決まった平成5年、横浜市は8月1日から31日まで「広報よこはま」等で新区名を一般公募。その結果、一番多かったのが「青葉」の1916票で、2位の「田園」を600票近く引き離して幅広い市民の支持があり、木々に囲まれた美しい街のイメージのあった青葉区に決定されている。ちなみに一般公募上位は3位の「北」以下、「若葉区」「緑北区」「光区」「新緑区」「桜区」「あざみ区」「田園都市区」となっている。

現在の青葉区の区域は、明治22年（1889）の市町村制施行前は都筑郡恩田村、奈良村（後に田奈村）、下谷本村、上谷本村、成合村、鴨志田村、寺家村、鉄村、黒須田村、大場村、市ヶ尾村（後に中里村）、荏田村、石川村（後に山内村）、大棚村、牛久保村となっている。

20 青葉台　理想的なベッドタウン「青葉区」を象徴

◆青葉区の賑わい拠点は青葉台とたまプラーザに二極化

青葉台駅は区内の鉄道駅で一番多くのバス路線と接続しており、鉄道と主要バス路線の結節点となっている。青葉台駅の1日平均乗降人員は11万人を数える。たまプラーザ駅前が青葉区北部の賑わい拠点とすれば、青葉台駅前は青葉区南部の賑わい拠点となる。青葉台駅前の11万人という数字は、たまプラーザ駅の8万3000人よりはるかに多く、他路線と接続しない東急電鉄の単独駅では最も多く、他路線と接続や連絡輸送をしない私鉄の駅では本厚木駅、東陽町駅に次いで日本で3番目に多いのだという。

駅周辺には「青葉台東急スクエア」など大規模商業施設が集積し、その周辺に商店が広がっており、大規模団地も立地している。青葉台東急スクエアは、昭和42年に開業した多摩田園都市最初の本格的な商業施設

昭和50年代の青葉台駅　撮影：山田虎雄

「青葉台ショッピングセンター」をルーツとしている老舗でもある。

　青葉台ショッピングセンターはA・B・Cの3棟に分かれており、A棟には日用雑貨などの東光ホームマート、B棟にはスーパーマーケットの東光フードマート、C棟には三井銀行青葉台支店などが入居していたのは、今は昔の話となった

青葉台駅西口。交通広場は北口にある

駅構内の東急スクエア

　横浜市が令和2年3月にまとめた「最寄り駅別の目的別利用駅」は青葉区の令和元年度区民意識調査をもとに、「買い物」「会食」「娯楽」「文化・スポーツ」「通院」の目的別に最も利用する駅を見たものだ。たまプラーザから市が尾までは、「文化・スポーツ」「通院」では地元を利用するが「買い物」「会食」「娯楽」に関してはたまプラーザ駅に集中。藤が丘、青葉台、田奈は「文化・スポーツ」も青葉台に集中しており、青葉区内の田園都市線沿線住民のお楽しみお出かけタイムはたまプラーザと青葉台の両駅に二極化していることを示している。

昭和41年当時の青葉台駅周辺

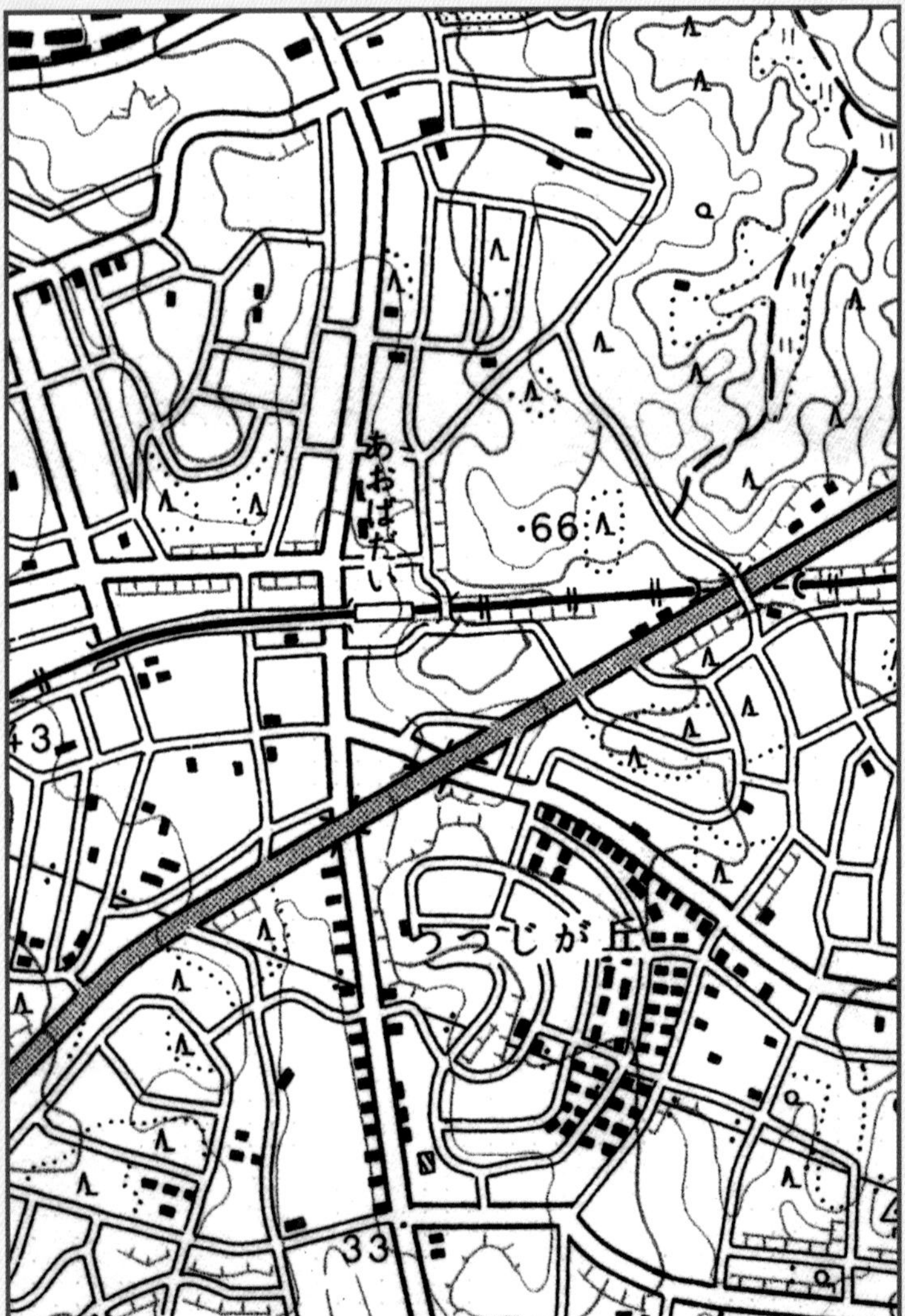

建設省国土地理院発行1/25000地形図

昭和59年当時の青葉台駅周辺

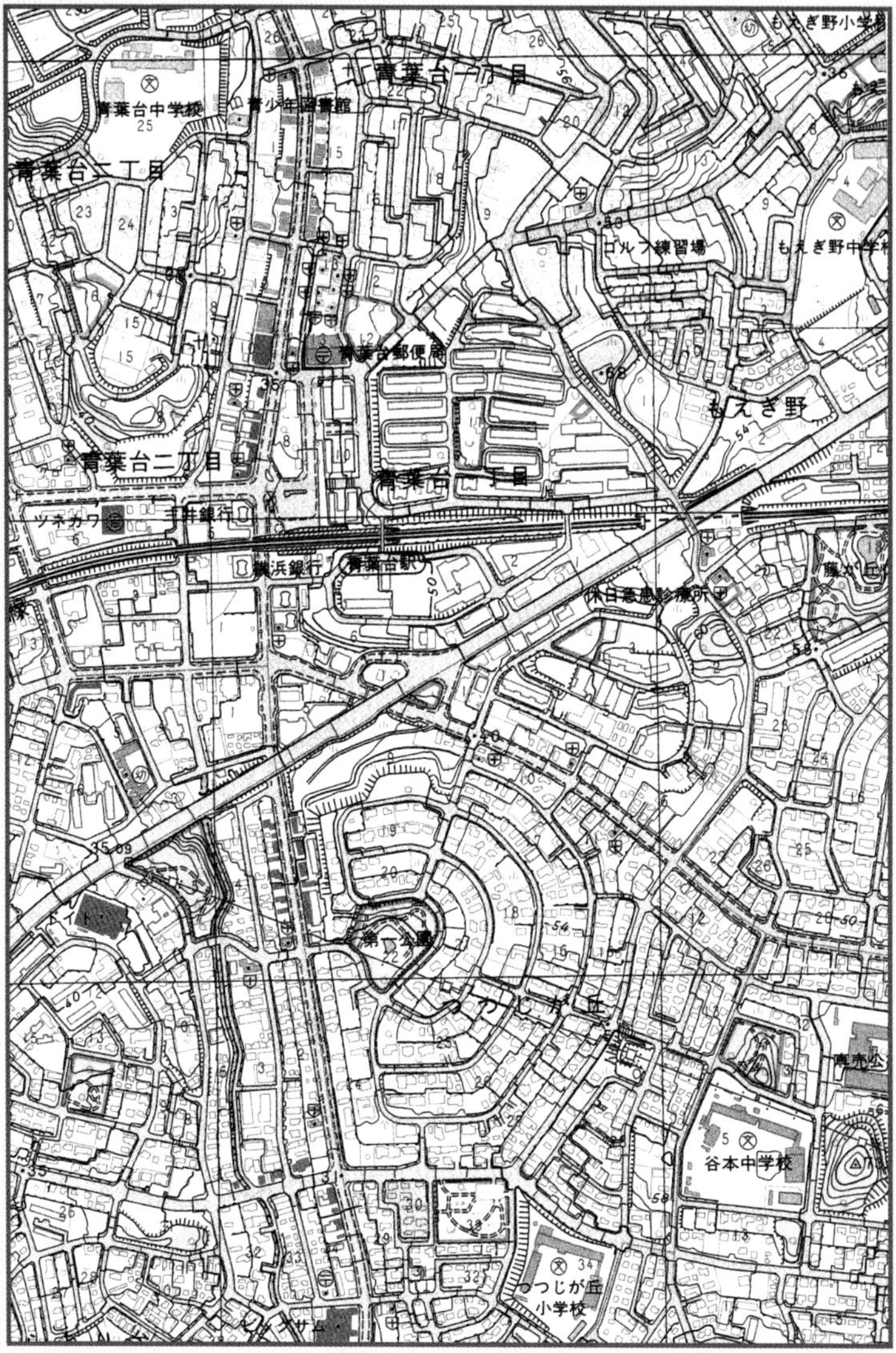

建設省国土地理院発行1/10000地形図

◆青葉区はベッドタウンとして理想的な居住環境

「緑の住宅都市」と形容される青葉区の南端に近い青葉台駅からでも急行あるいは準急を利用すれば渋谷まで30〜40分。人口31万人を数える青葉区は、東京圏のベッドタウンとして理想的な居住環境であることが、横浜市のデータから浮かび上がってくる。

・街路樹数(歩道並木)は横浜市内で第1位

樹種別で見るとイチョウが一番多く、2番目がハナミズキ、3番目がサクラ類。春はサクラのピンクから始まり、追ってハナミズキの白や薄ピンクの花、そして秋にはイチョウの葉の黄色。いつもの道、身近な街路樹からも季節の美しさが味わえる。

・公園の多さが横浜市内第1位

青葉区内にある公園233カ所は横浜市で一番多い。桜・原っぱ・大きな遊具等、それぞれに特徴があり、多世代で楽しむことができる。また、地域住民を中心に結成された「公園愛護会」は、身近な公園の日常的な管理を行っている。

・柿などの栽培農家数が横浜市内第1位

販売目的で栽培した果樹の作物別栽培農家数をみると、青葉区には「柿」(52戸)「日本梨」(32戸市内第2位)などの栽培を行っている農家が多い。「浜梨」は市内の認定された生産者団体が生産する日本梨の総称で、市場に出回らない幻の梨とも呼ばれている。区のマスコット「なしかちゃん」は、梨の花をモデルにしている。

・田の経営耕地面積横浜市内第1位

青葉区内にある田の経営耕地面積3690アールは市内第1位。販売目的で栽培した作物別栽培農家数を見ると「稲」(64戸・市内第2位)の農家数が多い。鶴見川や恩田川沿い、寺家ふるさと村には田園風景が広がっており、青葉区産の米粉を使ったスイーツは絶品で、隠れた名産という。

以上は、青葉区が「緑の住宅都市」たる所以を示しているが、文教面でも横浜市内でトップの項目がある。

・青葉区内の大学数は横浜市内第1位

青葉区には國學院大學、星槎大学、玉川大学、桐蔭横浜大学、日本体育大学、横浜美術大学の計6つの大学が区内にキャンパスを展開。その数は横浜市内第1位となっている。青葉区は各大学と連携・協力に関する基本協定を締結し、区民向け特別講座の実施や大学生による地域貢献活動等、様々な事業を展開している。

・図書館の蔵書数横浜市内第1位

あざみ野駅から徒歩3分の場所にある山内図書館は、蔵書数が19万5000冊を数え、市立中央図書館(175万冊)を除くと市内で1番の蔵書数となっている。

◆青葉区の男性平均寿命は全国トップ

緑豊かな景観は人の心に癒しを与え、健康に悪影響を与えるストレスの解消に好い影響を与えるといわれるが、青葉区民の平均寿命は男女とも上位にランクしている。

厚生労働省による「2015年市区町村別生命表」によれば、青葉区の男性平均寿命は83・3歳で全国1位にランクされているのだ。

市区町村別生命表は、国勢調査と人口動態統計を基に5年ごとに作成されている。日本の人口と死亡数、出生数をもとにしたもので、2015年の発表が4回目。(2020年は現時点で未発表)。

青葉区男性の平均寿命は前回(2010年)が81・9歳で全国8位。前々回(2005年)は81・7歳で1位だったから、再び長寿1位に返り咲いたことになる。一方、女性のトップ3は沖縄県の自治体が占めたが、麻生区(4位)、都筑区(6位)、そして青葉区の女性平均寿命は88・5歳で9位となっている。前回の88・0歳、20位から順位を上げている。田園都市線沿線では宮前区が10位、緑区は34位と、上位に入っているといえる。

なお、横浜市全体の平均寿命は、男性が81・5歳、女性は87・3歳だった。

住民の健康度指数ともなる平均寿命は、青葉区ばかりでなく、田園都市線が走る横浜市と川崎市の北部エリアは男性の長寿が特徴になっている。

全国トップは青葉区だが、2位川崎市麻生区(83・1歳)、4位が都筑区(82・7歳)、10位川崎市宮前区(82・4歳)がベストテンにランクインしている。そうした傾向のなかで港北区も21位となり、緑区も25位に付けている。全国ワースト30位以内に入ってしまった横浜市中区が78・5歳で川崎市川崎区が78・2歳であることを考えると、両市北部エリアの長寿ぶりが目立つ。

「あおばに住んで健康、長生き!」をキャッチコピーに青葉区では、令和2年3月に「あおば健康スタイルブック」を発行している。健康づくりの取組主である「運動」「食生活」「健康チェック」の3つの視点から、青葉区の特徴を生かした具体的なアクションを紹介している。

長寿はめでたいことだが、半面気になるのは地域社会の高齢化だ。とはいえ、青葉区の年少人口(15歳未満)は3万9908名(令和2年3月時点)。この数字は横浜市内第2位となっており、時代を担う若い世代も増えている。

また、令和2年度市立学校現況によると、区内には市立小学校が30校、市立中学校が13校あり、設置数が市内第1位となっている。そのほか、保育園数（84か所）及び幼稚園数（19か所）が市内第3位、教育、学習支援業事業所数が市内第1位等、教育環境が充実していることも青葉区の魅力となっている。

青葉区の平均年収は699万円で、神奈川県の58市町村の中で2位となっている〈市が尾〉の項参照）。全国平均年収からは196万円上回っているとのことだ。家計にゆとりのある世帯に加えて、緑も豊か、文教施設もなかなか。子育て環境も悪くないとなれば、東京都心まで40分ほどという時間距離の青葉区が理想的なベッドタウンであることは、どうも否定できないようである。

21 田奈　青葉のふるさと「田奈町」

◆「田奈町」の消滅と復活の歩み

「田奈は青葉のふるさと」だという。

田奈駅は、一歩踏み出せば緑区に入るような青葉区の南端に立地している。高架駅である田奈駅ホームの長津田側に立つと青葉区と緑区の境界となっている恩田川が見下ろせる。恩田川の向こうは緑区だ。

青葉区側は恩田川に沿って農地が面的に広がり、駅からもその田園風景が眺望できる。その景観は多摩田園都市事業で開発される前の青葉区を映し出しているから「田奈は青葉のふるさと」と言われるのだろう。

駅を含む周辺エリアは「田奈恵みの里」に指定されている。

「恵みの里」とは、市民と「農」とのふれあいを通じて、地域ぐるみで農業と農地を残して、農のあるまちづくりを進めるための、横浜市の農業振興施策となっている。

「玉ねぎ収穫体験」（6月）「さつま芋掘り体験」（10月）「落花生収穫体験」（10月）などのイベントで、田奈の農作物の一端がうかがえるが、ほかにも米や味噌づくりなどのさまざまな農体験の場を提供。また、地域の農産物直売や蓮華草や彼岸花などによる景観づくりなどを行っている。緑肥効果のある蓮

昭和50年代の田奈駅　撮影：山田虎雄

華草や彼岸花を農家が栽培し、水田と畑の土壌改良に役立てるとともに、春には蓮華草の花が満開となり田圃をピンク色に染め、秋には赤一面の彼岸花は、まるで別次元に来たかのような美しさだろう。

田奈駅の1日平均乗降人員は1万1000人ほど。駅前には商業施設も少なく、急行停車駅の青葉台と長津田に挟まれて「青葉のふるさと」の呼称どおりの静かな駅だ。

現在の田奈町一帯は、古くは田奈村大字恩田で、明治22年の市町村制施行の際、恩田村・奈良村・長津田村が合併して生まれた地名だ。「田奈」は古い地名の「恩田、長津田」の「田」と「奈良」の「奈」を組み合わせたものだ。

田奈村はしかし昭和14年4月、横浜市に編入された際、当時の港北区の一部となり、当該地域には大字に合わせて恩田町、奈良町、長津田町が置かれたため、行政上の地名としての田奈は姿を消してしまう。その後、昭和41年（1966）4月1日、恩田町字東村に東急田園都市線の駅が設置され、東急電鉄は駅名に「田奈」を復活させて田奈駅が開業した。

県道140号線が走る田奈駅前

昭和46年土地区画整理事業により、恩田地区（字東村、馬場、大谷戸、西谷、万福寺前、町田川通、沓形通、矢際通、早川通、十王堂前、早川、麻生山、善念寺前、日影山、和海道の範囲）で新しい町が新設されることになった。町名は地元住民の要望と駅名にちなみ、「田奈町」とされ、戦前に姿を消した「田

昭和41年当時の田奈駅周辺

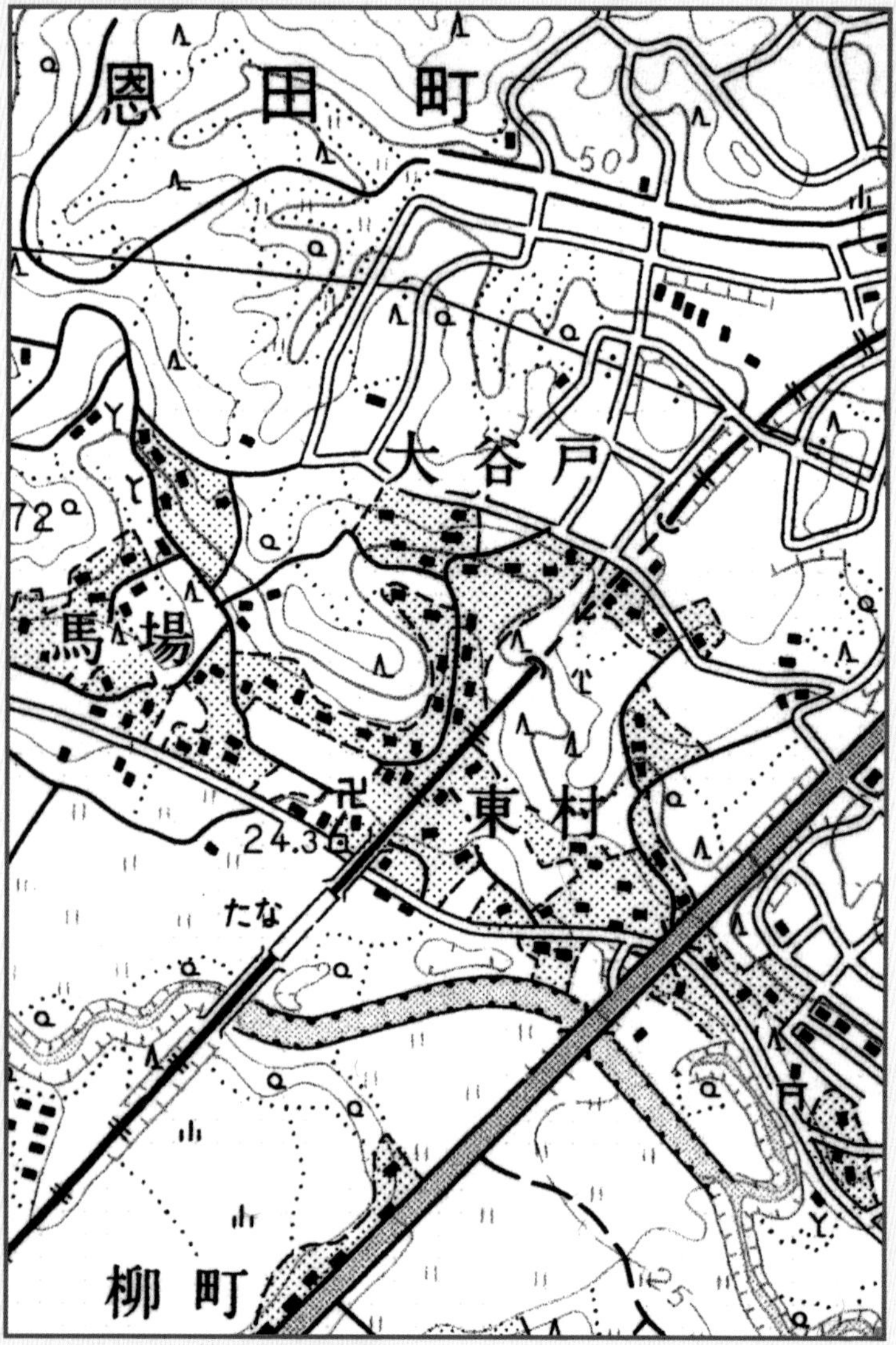

建設省国土地理院発行1/25000地形図

昭和59年当時の田奈駅周辺

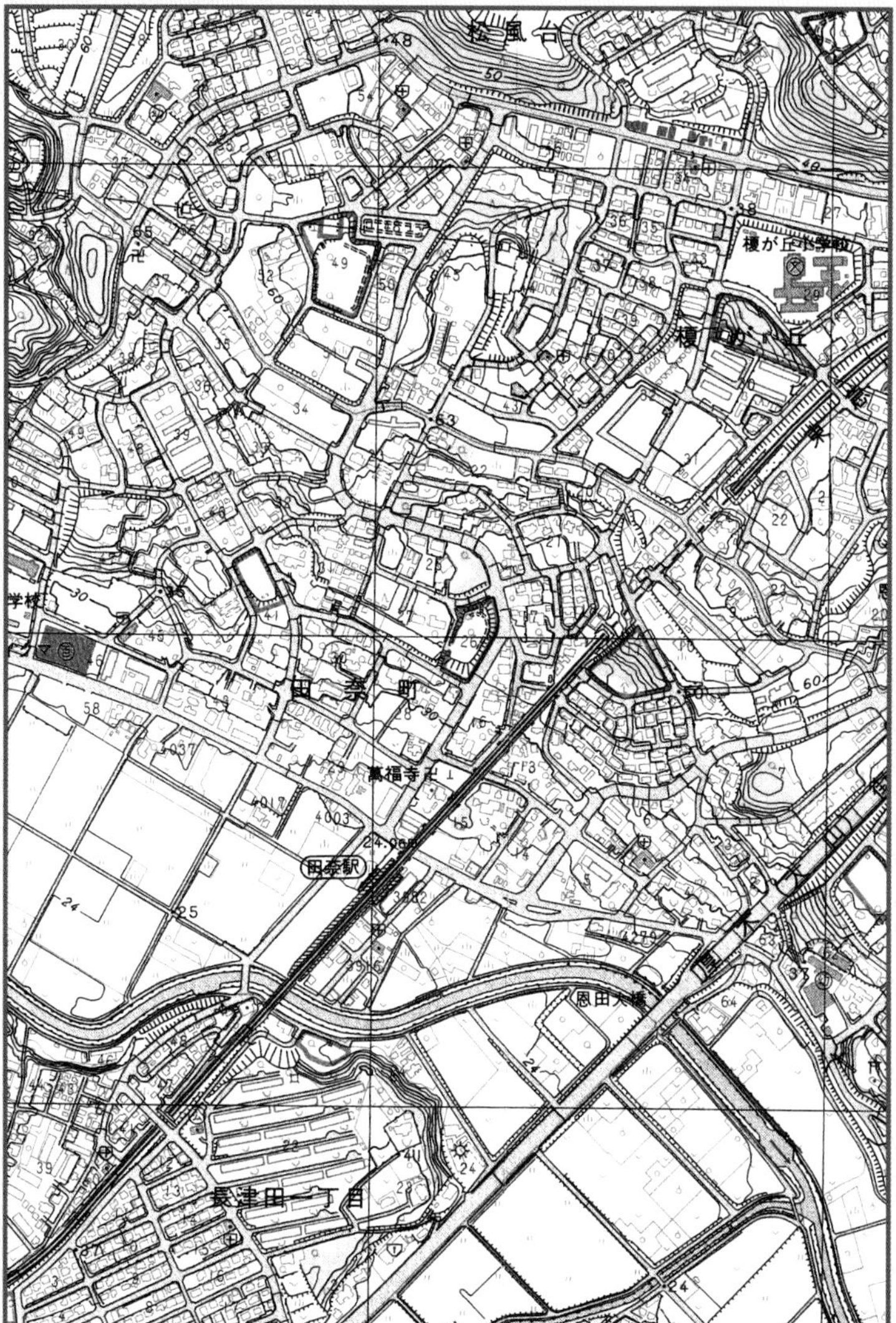

建設省国土地理院発行1/10000地形図

奈」は行政上の地名として復活。平成6年(1994)年11月6日、横浜市の行政区の再編成に伴い青葉区に編入され、現在に至っている。

◆しらとり台と神鳥前川神社

田奈駅東側の青葉区域にあるしらとり台は、田奈町同様に青葉台駅周辺で植物町名が相次いで誕生した時代の土地区画整理事業で新設された町だ。田奈町が歴史のある町名を復活させたのに対し、ひらがな町名のしらとり台は植物町名と同様に土地の歴史と無縁の町名と思いがちだが、文治3年(1187)創建という800年以上の歴史を持つ古社、神鳥前川神社の「神鳥」に由来している。古来「神鳥」とされる白鳥から「しらとり台」の町名になったそうだが、いささか説明がいる。

「神鳥」を「しとど」と読む神鳥前川神社は田奈駅より徒歩10分足らず。創建したのは、稲毛三郎重成。〈梶が谷〉の項で触れたが、稲毛重成は多摩丘陵に広がっていた稲毛荘を治め、枡形城を築城した鎌倉時代の武将。神鳥前川神社の由緒によれば、稲毛重成が日本武尊(ヤマトタケルノミコト)及びその妃である弟橘比売命(オトタチバナヒメノミコト)を祭神として田奈のこの地に祠を

駅周辺にもまだまだ田園風景が広がる

建て白鳥前川神社と名づけたのがその起こりという。

日本武尊が東征の帰途、伊勢の国で病に斃れ、白鳥となって弟橘比売命の待つ大和に飛んでいった云々の日本武尊白鳥伝説は『日本書紀』に記されているが、日本武尊を尊崇する稲毛重成はその白鳥伝説から白鳥前川神社と名付けた。それがいつのころよりか白鳥が転じて神鳥と書くようになり、これを「シトド」又は「シトトリ」と読むようになり、神鳥(しとど)前川神社になった――つまり、神鳥=白鳥ということで「しらとり台」になったとのことだ。

神鳥前川神社の大幟は12メートル近く、幟の幅も2メートル近い。古くから「関東一」あるいは「日本一」と語り継がれているとのこと。

神鳥前川神社の「前川」は恩田川を指しているが、荏田宿から大山道を行くと往時は恩田川の手前に茶屋があった。その頃の大山道は道幅8~9尺と言われ、宅地開発の波に呑まれてしまったが、藤が丘附近からしらとり台附近の間は「谷本原」と呼ばれる寂しい林の中の山道で、昼間から追剥ぎが出没したとも。そんな道中の危難を潜り抜けて、恩田川手前の茶屋での一服は旅人にとって甘露、甘露だったろう。茶屋は天保2年(1831)この道を歩いた渡辺崋山の『游相日記』にも描かれており、柿や栗を売っていたという茶屋のスケッチが残されている。

恩田川を渡れば長津田宿まで一歩きである。

青葉区と緑区を分ける恩田川

22 長津田　駅前再開発が進む緑区の賑わい拠点

◆長津田町を分割して成った現在の市街地

青葉区を南北に走ってきた東急田園都市線も、恩田川を渡れば緑区に入る。

田園都市線とJR横浜線及び横浜高速鉄道こどもの国線との3線が乗り入れる長津田駅周辺には「長津田」を冠する「長津田」「長津田町」「長津田みなみ台」そしてひらがな町名の「いぶき野」と4つの町が市街地を形成している。このうち、長津田の市街地の核となったたったは丁番を持たない単独町名の「長津田町」だ。ほかの3町は長津田町から区割りされて新設された町となっている。

北西側を国道246号、中央を東名高速道路が通り、町の南端に横浜町田インターチェンジがある長津田町は古くは都筑郡長津田村といい、江戸時代は村の北部に位置した大山街道長津田宿の賑わいで発展。明治22年（1889）大日本帝国憲法発布に伴う市町村制施行の際、恩田村、奈良村と合併して田奈村大字長津田となった。

いつも賑わう長津田駅構内

昭和14年（１９３９）4月1日、横浜市の市域拡大で旧港北区に編入されて都筑郡田奈村大字長津田から長津田町となった。昭和44年（１９６９）10月1日の行政区再編成にともない、現在の緑区長津田町となった。

「長津田」は駅の南北に1丁目から7丁目までが展開しているが、昭和57年（１９８２）の住居表示施行にともない、長津田町、恩田町の各一部から新設した町となっている。

町の北東側を恩田川が流れ、中央を横浜線が走る「いぶき野」は昭和48年の土地区画整理事業の施行に伴い、長津田町の一部から新設した町であるから、長津田村からの土地の歴史を引き継ぐ長津田町のエリアがいかに広かったが分かる。当時、いぶき野町には植樹が多く、ヒノキ科の常緑高木「伊吹」が多く植えられていたことと新しい町の「息吹」の意も込めて、地元は「いぶき野」の町名を要望している。

「長津田みなみ台」は平成になってから誕生した。都市基盤整備公団、横浜都市みらい及び横浜市によって土地区画整理事業として開発された地域で、長津田町字玄海田の雛壇状の谷戸田を付近の洪積台地の切崩しによって埋め立て・造成した土地と十日市場町、いぶき野の一部から成った平成17年（２００５）生まれの、文字通りの新興住宅地だ。

南口から臨む北口の再開発ビル

昭和のままの横浜線長津田駅改札方面

◆旧宿場通りは中央通りの商店街に

長津田駅北口にはタワーマンションが1棟、長津田の街を圧倒するように聳え立っている。駐輪場や駐車場として使われていた市有地をタネ地とした北口再開発事業で駅前広場と共に28階建てタワーマンション「マークワンタワー長津田」が整備されたものだ。

すっきり洗練された北口の駅前空間に比して、JR横浜線側の南口は、改札口に行くのはいまだに階段だ。階段横に小さなエレベーターはあるもののエスカレーターはないから、利用者から見たら「遅れている」のが南口だ。

北口も南口も40年前に駅前再開発が持ち上がった。しかし、南口には大山街道長津田宿があったことで古くから発展していたこともあて、用地買収などで事業は頓挫。その後、駅前広場と駅前大通りとなる長津田駅南口線（140メートル）を整備するための街路事業が都市計画決定され、事業は現在最終段階に入っている。

南口から南口線の大通りを行くと、まもなく中央通りと交わる長津田駅南口交差点に出る。この交差点で東西に走っている中央通りが旧大山街道で、往時は長津田宿の宿場通りだったところだ。長津田宿は東から上宿・中宿・下宿と分かれて宿場通りを形成していた。今は長津田

かつて宿場街だった中央通り

整備・拡幅された長津田南口線通り

商店街となっている。

長津田小学校西隣り「長津田宿市民の森」には、旧大山街道の宿場町「長津田宿」として賑わいを見せた歴史をはじめ、中央通りの長津田商店街に「下宿常夜燈」、大石神社境内に「上宿常夜燈」が残されていることなどが示す案内板が入口に設置されている。

大石神社参道女坂に残されている「上宿常夜燈」は天保14年（1843）宿内の秋葉講中が建立している。昭和62年、現在地に移設されている。大石神社は交差点から旧大山街道沿いの台地に鎮座している。駅南口から歩いて10分ほど。大石神社は創建年や旧社格など不明だが祭神は在原業平、神体の大石が在原業平の化身ともされているなど、種々の伝説に彩られている。

◆葛飾北斎も訪れた長津田宿

「大山詣」が盛んになると、関東の各方面から大山に向かう多くの道が「大山道」と呼ばれるようになる。中でも江戸から大山への最短となる「矢倉沢往還」が一般的なルートとなり、大山街道と称されるようになった。参詣後には江ノ島・鎌倉を併せて訪れる人も多かったことを描いたのが葛飾北斎の『鎌倉江ノ嶋大山新板往來雙六』。作者は前北斎為一（ぜんほくさいいいつ）となっているが、葛飾北斎が60〜70歳頃に使用していた画号で、北斎が描いた唯一の双六。

「大山詣・江ノ島詣」の道中を題材としており、長津田宿は宿場入口付近の様子を描いている。低地から大山道に沿って丘陵を登ると長津田宿の民家が点在していることから、恩田川側からの光景と思われる。

荏田宿では旅籠あるいは茶屋と見られる軒先の様子が描かれ、谷本では鶴見川に架かる川間橋を描いている。旧大山街道の川間橋は市ヶ尾にある青葉区役所の北西側に架かっているが、この橋は昔、三文の渡り賃を取ったため「三文橋」とも呼ばれた。その伝承を裏付けるように北斎は双六で「鶴見の川上 此家にて橋賃をとる」書き入れている。

保存されている版画の原本『鎌倉江ノ嶋大山新板往來雙六』は、刷り具合の影響で画像は残念ながら鮮明とはいいがたいが、国会図書館デジタルコレクションで『鎌倉江ノ嶋大山新板往來雙六』を検索すれば閲覧できる。

◆緑区の人口18万人。長津田駅の利用客は1日平均14万人弱。

緑区は、昭和44年(1969)10月、行政区再編成により港北区を分割して新設された当時は現在の青葉区、都筑区を含んだ広域な区域を有していた。平成6年(1994)11月の行政区再編成により、一部の地域が青葉区と都筑区となって、現在の区域となった。区名は、一般の公募で決められている。「緑区」「北区」「川和区」「都筑区」「青葉区」「多摩区」「北浜区」「田園区」「港西区」「昭和区」などから最も票数の多かった「緑区」となった。

緑区は横浜市の北西部に位置し、区域の東西を横浜線が横断し、その北側で横浜線に沿うように鶴見川とその支流の恩田川が流れている、東西に細長い地形となっている。

緑区の中央部に近い三保・新治地区の樹林地は、横浜市内でも最大規模である。山林や公園の緑、農地などが緑区の面積に占める割合(緑被率)は50%を超え、横浜市18区内中、第1位だ。

江戸時代に大山街道や中原街道、八王子街道が通じたが、区域全体としては農業地帯であった。明治41年(1908)に横浜線(当時は横浜鉄道)、昭和41年(1966)に東急田園都市線が開通。緑区内には横浜線の駅が4駅ある。東側から鴨居、中山、十日市場そして長津田で、昭和30年代から区画整理事業や公的団地開発が活発となり横浜線4駅を中心に住宅地が広がり、市街化が進んだ。緑区役所は中山駅を最寄りとしているが、繁華の拠点は横浜線の開通で宿場時代の繁華が蘇った長津田だ。

東神奈川〜八王子間を走る横浜線は、八王子や甲信地方で生産されていた生糸を横浜へと運搬することを目的としていた。その開業目的に沿って大山街道の宿場町だったことで拓けていた長津田に駅を設けた。

その頃、長津田は都築郡田奈村の時代だった。田奈村は長津田、恩田、奈良の3カ村が合併して成った村だが、鉄道が走り出した長津田エリアが時代の流れに乗り、恩田、奈良は時計の針が止まった。

多摩田園都市の事業が始まり、田園都市線が開通するとその傾向は一層顕著となり、長津田は商業地として発展。田園都市線長津田駅開業の翌年、昭和42年に長津田駅からこどもの国線が開業。家族連れの行楽客で賑わううちに東急こどもの国線沿線の恩田区域の開発が始まり、平成に入るとこどもの国線は通勤路線となっ

現在、長津田駅の1日平均利用客（乗車人員）は田園都市線で7万人、横浜線が6万人超。乗り換え客も含まれたこどもの国線の利用客6000人をカウントすると、14万人近い。緑区の人口が18万人ほどだから、長津田駅利用客の多さを実感できる。

◆「こどもの国」の開園

こどもの国線は長津田駅を出て恩田川を越えると青葉区域となるから、終着のこどもの国駅まで路

線のほとんどは青葉区を走っていることになる。

「こどもの国」は、昭和34年皇太子殿下（現・上皇陛下）と美智子妃殿下（現・皇太后）成婚への国民の祝意から誕生している。全国の国民からお祝いの寸志が寄せられたが、「お祝いの品よりこどもの施設を」というお二人の気持ちもあり、当時の厚生省内での検討の中から「こどもの国」構想が生まれた。当初の候補地は埼玉県・朝霞と神奈川県・辻堂であったが、横浜市が奈良町の丘陵地にあった陸軍田奈部隊跡地を提案する。旧日本軍最大規模の弾薬組み立て・格納などを目的とした弾薬製造貯蔵施設（陸軍東京兵器補給廠・田奈部隊填薬所）であり、敗戦後は田奈弾薬庫として米軍に接収されていた。太平洋戦争中に弾薬庫・工場があった跡地を利用することで、平和になった時代を象徴しようというものだった。豊かな自然に恵まれ丘陵地は立地に最適とされ、米軍への働きかけから昭和36年に返還が実現、「こどもの国」建設が進められることとなった。

お祝いのお金を基金とする財団法人が設立され、国民・企業からの寄付や国費の投入を受け建設が進められ、様々な業種の企業の協力もあり、昭和40年に開園した。

開園当初から子どもたちに圧倒的人気を呼んだのが「ほんものの自動車の運転」。専用に開発された100台の「ダットサンベビー」を日産自動車が提供。講習と練習があり、合格すると独自の「運転免許」が発行され、一人で運転することができた。その後、自動車の老朽化が進んだことから、昭和50年に自転車コースとしてリニュー

今や通勤路線となったこどもの国線

アルされた。

開園後も、スケート場、皇太子記念館などが順次整備されたほか、時代の変化に合わせたリニューアルが行われており、現在も人気のスポットとなっている。

「雪印こどもの国牧場」は皇太子殿下（現・上皇陛下）の発案から導入された牧場。動物とのふれあいや、乳搾りの体験などが人気。ソフトクリームも味わえるほか、関東で唯一となる「特別牛乳」の購入もできる。

「こどもの国」開園時期に多摩田園都市の開発を進めていた東急電鉄も、「こどもの国」に協力している。開園翌年の昭和41年に田園都市線が延長開業となり、さらに翌年には長津田駅から、戦時中に利用された弾薬庫への引き込み線の跡を利用したこどもの国線が開業。社会福祉法人こどもの国協会から東急電鉄が委託を受けて運行し、「こどもの国」は鉄道駅に直結する便利な施設となった。

現在も園内には、弾薬庫時代に掘られたトンネルや、多数の弾薬庫跡が残されているほか、当時学徒動員された女学生が後に建立した「平和の碑」もある。平和について考えさせられるスポットともなっている。

◆奈良町が先鞭をつけた沿線開発

こどもの国線は当初、社会福祉法人こどもの国協会が施設を保有し、東急に運転管理を委託する形で営業されていた。沿線人口の増加によって通勤需要の要望が上がったことから、こどもの国協会は平成9年第三セクター横浜高速鉄道に譲渡されたが、東急の運行管理はそのまま継続されて現在に至っている。

終着駅のこどもの国駅西側に「奈良町」と「奈良」の町がひろっがている。1丁目から5丁目まである「奈良」は平成8年の土地区画整理事業の施行に伴い、奈良町・恩田町の各一部から新設した町で、古いのは丁目のない単独町である「奈良町」で、古くは都築郡奈良村だった。昭和14年の横浜市へ編入の際、都筑郡田奈村大字奈良から奈良町となった。地名研究で「ナラ」は「緩斜地、平地」を意味するという。

こどもの国線沿線の開発は奈良町の「奈良北団地」が先鞭をつけた。当時の日本住宅公団が建てた全18棟、総戸数1600戸を超える大規模団地で昭和46年（1971）9月に第一次入居が始まっている。以降、すみよし台　あかね台そして奈良と新興住宅地が誕生していった。

すみよし台は昭和51年の土地区画整理事業の施行に伴い、恩田町・鴨志田町・奈良町の各一部から新設され、あかね台は平成2年の土地区画整理事業で恩田町の一部から誕生している。町区域のほぼ半分を占めていた字西ケ谷にアカネ科の多年生蔓草が群生していて、字名の「西」とアカネの漢字「茜」が似ていることと、アカネの根を薬として煎じて飲んでいたことから、地元の要望で「あかね台」と名付けられた。すみよし台は地区の西北側に隣接する住吉神社に由縁しているとのことだ。

奈良町東側の「緑山」は、宅地開発のためにに造成されたが、町域のほとんどが「TBS緑山スタジオ」として使用されている。昭和53年の町界町名地番整理施行に伴い、奈良町の一部から新設した町となっている。

◆土地区画整理事業で削られていった恩田町

恩田駅は沿線開発に伴ってこどもの国線が通勤路線に改良されたことから平成12年（2000）3月

29日に新設された、こどもの国線唯一の途中駅だ。

駅名は恩田町に来由しているが、恩田町の来し方を振り返ると、宅地開発のための土地区画整理事業のたびに町域を削られ、今では丁目のない単独町名となっている。

「恩田」の地名は古く、恩田町の前身となる恩田村には往時、お城があったという。恩田川の北側に「堀の内」の地名が残されているが、この地名は恩田城にあった「堀」を指しているという。

『新編武蔵国風土記稿』に「から堀あり　土人は城跡なりと云伝う」とあるのが、歴史不詳の恩田城が伝承されている由縁らしい。お城があるなら土地を治めた領主もいる。

中世武士の苗字は一般的に開発した土地の地名に由来し、その土地を本貫地と呼んでいる。自治体史の刊行などにより、中世武士と関連する地名の研究は進歩しているが、本貫地がいまだに確定していない武士も少なくない。

「恩田氏」もその一人。恩田氏は鎌倉期から室町期にかけて活躍した武蔵武士で、その本貫地は埼玉県大里郡大里町上・中・下恩田と神奈川県都築郡恩田の二説あるが、考古資料などから研究者の間では都築郡説が有力らしい。

恩田地域はいかに広かったか。田園都市線青葉台駅周辺の「つつじが丘」「青葉台」は恩田町から生まれた新興住宅地だ。土地区画整理事業のたびに町域が削られる前の恩田町は、青葉台駅周辺にまで町域だった広大な町だったのだ。

地名研究で「オンダ」は「日陰になる田」を意味するというが、青葉区で広大な町域を誇っていた恩田町も今は昔のことになった。

23・24 つくし野・すずかけ台

街の風致を守ろう建築協約

◆小川町から生まれたつくし野、南つくし野

田園都市線は長津田駅を過ぎると、町田市に入っていく。町田市は東京都の最南端に位置し、半島のように神奈川県に突き出ている。南北に長い地形の南東部にあるのが、つくし野・すずかけ台の両駅だ。

田園都市線は、長津田駅以西は沿線開発に沿って各駅停車の如くに部分開業を繰り返しながら終着中央林間駅に達しているが、つくし野駅は昭和43年、すずかけ台は昭和47年の開業となっている。両駅の所在地は前者がつくし野町、後者は南つくし野町だが、いずれも東急による小川第一土地区画整理事業で宅地整備された住宅地だ。

開発地となった「小川」の来し方を見ていくと、町田市の成り立ちと連動している。

江戸時代からの小川村は明治になると東京府に入るが、多摩地域は横浜に居住する外国人の逍遥区域であるとの神

つくし野駅前

奈川県知事陸奥宗光の上申により神奈川県に移管される。

明治11年(1878)郡区町村制施行で、神奈川県南多摩郡小川村となり、明治22年の町村制施行で、小川村と鶴間村・金森村・成瀬村・高ヶ坂村が合併し、南多摩郡南村大字小川となる。

明治26年、水源管理問題で神奈川県のうち、西多摩郡、南多摩郡、北多摩郡を東京府に移管。東京府南多摩郡南村大字小川となる。それから時代がぐっと進んで昭和13年(1938)東京府の都制移行により、東京都南多摩郡南村大字小川となる。昭和29年、町田町と南村が対等合併して町田町大字小川となる。そして昭和33年2月1日、町田町、忠生村、鶴川村、堺村の1町3村が対等合併しての市制施行で、町田市小川となった。

町田駅周辺の一極集中で発展してきた町田市の大部分は多摩丘陵に属している。里山の風景がそこかしこで見られ、緑にあふれた公園、地場産野菜を作る農地等々、今でも町田市小川が開発される前の風景が見られる。

小川地区の土地区画整理事業で、まず昭和43年につくし野1～4丁目が誕生。次いで46年に南つくし野1～4丁目が新設されると、小川はその後昭和49年までに1丁目から4丁目に区分された。

しかし、小川の町域変更はこれで終わらず、昭和61年に小川、成瀬、金森のそれぞれ一部より、成瀬が丘1～3丁目を新設。小川、成瀬のそれぞれ一部を小川1丁目、2丁目に編入。平成4年(1992)小川、成瀬、南成瀬7丁目のそれぞれ一部より、南成瀬八丁目を新設。平成24年、金森の一部を小川2丁目、3丁目に編入とあっちを削られ、こっちに肉付けされながら小川の残余部で住居表示を実施し、小川5～7丁目を新設と、現在の町域になったのはつい最近の平成28年(2016)だったのが、つくし野、南つくし野の西側に隣接する小川町の履歴書だ。

◆建築協約と高級住宅地

「つくし野」の名称は一般公募によっている。東急電鉄は「すずかけ台」も当初は「南つくし野」にする予定だったが、地元からの要望で「すずかけ台」になった。

近隣に第二キャンパスを開設する予定であった東京工業大学の名誉教授の一人が、田園都市線では多くの駅名に植物名が付けられていることから、ギリシャの哲人プラトンがアテネ郊外に開設した学園アカデメイアに多く植えられていたというスズカケノキ(プラタナス)を駅名とすることを大学内で提案。賛成が得られたため、大学として東急へ要望し、実現したものだ。

つくし野及び南つくし野の町は、一部地域を除けば敷地面積や家屋の高さ・壁面後退距離等を決めた建築協約を設けている高級住宅地。敷地は165㎡(50坪)以上の戸建て住宅となっている。しかし、町を歩いてみると、どう見ても50坪未満の家やアパートに毛の生えたような小規模集合住宅も目に付く。

そもそも建築協約は、協議による約束事であるから、法的強制力はないことに加えて、平成11年の建築基準法の改正も影響していると思われる。

市など自治体だけが行っていた「建築確認業務」が民間に開放され、指定確認検査機関も行えることになった結果、市の窓口での協約に沿った行政指導シーンも見られなくなった。

すずかけ台駅前の植え込みに設けられている南つくし野自治会による「町づくり宣言」

建築基準法改正により町田市も、用途地域指定の低層地域の最低敷地区画面積を120㎡(36坪強)に決めた。建築業者側から見れば建築協約の165㎡以上に縛られることはないし、50坪に満たない敷地面積でも36坪強あれば合法なのだ。

町が出来てから優に半世紀以上。町に対する考え方が違う居住者が増えてきても当然だろう。また、建築協約が街の新陳代謝を妨げるようなことになれば、せっかくの高級住宅地も老いていくばかりだ。ブランドイメージか、活性化か。難しい状況に直面しているのかもしれない。

つくし野駅もすずかけ台駅も1日平均乗降人員は1万1500人前後の静かな駅だ。駅前にある商業施設もつくし野駅の東急ストアぐらいだ。すずかけ台は東工大すずかけ台キャンパスが最寄り駅となっているからか、利用客数は横ばい傾向だが、つくし野駅の利用客はこの20年、減少傾向にある。

つくし野駅前のポケットスペースに設置されているつくし野1丁目・2丁目自治会による建築協約の案内板

25 南町田グランベリーパーク

駅前に賑やかな公園都市

◆郊外住宅地とニューファミリー

渋谷から急行で40分ほどの南町田を訪れたのは数年ぶりだ。その頃はアメリカ郊外のオープンモールを導入したという大型商業施設「グランベリーモール」とシネコンもあって、平日午後でも賑わっていた。しかし、改めて訪れてみると、南口改札から直結している巨大な商業施設と公園、ミュージアムが一体となった、まるで一つの都市のような駅前空間が出来上がっていた。アウトレットエリアには優に２００店舗を超えるテナントショップが連なり、そのうちアウトレットは１００店舗を数えるという。

再整備した鶴間公園やシアタープラザ等々、「南町田グランベリーパーク」と名称されたエリア総面積は22万㎡という。広さ比較によく用いられる東京ドームは４万７０００㎡だから、5倍以上の広さだ。エリア全体を楽しもうと思ったら1日がかりだろう。

古い世代には、「南町田」ではなく「鶴間」と言えば、ああ、あそこかと田舎の風景を思い浮かべるかもしれない。だいたい、南

若い世代が目立つグランベリーパーク

町田の地名そのものがなかったころだ。昭和51年（1976）に田園都市線が開通すると「南町田」の駅名が出来たが、現在1丁目から5丁目まである南町田は平成28年（2016）7月、鶴間、小川の一部で住居表示を実施して誕生したものすごく新しい町名だ。

かつての南町田は、周辺エリアと合わせて、南多摩郡南村という小さな村だった。昭和29年、同郡町田町と合併。昭和33年（1958）には町田、鶴川、忠生、堺の4町村が合併して町田市が誕生する。そのころはモノクロテレビの時代だが、その年に長嶋茂雄がプロ野球デビューを果たすと、テレビの普及と相まって、プロ野球人気が沸騰していく時期だ。

往時の南町田駅周辺は、山林と田畑がほとんどを占め、のどかな里山風景が広がる田園地帯だった。山林からは炭や薪などの燃料を調達し、国策によって杉や檜が植樹されていった。その名残は、今も鶴間公園の森の中に残されている。炭や薪の需要が減ると樹林は田畑に変わり、やがて東名高速道路の開通や東急田園都市線南町田駅開業

東急の力の入れ方が見えるホーム光景

電車が到着するたび、マスク姿でも来場客が途切れない。写真奥は南町田グランベリーパーク駅

に伴って拓けていく。転機となったのは昭和50年（1975）南町田第一土地区画整理組合事業で換地処分が行われ、現在のベースが整ったことだ。

やがて宅地開発も進むと、都心から1時間圏内の緑豊かな南町田は、そのころメディアでもてはやされたニューファミリーと呼ばれる若い世代が目を向ける郊外住宅地の一つとなった。

「ニューファミリー」は広告業界の造語だ。戦後のベビーブームを中心とした世代の夫婦や家族を指した。1970年代半ばに登場し、夫婦ともジーパンを好み、友だちのような夫婦関係、親とは同居しない核家族といった、従来とは異なる価値観を持つ新たな家族像として注目を集めたものだ。

時代の先端を行くようなニューファミリーの転入に合わせるかのように、昭和54年（1979）には既存樹林を活かした都市公園「鶴間公園」が開園している。

◆南町田の発展を物語る駅利用客数の推移

田園都市線は南町田駅を開業した昭和51年（1976）にお隣のつきみ野駅も開業。終着の南林間駅は8年後の昭和59年だが、南町田駅の利用客（乗車人員数）は、開業年はわずかに804人という記録が残っている。以降の利用客数を10年ごとに見ると——

1985年（昭和60）4649人

子ども連れのお母さんのお目当ては？

1995年（平成7）7500人
2005年（平成17）1万4008人
2015年（平成27）1万6984人

田園都市線開通以降40年で南町田駅を日常生活の最寄りとする駅周辺の人口は20倍になった勘定になる。2019年は（令和元年）乗降客数で4万人を数えているから、その半数を乗車人員数と看做すと、現在は2万人前後だろう。

この間、平成12年（2000）に「グランベリーモール」、平成18年に「シネマコンプレックス／オアシススクエア」がオープン。南町田は住宅地としてだけではなく、商業地としても田園都市線沿線に名乗りを上げる。

平成27年（2015）、町田市は南町田駅周辺の新たなまちづくりの方向性を示すため、東急との協働で南町田駅周辺地区拠点整備基本方針を策定。東急は、平成29年2月を目途にグランベリーモールを閉店。その後、基本方針に則った南町田拠点創出まちづくり

交通広場が整った北口

プロジェクトへ動き出し、平成31年に駅前公園都市空間ともいえる「南町田グランベリーパーク」が誕生した。駅名も同年10月1日に南町田駅から南町田グランベリーパーク駅に改称し、同時に平日も急行が停車するようダイヤ改正が行われ、大井町線からの急行列車も通るようになった。そして駅名改称から1ヶ月半後の同年11月13日にまちびらきの祝典が催されている。

「南町田グランベリーパーク」は令和2年度都市景観大賞の「都市空間部門」において、官民一体で取り組んだ質の高い空間整備が高く評価され、大賞にあたる国土交通大臣賞を受賞している。さらに同年10月には第40回緑の都市賞で「国土交通大臣賞」を、第8回プラチナ大賞で「優秀賞・新しい時代のまちづくり賞」をそれぞれ受賞している。プラチナ大賞は総務省が後押ししているもので、イノベーションによる新産業創出やアイデアあふれる方策を通じて、地域課題に対して創意工夫に富んだ取組を行う団体を表彰している。

◆「町田市辻」から旧大山街道を歩く

南町田グランベリーパークは駅南口に展開しており、平成28年に新設された南町田町は北口側に広がる。北口は国道16号が近接しており、商業施設などは少なく、戸建て住宅や大型マンションといった住宅街が広がっている。

平成29年(2017)4月に北口広場が完成し、自動車交通の利便性が向上した。国道16号町田立体の本線部や鶴間橋付近から国道16号南町田北交差点までの新しい都市計画道路が開通したからだ。これらの道路整備とあわせて、町田駅方面などを結ぶ路線バスのほか、新たに空港行きのバスも運行されるようになっている。

「南町田」という新しい町は誕生し、駅名にも入っているが、駅所在地は鶴間のままである。

「鶴間」の地名は昔、鶴が飛来したという「鶴舞の里」から来ているそうだが、明治初期まで武蔵国多摩郡鶴間村だった古い歴史を持つ。鶴間は元々、現在の大和市・相模原市・町田市にまたがる広域地名となっていた。現在でも各地域の名称として使われている。鶴間村は鎌倉街道や絹の道の宿場町として賑わったと伝わる。

鶴間も、境川を越えると東京都町田市から神奈川県大和市下鶴間となるが、下鶴間村はもともと鶴間村で、大山街道の宿場町として賑わったところだ。

往時の大山街道は恩田川を渡り、長津田宿を過ぎると、曲折しながら丹沢山系や町田市を一望できる「馬の背」を過ぎ、やがて町田市鶴間に入る。

田園都市線の南側を走っている国道246号の「町田市辻」から少し先に国道246号と分岐する道がある。この道が旧大山街道で、分岐点からそのまま西へ向かうとしばらくの区間は、旧道を楽しむ街歩きが楽しめる。

南町田グランベリーパークから下りてくる国道16号をくぐると、旧道沿いの途中に円成寺がある。浄土真宗本願寺派のお寺で、豊臣秀吉が小田原北条を滅ぼす天正年間(1573～92)には創立していたと伝わる古刹。境内には、江戸時代下鶴間村を知行地として治めていた旗本江原家の墓がある。

円成寺を過ぎて八王子街道との目黒の交差点付近では、国道246号に阻まれて迂回せざるをえないが、町田市と大和市――東京都と神奈川県の境界となる境川を渡ったところにある観音寺から先が、当時は江戸よりおよそ十一里、下鶴間の宿場街だったところだ。

26 つきみ野 大山街道下鶴間宿と渡辺崋山

◆古代遺跡もお城もあった

田園都市線も南町田グランベリーパークを出ると大和市に入る。つきみ野駅は、月見草が生い茂っていたことからその名がつけられた。1丁目から8丁目まであるつきみ野町は、土地区画整理事業で下鶴間から生まれている。開発と同時期の昭和40年代前半に遺跡調査が行われ、「月見野遺跡群」が発掘された。旧石器時代の遺跡で、現在は大規模な住宅地造成によって遺跡自体は失われているが、遺跡からは当時の国内ではほとんど例がなかった石器が広い範囲から多数出土し、旧石器から縄文時代初期の人々の暮らしを解明する発見として注目された。

月見野遺跡群は、つきみ野5丁目の市営つきみ野住宅付近を流れる目黒川流域に、18カ所に渡って発見された遺跡の総称。出土した石器の成分などから、当時のつきみ野一帯には旧石器時代から縄文時代にかけて、長期間にわたって古代人が生活していたと見られている。

つきみ野駅前

つる舞の里歴史資料館（つきみ野7丁目）には旧下鶴間村の歴史を紐解く資料等が展示されている。発掘調査で古い歴史が掘り起こされた下鶴間には大山街道下鶴間宿があったが、小田原北条時代にはお城もあった。

つきみ野駅東側には八王子街道が南北に走っているが、八王子街道を南に行くと左手に北大和小学校がある。その東側付近、境川から見れば西側の台地がかつての下鶴間城の城山だった。

下鶴間城は小田原北条の家臣・山中修理助貞信（または貞住）の居城と伝わっているが。詳細は不明だ。平成8年（1996）に行われた発掘調査で中世の土塁や空堀などの遺構のほか、陶磁器や銅銭といった出土品も見つかったが、現在は宅地化などにより城址の遺構は消滅している。もっとも、城と言っても平山城の小型版だったようだ。

築城がいつの頃か、山中修理助貞信がどのような武将だったのか不明だが、天正年間（1573～92）に小田原北条が豊臣秀吉に滅ぼされて下鶴間城も廃城になり、長い年月の間に風化していったのだろう。

つる舞の里歴史資料館

八王子街道からつきみ野駅を臨む

◆渡辺崋山が投宿した下鶴間宿「まんじゅう屋」

八王子街道をさらに南下すると、境川手前で旧大山街道と交わる「観音寺南」の交差点に出る。この観音寺から先が旧大山道で下鶴間の宿場街があったところだ。当時は松屋、三津屋、ちとせ屋等といった旅篭や、床屋、酒屋、小間物問屋等20軒ほどあり、宿場の入り口で八王子街道と交差している交通の要衝であった。八王子街道は浜街道とも呼ばれ、往時は生糸を運ぶ「絹の道」だった。八王子の生糸商人も一服に立ち寄るなど、なかなかの賑わいであったようだ。

旧道を西に進むと、境川の支流となる目黒川を渡ったところに鶴林寺がある。数十段の石段を上っていく鶴林寺は永禄年間（1558～69）の創建と伝わる浄土宗の古刹。明治期には下鶴間の公立小学校となる「鶴鳴学舎」が置かれていた歴史もある。

下鶴間の宿場街は鶴林寺を過ぎたあたりまで広がっており、渡辺崋山は下鶴間を訪れた折、鶴林寺の西側になる「まんじゅう屋」なる宿に泊まったことを『游相日記』に綴っている。

崋山の筆は達筆すぎて素養がないと読めないので、大正4年（1915）「崋山会」が刊行した『崋山全集』に所載されている『游相日記』活字版に頼ると、下鶴間宿では「まんじゅう屋」に泊ったとある。

渡辺崋山肖像画（崋山全集）

――宿を角屋伊兵衛、俗にまんじゅう屋という家に宿す。四百三十二銭。

まんじゅう屋のあるじ夫婦、荘白とかいう村に婚姻ありて行つて、湯などの用意無く、膳もまつかるべしとて、その父なる翁、孫なる娘ばかりおりて、いざよくばお泊りあれやという。酒を命ずるよし、飯うまし云々。

『游相日記』は渡辺崋山が天保11年（1840）弟子の高木梧庵を連れての道中日記になっている。店先で饅頭を売っていたところからこの名で呼ばれていた角屋に投宿しようとした崋山も、宿の者の素っ気ない応対に戸惑ったろう。そこに顔を出した宿の御隠居が「孫娘しかおりませんが、よければお泊りを。お酒の用意も致します」ということで、崋山師弟は投宿。旨い酒と食膳に舌鼓を打ったようである。

崋山はまた〈鶴間という所、二あり。一を上とし、二を下とす。下は二十軒ばかりありぬらん。松竹覆い茂りいとど世離れた所なり〉と記述している。下鶴間の宿場には20軒ほどつらなっていたものの、宿場を外れれば下鶴間には松や竹が覆い茂っていたようだ。

つきみ野駅東側を走る八王子街道

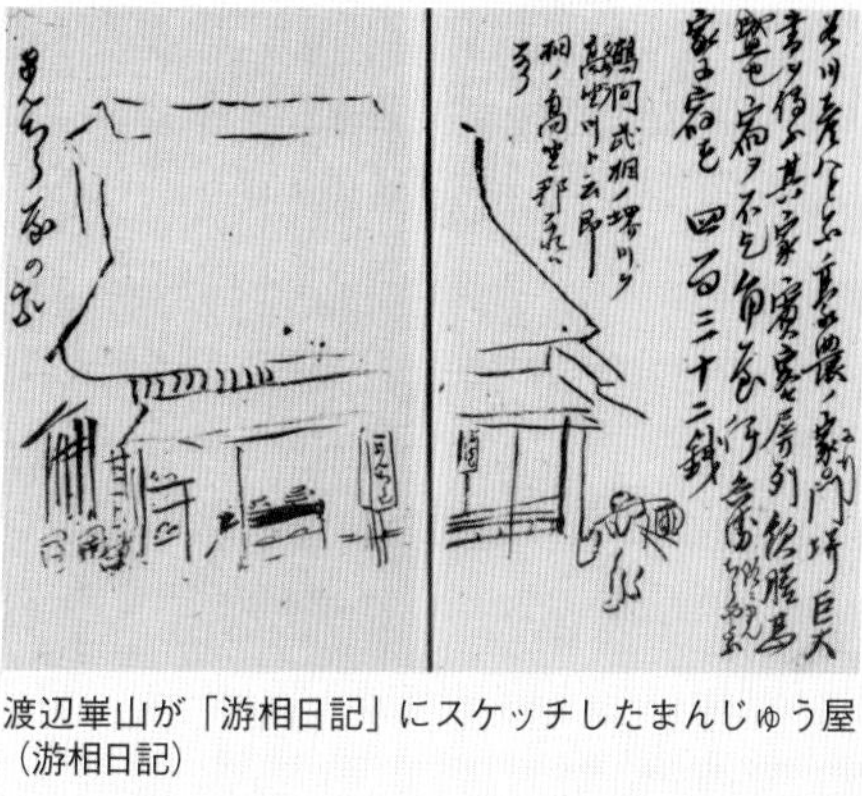
渡辺崋山が「游相日記」にスケッチしたまんじゅう屋（游相日記）

◆宿場の商家を復元展示している「下鶴間ふるさと館」

下鶴間の宿場があった旧道沿いに「下鶴間ふるさと館」がある。目黒川の少し手前だ。

下鶴間ふるさと館は、宿場町であった大和市の歴史にまつわる展示物を置く文化施設だが、大和市重要文化財に指定された「旧小倉家住宅の母屋と土蔵」が復元展示されている。

母屋は街道に面して、幕末の安政3年（1856）に建築されたもので、宿場の商家建築として県内でも数少ない建物。土蔵は往時の建物古材を用いて大正7年（1918）に再建された商家の付属建築で、一般に袖蔵と呼ばれる、店脇に配される商品・什器の収納蔵。

下鶴間に一泊した渡辺崋山師弟は翌朝、相模を目指してまんじゅう屋を発つが、宿場を外れた先には、一面の柴胡の原が広がっていたこと『游相日記』に記している。

——この原、縦十三里、横一里。柴胡多し。よって柴胡の原とも呼ぶ。

「柴胡」は三島柴胡。花期には小さな黄色の花を多数咲かせる。根の部分は生薬に使われる。解熱、鎮痛作用があり、大柴胡湯、小柴胡湯などの多くの漢方薬に持ちられている。近年では乱獲により絶滅危惧種となっているという。

崋山師弟は下鶴間から相模大塚までは、大山を正面から右手に仰ぎながら、淡々とした大山街道を行ったのだろう。

昭和63年当時のつきみの駅・中央林間駅周辺

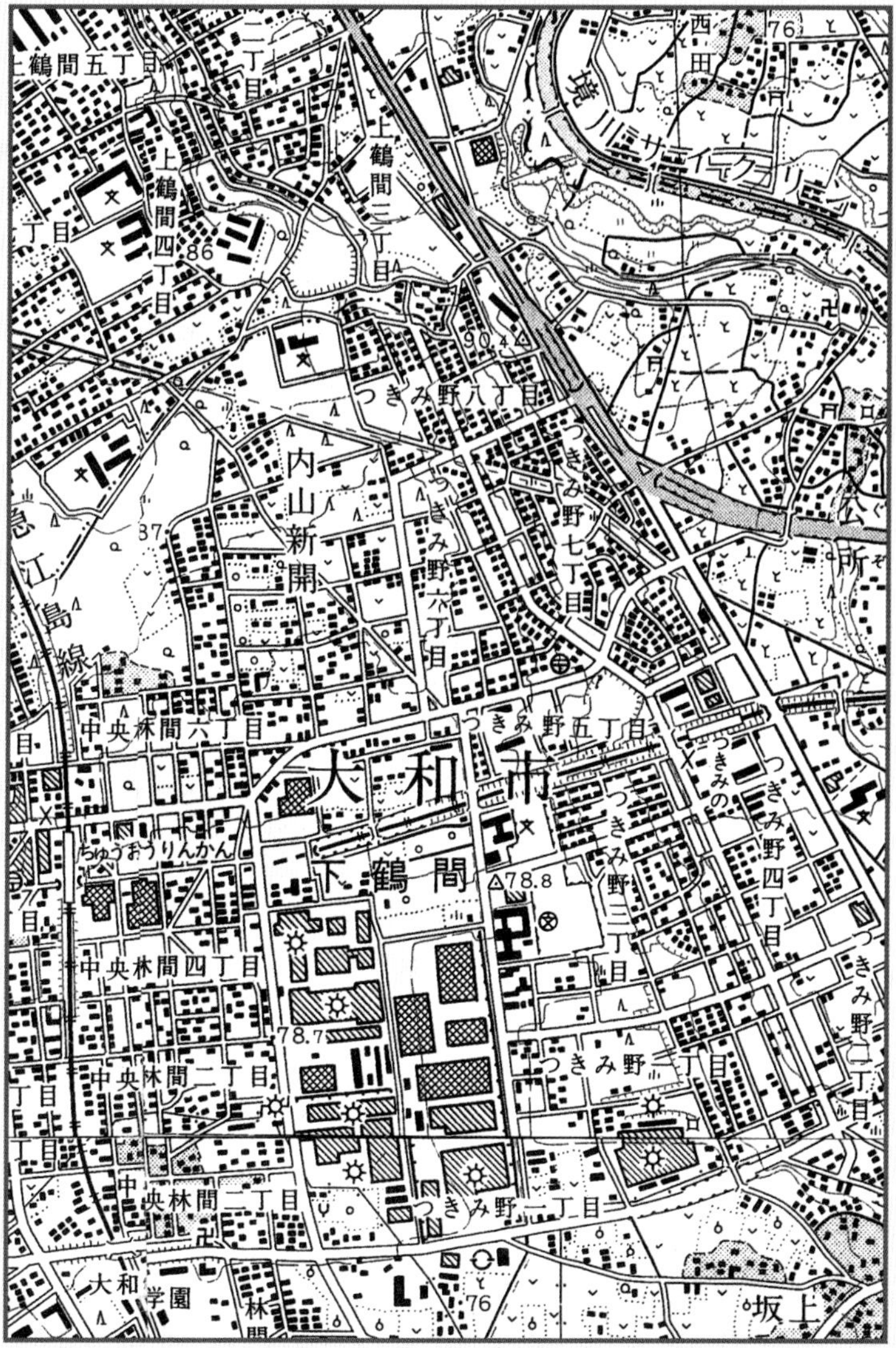

建設省国土地理院発行1/25000地形図

27 中央林間　壮大なる多摩田園都市構想の終着駅

◆『金曜日の妻たちへ』放映当時の駅開業

昭和59年（1984）4月9日、田園都市線中央林間駅が開業した。隣のつきみ野駅の開業から7年半、昭和38年10月の溝の口～長津田間の工事着工以来21年目。さらに遡れば、戦後間もない昭和28年（1953）、東急電鉄会長五島慶太が開発対象地域の地主を本社に招いて提示した「城西南地区開発趣意書」に端を発してから70年余。長い歳月を経ての田園都市線中央林間駅開業は、五島慶太が描いた壮大なる多摩田園都市構想が神奈川県大和市で終着駅に到達したことでもあった。

田園都市線の中央林間駅

大和市は神奈川県のほぼ中央に位置し、市域は南北に細長く、丘陵起伏がほとんどない。その細長い市域の中央を相鉄本線が東西を横断し、小田急江ノ島線が南北を縦断している。田園都市線は大和市北端で、小田急線中央林間駅と連絡する。

相鉄線が開業したのは大正15年（1926）小田急江ノ島線が中央林間駅を開業したのは昭和4年（1929）と、今から100年近くも前のことだ。

市南部は昭和17年（1942）海軍兵器廠が建設され、終戦後も工業地域として発展していた。市北部で拓けていったのは小田急線の西側であり、その東側の下鶴間地区は進歩・発展という時計の針は遅々として進まず、時代の動き、社会の変化から取り残されたようなところだった。

大和市の最北部に田園都市線が走りだした頃、沿線に大きな影響を与えることになったテレビドラマの放映が始まっていた。昭和58年（1983）から60年にかけてシリーズ3作が放映されたＴＢＳ系列の『金曜日の妻たちへ』だ。

ヒットメーカーと呼ばれた鎌田敏夫脚本によるドラマは、たまプラーザ、つくし野、中央林間など田園都市線沿線を物語の舞台として、そのころニューファミリーともてはやされた世代の3組の男女が繰り広げる人間模様を描いたものだ。主題歌の一つである小林明子の「恋におちて」が大ヒットしたといえば、そのストリーは察せられるだろう。

中央林間駅は昭和59年7月放映のシリーズ2作目の舞台となったが、使われたのは小田急線の中央林間駅前だった。東急田園都市線の中央林間駅の開業は放映3カ月前とあって撮影に間に合わなかったのだ。しかし、翌年の3作目では晴れて田園都市線の中央林間駅が主人公たちの通勤路線として使われた。

いしだあゆみ、小川知子、佐藤友美、古谷一行、泉谷しげる、竜雷太等々が演じたドラマはメディアがこぞって取り上げた。タイトルを縮

お洒落感が漂う田園都市線中央林間駅構内

駅から連絡通路も設けられた東急スクエア

めて「金妻」は流行語となり、「金妻シンドローム」という一種の社会現象まで起こしたヒットドラマの舞台となった宣伝効果は計り知れないだろう。世間から見れば新興住宅地でしかなかった田園都市線沿線はかくてハイソなエリアに変貌し、数多く生まれたニュータウンのブランドとなった。

◆「中央林間」の地名はブランド

「都内でも中央林間でわかる」「中央林間の地名によって資産価値が維持できる」——大和市は平成27年（2015）11月、下鶴間内山地区の住居表示実施に伴う新町名に関するアンケート調査を行ったうちの一部意見だ。新町名は「中央林間」を希望する住民は約6割に達したことから、下鶴間内山地区は中央林間6丁目から9丁目となり、中央林間の町域は飛躍的に拡大した。

「中央林間」の地名は、昭和初頭の小田急電鉄の林間都市構想の駅名が由来となっている。

「大和市史」等によると、林間都市は昭和2年の小田急発足当時、初代社長の利光鶴松が田園都市株式会社による現在の田園調布に代表される田園都市開発や、阪神間で行われた小林一三の宅地開発に触発される形で構想された計画都市の名称となっている。

林間都市構想は壮大なものだった。神奈川県高座郡大野村上鶴間（現・相模原市南区）と同郡大和村下鶴間（現・大和市）にまたがる小田急江ノ島線沿線に、南林間都市駅を中心にして放射された街路を碁盤目状にめぐらした都市空間を誕生させようというものだった。

松林の中に高級住宅を点在させて公会堂や学園などを建設するほか松竹の撮影所を誘致。テニスコート・ラグビー場・ゴルフ場・野球場・相撲場などのスポーツ施設を核とした「スポーツ都市」も隣接させ、快適な林間都市生活が楽しめる豊かな住宅都市をつくり出して、東林間地区には工場を誘致し、産業都市を建設しようという壮大な構想となっている。「林間都市」の名は、この地区に平地林が広がっていたことによる。

林間都市計画の第一段階として、相模大野から南林間までの土地を買収すると、江ノ島線に東林間都市駅、中央林間都市駅、南林間都市駅を新たに開業。まず南林間都市駅を中心に開発すると宅地の分譲を開始し、5千戸の住宅都市を意図した。スポーツ施設が集中する中央林間都市駅と南林間都市駅の間の東地区は「スポーツ都市」と銘打って分譲された。

購入者には3年間の無賃乗車特典を付ける等々の販売戦略を行ったものの、当時としては都心からの時間距離が遠すぎたことや小田急沿線でも成城など他の宅地開発があったことから、思うように分譲が進まないうちに時局は変転。市南部における軍都計画の進行や太平洋戦争の勃発で、林間都市構想は頓挫してしまう。昭和16年には設置した3駅から「都市」を取り除いた。

戦後、高度経済成長による宅地需要の増大と、南林間駅西口からは日産自動車座間工場への路線バスが発着し通勤需要が高まるにつれて、昭和40年(1965)には南林間駅に急行が停まるようになり、都心とのアクセスも向上。南林間駅周辺を中心に宅地化が進んだ。

昭和59年に東急田園都市線が中央林間駅まで延伸すると、平成2年(1990)から小田急中央林間駅も急行停車駅となり、利便性が向上した。新宿駅や渋谷駅、横浜駅などの複数のターミナルへ1時間前後の通勤圏内とあって平成に入ると、南林間駅と中央林間駅を中心にベッドタウンとして、急速に宅地化が進んだ。

かつての林間都市の施設で現存するものは、相模カンツリー倶楽部と大和学園(聖セシリア学園)だけとなっている。

【著者プロフィール】

坂上 正一（さかうえ しょういち）

東京・深川生まれ、1972年東京都立大学経済学部卒業。日刊電気通信社に３年ほど在籍後、日本出版社に就職。その後、フリーランスとして生活文化をフィールドとして活動。2006年、新人物往来社『別冊歴史読本　戦後社会風俗データファイル』に企画・編集協力で参画後、軸足を歴史分野に。かんき出版でビジネス本にたずさわりながら2011年、同社から『京王沿線ぶらり歴史散歩』『地下鉄で行く江戸・東京ぶらり歴史散歩』を「東京歴史研究会」の名で上梓。2014年、日刊電気通信社から『風雲家電流通史』を上梓。現在は新聞集成編年史を主資料に明治・大正・昭和戦前の生活文化年表づくりに取り組み中。

【写真提供】
荻原二郎、日暮昭彦、柳川知章、山田虎雄

【沿線案内図提供】
生田 誠

東急田園都市線 ぶらり歴史散歩

2021年6月1日　第1刷発行

著　者……………………坂上正一
発行人……………………高山和彦
発行所……………………株式会社フォト・パブリッシング
〒161-0032　東京都新宿区中落合2-12-26
TEL.03-6914-0121 FAX.03-5988-8958
発売元……………………株式会社メディアパル（共同出版者・流通責任者）
〒162-8710　東京都新宿区東五軒町6-24
TEL.03-5261-1171 FAX.03-3235-4645
デザイン・DTP ………柏倉栄治（装丁・本文とも）
印刷所……………………株式会社シナノパブリッシング

ISBN978-4-8021-3248-0 C0026

本書の内容についてのお問い合わせは、上記発行元「フォト・パブリッシング」編集部まで、書面（郵送またはファックス等）にてお願いいたします。